2003 年非洲，无尽的公路一直延伸至南部大陆的尽头，距离超过五千千米

2011年叙利亚中部沙漠，去往人类文化遗产巴尔米拉古城

欢迎来到

单车行者的世界

2014年从西藏南木林县出发穿越藏北无人区

感谢这些年在路上以各种方式给予我帮助的人们，祝福他们。

依旧怀揣梦想，计划和正在路上的骑行者们，他们在默默地体验着这个世界的多样和精彩，向他们致敬。

感谢在写作本书时所使用到的那些网络资料的编写者们，有国内的，也有国外的，正是他们的经验和故事，鼓励了更多的人上路，并且让旅行成功，也让本书细节更加丰满。

感谢我的朋友明朗和王蓓的照片。

感谢这些环球旅行者接受采访，提供资料，让这本书得以完成。他们是：

林存青和江心静、丁丁、程鹏、杜风彦、熊药、郑盛、钟思伟、子垚。

感谢为本书写作推荐语的朋友们：

《户外》杂志的主编杨波老师

《转山》副导演胡璇老师

旅行家谷岳老师

单车行者

自行车环球梦想攻略

刘文◎著

·北京·

内 容 简 介

作者骑行了十年，亚非欧美，足遍世界，用汗水和思考，总结出了这本书。

这是一本骑车旅行看世界的书，内容全面、专业，读者可以在书中找到骑行者想要了解的方方面面。

全书分为八章。在单车与骑车方面，有选车以及骑行理论。旅行经验部分则有“在路上”单元，详细介绍了从落地开始如何在国外单车旅行，此外还有专门一章介绍单车户外生存技术，全都是由有丰富骑行经验的行者总结出来的干货。在线路攻略部分，作者将内容分为国外和国内两个单元。国外线路部分涉及主要的适合骑行的国家介绍以及骑行攻略，并介绍了著名的骑行线路，如美国的“69号母亲之路”，南美的“泛美公路”等；国内部分，作者创新性地设计了国家自行车公路系统，并对国内骑行的线路进行了详细介绍。

以上是书的横向内容，以技术讲解为主，其实书内含纵向内容，从第一章的“偶像们”开始，贯穿每个章节均有大咖们的骑行感受和经验，很多都是涉及精神层面的内容，这是本书最独特和最有价值的部分。

这是一本既有技术，又有情怀的书。只要你读，你会激动，透过它，你会感知到，世界真的很大。

图书在版编目（CIP）数据

单车行者：自行车环球梦想攻略 / 刘文著. —北京：化学工业出版社，2020.12

ISBN 978-7-122-38126-2

Ⅰ.①单… Ⅱ.①刘… Ⅲ.①旅游指南–世界 Ⅳ.①K919

中国版本图书馆CIP数据核字(2020)第246265号

责任编辑：孙　炜　　装帧设计：盟诺文化
责任校对：边　涛　　封面设计：王晓宇

出版发行：化学工业出版社（北京市东城区青年湖南街 13 号　邮政编码 100011）
印　　装：北京宝隆世纪印刷有限公司
889mm×1194mm 1/16　印张 $17^1/_4$　字数 528 千字　2021 年 8 月北京第 1 版第 1 次印刷

购书咨询：010-64518888　　售后服务：010-64518899
网　　址：http://www.cip.com.cn
凡购买本书，如有缺损质量问题，本社销售中心负责调换。

定　　价：128.00 元

终于有了第一本中国人自己的自行车环球计划书

写这本书的想法，已有十年了。最早萌发这个想法是在2004年第一次骑行亚非期间。走之前被资讯短缺折磨，怎么做，如何做，当年没有先例，就更加别提网上资料和相关图书，唯一能知道中国人做过的就只有潘德明，在近百年前的民国时期，不说如今世界早已有巨大的变化，他的事迹本身就以传奇的方式呈现，给人更多的是精神上的启发而非现实指导。所以那时候的我对自行车环球旅行的认识基本上是道听途说而已。

等亚非旅行结束后，我有了真正的跨国骑行经验，感触很多，原来那些所谓的各种说法，其实都是错误的，我也知道很多年轻人想知道如何操作，把我的经验总结出来非常具有实际指导意义。在写作游记《单车上路》时，我大概总结了一个大纲，当真正开始写作时却发现，涉及的内容太广泛而庞杂，远远不是一次单车旅行能解决的，只好放弃。

随后的十年间不断在世界各地骑车旅行，骑友们也逐渐开始走国外，攻略咨询逐渐多了起来，但市面上依旧缺乏一本系统的单车旅行攻略的书籍，虽有同类书，但也仅仅是集合了一些网络信息，作者本身对骑行并没有实际经验，所以内容空泛。而就我感受而言，随着这些年经验累积和对单车旅行的认识加深，这一愿望到了不吐不快的地步，必须要把它写出来，综合我和目前几位长途骑友们的经验，给单车旅行做一次彻底而全面的总结。

从技术层面上，这本书涉及了所有长途骑行遇到的问题，包括你想到的和没想到的，还包括选车和骑行理论，以及上路需要的准备环节，例如证件、线路计划、资金等，还有在路上如何解决各种困难，尤其在国外。为了凸显单车旅行的冒险性，笔者还设置了专门章节探讨单车户外生存各项装备和技术。当然最核心的是线路设计，覆盖了主要的一些国家，融合了国外骑行者的经典线路，就中国行者实际情况规划了具有操作性的环球线路计划。

终于，我们有了一本中国人自己的自行车环球计划指导书。

从攻略的角度讲，有上面的内容已经足够，但作为骑行者，深知旅行对于年轻人的重要意义，所以采访了国内几位知名的骑行者，写他们是如何克服困难最终完成自己的梦想，他们的故事相信对后来者有巨大启发。

我写这本书的目标是，能用一本书涵盖骑车旅行所有从硬件到软件、技术到心理的问题，并带入如何旅行、如何生活、如何实现梦想等重要议题。所以这不仅仅是一本单车走世界的攻略书，同时也是如何实现梦想的书。说真的，这本书并不是真正指导你在路上吃喝拉撒，而是启发你寻找到自己的路。

这本书了却了我一桩“为骑友们做点儿什么”的心愿，希望此书能帮初行者破除现实迷雾和心理认知，促使他上路并且成功完成，我的心愿也就算完成了。

还是那句话，说什么都没用，没什么比JUST DO IT（只管去做）包含更多真理。

刘文

2020年12月

CONTENT 目录

第 5 章　在路上

第 6 章　单车户外生存

第 7 章　单车环球攻略（国外篇）

第 8 章　单车环球攻略（国内篇）

第1章 偶像们

1.1 徐林正

我不认识徐先生，也没采访过他，只是通过网上资料梳理出个大概的脉络。

徐先生1971年出生，浙江人，比我大一岁，20世纪90年代大学毕业后当乡村教师，后辞职当晚报记者，1998年怀揣7000元闯荡北京成为自由撰稿人。十年后，非常成功，随即放弃职业，开始骑车旅行，并且写了三本关于单车的游记：《骑车走运河》《那一年，我骑单车走越南》和《单车万里走丝路》。

按说，论骑行线路长度和难度，他都不算突出，大运河、越南和丝绸之路早就有很多车友走过，再熟悉不过了，比起动辄环绕中国，横穿藏北无人区，或者骑行亚非欧的“狂人”，这更加不算什么，但我看重徐先生有两个方面：一是对生命充满激情的探索，二是对单车旅行写作的实践。骑车不难，但做到这两点却非常不容易。

通过简介能感觉到他的职业转变是一次次对自由的趋近，记者和教师比起来无须朝九晚五坐班，自由撰稿人比记者更不受体制约束。到后来干脆连自由职业都放弃，直接上路，而此时他已在北京影视圈功成名就，有车有房，写出了十本深度采访专著，有莫言、高希希、王文澜和倪萍等知名人士作序，如果按照这条路走下去，势必成为精英阶层的一分子，而想进入这个圈子是多少人梦寐以求的事情。

但他为什么就不干了?

他在文章中描述，在北京一待就是十年，为了在理想和现实中找到一丝缝隙得以容身，他每天不断地采访和写作，工作到深夜，稿件发几十家媒体，当一百多万文字被敲击出来后，他身体每况愈下，心灵枯竭。

他拥有了很多，也觉得失去了更多，因为当你成为什么时，那个成为的你就绑架了自我，从而逐渐失去了心灵的自由。按照徐先生的说法：“生活开始提速，越提越快，快得让我无法控制，甚至无法停下来。混乱而单一的价值观和成功学，把我的心灵推到高速路……不再疲于奔命，让灵魂跟上脚步，只需一辆自行车。”

生命来到这个世界上是为什么？就是为了混好吗？有人说为了让灵魂有丰富的体验，我想徐先生会说：生命脆弱，而对生命真正有价值的生活是听从心灵召唤。我虽然觉得有点心灵鸡汤的味道，但对于骑行者来说，大地、星空、汗水和喘气，陌生人和这个广阔的世界，才是实实在在的。灵魂躁动，渴望冲破藩篱。

他说：“我离开的原因很简单，因为厌倦了看别人脸色的生活，觉得外面的世界很精彩，渴望身心的自由。”这是他去北京时的心态，也是我当年离开西安骑行亚非时的心态。

徐先生在2003年参加了北大自行车协会，开始锻炼身体，酝酿出走计划，两年后的2005年，初试骑行东北21天，行程2600千米。我不知道他为什么会选择东北线而不是当时热门的拉萨线，也许是简单的机缘巧合吧，不管如何，不论哪里，必须离开。

这次旅行比较仓促，徐先生后来回忆，作为作家的他，却基本上没有写什么东西，也许出发之初他也没有这样的设想，但是很快就意识到，骑车不仅仅是走一条线路，而是“精神上找到动力”。短暂的沉寂带来思考，一旦明确就会爆发。

2007年，全新的旅行计划出台并实施，骑车走大运河。之前查了大量历史背景资料，做了充分的准备，并且请了一位运河专家给他现场指导。徐先生从北京出发一路南下，经天津、河北、山东、河南、安徽、江苏，最后抵达终点杭州，全程约2500千米。这条路难度不大，难的是把一路的经历和体验写出来，为此一路上在人困马乏的状况下，坚持写旅行日记（说实话，我在骑行中经常做不到）。在之后的成书写作中，大量的细节才得以呈现。而游记也是旅行、思考和学习的三重结果，只有这么做，才对自我启发最大。

总之他做到了并给以后的生活找到了方向，在《骑车走运河》一书的结尾中他写道：“这次旅行就这样结束了。于是，我有了这样一个决定，我的后半辈子将在骑车走世界中度过。”

绝对豪言壮语，气冲九天，全新的生活道路洒满霞光。

2008 年直接从广西友谊关出发，一路向南沿一号公路南北贯穿越南，28 天后抵达西贡。

这一路幸福和自在，他在《那一年，我骑单车走越南》中感慨：有时候想想人生真的很荒诞，我怎么会骑个自行车，在这个连名字都不知道的小村庄吃住和写作呢？可是我当初不断然“割肉”，我的人生将是多么单调、无聊和郁闷啊。

他这样的自然抒发却是现代游记的基本特征，从第一本游记强调历史背景到新的异国骑行，他已经触及了核心内容：我们需要什么样的生活，我们将如何过此一生。

那些路上的人，他们的笑脸，那些风景，还有流入嘴角的汗水，如果这一切都没有发生，生活会怎么样？当他躺在病床上整理自己丝绸之路的稿件时，他内心是什么感受，也许，内心很幸福，就如在路上一般，他的朋友回忆说：虽然病魔缠身，徐老师仍乐观通达，笔耕不辍。

因为，这不是一颗绝望的心灵，因为它体验过这个世界。

2013 年，徐林正在北京病逝，年仅 42 岁，第五届徐霞客奖颁给了他，生前他以霞客自居，也算是了却了他最后一个心愿。

逝者如斯，感谢他带给我们的三本骑行游记，他的经历和探索为后人提供了启发。

1.2 林存青（Vicky）和江心静（Pinky）

Vicky 和 Pinky，来自台湾的两位骑车环球行者，喜欢她们通过旅行对新生活方式的探索和实践，对我们来说非常有启发。

林存青（Vicky），1971 年生，在美资企业玛凯电信公司担任业务工程师。

江心静（Pinky），1970 年生，和 Vicky 搭档前，从事旅行相关写作，自由职业。

1998 年，Vicky 辞职，从美国阿拉斯加开始骑车，年底行至加州，Pinky 加入，开始了历时 922 天，历经 32 个国家的环球旅行，依次为大洋洲、欧洲和非洲。

生活和世道之艰辛人人都有体会，但至少还有个职业保障，而一旦开始旅行，将会面对把自己抛出社会保障之外的风险，远比所谓“沉闷乏味的上班生活”要难得多。

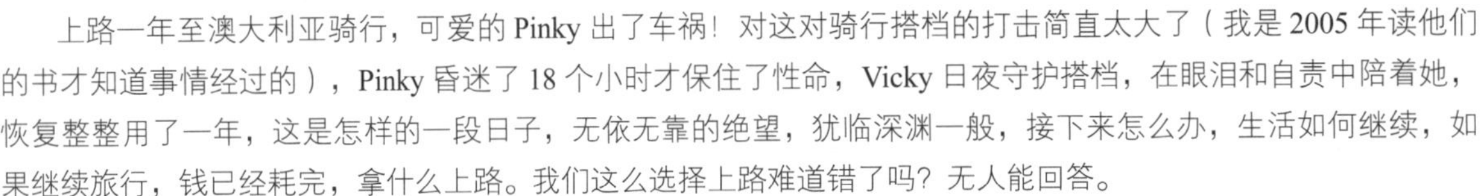

上路一年至澳大利亚骑行，可爱的 Pinky 出了车祸！对这对骑行搭档的打击简直太大了（我是 2005 年读他们的书才知道事情经过的），Pinky 昏迷了 18 个小时才保住了性命，Vicky 日夜守护搭档，在眼泪和自责中陪着她，恢复整整用了一年，这是怎样的一段日子，无依无靠的绝望，犹临深渊一般，接下来怎么办，生活如何继续，如果继续旅行，钱已经耗完，拿什么上路。我们这么选择上路难道错了吗？无人能回答。

后来，她们在书中写道：面临生死，生命彻底被改变。这种改变不仅是之前从行为上对梦想的执着，还有和生命融合在了一起，而力量就会从心底源源不断地升起，改变自我也改变周围。

为了继续，她们开始行动：“设计 T 恤、手绘明信片义卖，很多朋友被我们的热情感染，有的慷慨解囊，有的帮忙推销 T 恤，有的安排演讲，周围人群那股善意的能量，推动着我们前进，去完成欧亚非五百多天的旅行。”福祸相依，这次灾难让她们找到了和这个世界接轨的方式。

一年后，Vicky 和 Pinky 重新上路，路上的美景不重要，先从感谢救助她们的澳大利亚夫妇作为契机，与当地人的互动，旅行的独特性开始展现。

在荷兰，住在扬·彼得家里，分享荷兰风车保护计划；

在德国，住在思雅姐妹家中，体会这个严谨民族的日常生活；

在丹麦，琳达夫妇带领她们参观当地学校，介绍小学教育理念；

在挪威，和当地人一起钓鱼、做饭，到冰湖徒步；

在法国，和造币局设计师以及邮差交往，传递旅行友情。

在土耳其，在埃及，不论在任何地方，她们都和当地人打成一片……即使旅行结束，都通过网络不断互动，传递生活信息。这样的方式既让他们深入体会到人类生存的处境，也给旅行带来了方便和快乐。

人不可能永远在路上。

2001 年环球旅行结束后，新的抉择摆在面前，是回到以前的生活还是重新开创呢？哪怕 Vicky 的职位公司依旧替她保留。结论是肯定的，后来 Pinky 回忆说：没有钱，可以压低生活开销，反正有的是时间和自由。为了希望的生活，义无反顾，虽然目标当时还不明确，但希望的曙光已经闪现。

首先成立“蓝色空间工作室”，经营电子报和官方网站、博客，建立商务平台，与读者建立资讯、讲座等互动，注册自己的出版公司，写作并出版了《单车环球梦》《候鸟返乡》《顽皮小猴》。2004 年，推出旅行箱、笔记本和休闲帽等配套文化产品。

2007年，蛰伏了五年多后，她们终于可以再次上路，两人骑车环绕亚洲半年，对中国台湾和邻近的日本、韩国做深入的文化观察，旅行开始放慢和深入，并且推出自己的旅行纪录片。2008年，重归冒险，骑行青藏公路。2009年，再次以“亚洲慢慢来”为主题旅行，并且成书。

之后，她们的路才算走开，不再受到钱的牵绊，几乎每年都有半年在路上，走亚洲、走欧洲，每次旅行都有游记出版，目前她们的著作已经有十五本。为了这种自由自在的生活，她们付出了十年的努力。

她们后来回忆：为了筹集旅费，不只是单纯的旅行者，同时扮演旅行作家的角色，看似令人羡慕的工作背后，肩负了更大的挑战。

2011年的欧洲旅行，已经不再是猎奇观光，重访当年故人，游历十国，深入了解当地生活，横跨北欧设计、教育、公民美学、环保意识和单车旅行等议题，最终升华了以读书、思考、旅行和创作的人生梦想。

2014年，Vicky和Pinky追随灵魂的呼唤，转向艺术创作，开始学习笔墨山水画。

自我探索和成长之路艰辛漫长。在她们的自我介绍中有这样一段话：“旅行教给我最重要的一课是什么？那就是让自己从流星变成恒星。”意思是说，人生盲目和被动，容易受到环境影响和制约，只有走出去，不依靠它，不随波逐流，才能慢慢建立起我们追寻中的那个自我。

Vicky和Pinky自述中，对二十年的历程有明晰的体会：

❶ 旅行之初，松开自己的绳索，喜欢日本式的流浪生活，以单车为主，各种交通工具为辅，因为旅行才是目的。

❷ 用梦想作为原动力，推着自己克服困难，去创造生活的可能。

❸ 走完了世界，当然会以世界为家，与生活在这个星球上的人们沟通和互助。

❹ 把自我当做品牌来经营，与公众达成更好的互动。

❺ 永不停歇地学习、旅行和创造。

从2008年1月5日在苏州静思书院的第一场演讲开始，一月份我们在江苏和上海共有大大小小九场的演讲分享，发现朋友们的反应很热烈，不仅对环球旅行，也对单车旅行充满了兴趣，他们问了许多这六年多来我们常被问到的问题。于是，我们整理了《单车环球旅行Q&A》，希望能对想要进行环球旅行或单车旅行的朋友有所帮助，这些都是我们的个人旅行经历，旅行是因人而异的，相信每个人都能找到适合自己的方式完成梦想。

问：为什么会选择骑单车旅行的方式环游世界？

Vicky答：我从小就向往浪漫的旅行，小学五年级时就希望长大后能像伟大的探险家马可·波罗和玄奘一样，走路、骑马、骑骆驼到不同的国家探险，后来找到最接近的方式是骑单车。单车环球最初的萌芽源于18岁时，读到胡荣华先生（他是首位骑单车环球的中国台湾人）写的书《单骑走天涯》，那一年暑假，也是我第一次尝试骑单车旅行，后来几年又认识了许多有单车旅行经历的外国朋友，直到27岁才下定决心辞掉工作，实现单车环球的梦想。

问：在展开单车环球之旅前是从事什么工作的？

Vicky答：我当时在美资企业玛凯电信公司担任业务工程师，为了实现单车环球的梦想，在1998年5月递出辞呈，由于在工作中的表现受到公司总经理的肯定，他听了我辞职的原因后，让我以停薪留职的方式离开，除了让我在旅行途中能免费使用玛凯国际电话卡外，还给予了我他私人的小额赞助。

Pinky答：在美国旧金山加入Vicky的旅行前，我已经成立了自己的文字工作室，并为中国台湾报纸和旅游杂志担任特约撰稿人，单车环球过程中，是结合兴趣与专长，边旅行边工作。

问：单车环球旅行的花费有多少？如何筹措经费？

Vicky答：在踏上单车环球之旅前的几年，我曾阅读过几本日本单车行者写的书，其中一位提到每天的花费平均在十美元左右（约合人民币七十元）。一开始在阿拉斯加和加拿大的两个多月，我主要以野外露营和自炊为主，还得到许多当地朋友的帮助，他们有些邀请我到家中做客，有些在路上送我食物，所以花费非常少，到美国本土后，由于必须住青年旅馆或便宜的汽车旅馆，加上参观当地博物馆或美术馆等，消费相对提高，整个北美旅程半年中差

不多每天平均花费也在十美元左右。

到了新西兰和澳大利亚后，我们两人已经渐渐习惯了西方社会的生活和利用当地资源，途中认识许多当地朋友，而且新西兰和澳大利亚有很多露营设施，物价也不高。在欧洲一年，虽然欧洲物价较高，但在北美、新西兰和澳大利亚认识的欧洲朋友都热情地招待我们，还介绍沿途的朋友帮助我们，像在法国和瑞士有许多单车协会的会员接待我们，所以2000年我们两人在欧洲四百天的总花费不到两万元美金。

Pinky答：我和Vicky从18岁第一次结伴自助旅行，就很懂得用最少的资源发挥最大的效果，后来几年的自助旅行，培养了我们用小钱游世界的能力。Vicky在踏上环球之旅前，得到一些好朋友们的小额赞助，还有帮两份报纸写旅游专栏的机会，在旅途中有少许收入来源，半年多后，她的连载文章集结出书，得到部分旅费，让我们一起踏上新澳旅程。在欧洲的一年，我们合作帮助当时的网络报纸写连载，以支付欧洲较高的生活费。虽然没有大笔的商业赞助，但我们也因此学会了不断发挥潜能，增强我们回到故乡后成立工作室的实力。

问：选择骑单车旅行的方式环游世界，是否考虑过体力的问题？

Vicky答：我从小体能就很好，又特别喜欢运动，还练过武术，所以骑单车旅行对我而言，并不是那么困难。对Pinky而言，这个挑战比较大。

Pinky答：环游世界也是我从小的梦想，但我从小体能就不是很好，而且认为单车只是代步工具，从来没有想过可以骑单车环游世界，直到我加入Vicky的单车环球之旅，用毅力克服了体力的挑战，才发现人的潜力是无穷的。

问：骑单车旅行和其他方式旅行最大的不同是什么？

Vicky答：骑单车旅行就像是把整个家都载在单车上，包括衣、食、住、行等生活基本需求，打包的原则是越简单越没有负担，因为每增加一点重量，就会增加行走的困难，所以单车旅行到最后会让人返璞归真，发现人所需要的东西其实很少。骑单车是非常亲近自然和友善的旅行方式，这让我们有机会深入了解当地的风土人情，和当地人交朋友。

Pinky答：骑单车是一种阅读世界的方式，风中飘来冰山的味道，一层层翻滚的海浪像是大自然的音符，四面都可看到地平线的辽阔沙漠，喜欢骑单车时那种自由自在的感觉，每天醒来，不知道会发生什么事，不知道会遇到什么人，然而只要骑上单车，世界就会变得不一样……

Vicky和Pinky的单车环球装备

项目	装备清单
单车装备	前后挂袋×4、车首包、码表、多用途工具组、补胎片、润滑油、内胎×2、打气筒、头灯、头盔、遮阳帽、单车手套、太阳眼镜
露营装备	帐篷、睡袋、充气式睡垫
野炊装备	汽油炉、两件式铝制锅具、打火机、瑞士军刀
衣物	单车短衣裤各2套、单车长裤一件、戈尔特斯牌外套和长裤、保暖外套和长裤、其他衣物（T恤×1、短裤×2、长袖上衣×1、长裤×2、泳衣）、运动鞋及运动凉鞋
个人用品	盥洗用具、防晒油、护唇膏、细登山绳、晒衣夹、洗衣粉（装在小塑料瓶中）、针线包
医药用品	碘酒、消毒水、棉花（外伤消毒用）、纱布和胶带、感冒药、肠胃药、按摩药膏

续表

项目	装备清单
摄影装备	数码单反相机、笔记本电脑、转换插头、充电器
重要财物	随身护照袋（护照、机票、美金旅行支票、现金、信用卡、金融卡）
地图数据	各国地图、孤独星球旅行指南
其他	日记本、文具包、色铅笔、联络簿、名片、计算器、书籍、文房四宝、小礼物、茶叶、幸运物泰迪熊（Vicky）和顽皮豹（Pinky）
统计	行李重量各 25 ~ 30 千克，单车重量约 17 千克

问：在环球过程中遭遇过最大的困难是什么？是否曾想过要放弃？

Vicky 答：对我而言，环球过程中遭遇过最大的困难，是 1999 年 6 月 12 日 Pinky 在澳大利亚大洋路上发生的意外，当时可能是有车辆快速经过她身旁，急速下坡加上车身摇晃，急刹车失去重心而被甩出去，头部受到严重撞击造成脑震荡昏迷。在从意外发生到送医急救的过程中，帮助我们的澳大利亚朋友和医护人员，让我们真正体会到了人间大爱精神。

陪 Pinky 回台湾养病后，在她不断鼓励下，我决定独自穿越中澳沙漠，最后克服挑战完成旅行。

在那次旅行之后，面临经费问题，当时几乎弹尽粮绝，空有旅行计划却不知道钱从哪里来，梦想的力量鼓励着我们前进，于是我们设计 T 恤、手绘明信片义卖，很多朋友被我们的热情感染，有的慷慨解囊，有的帮忙推销 T 恤，有的安排演讲，那股善意的能量推动我们完成了欧亚非五百多天的旅行。

Pinky 答：“你有可能办到吗？”这是所有认识我的朋友最常问我的问题。一直到现在，虽然有照片为证，我自己也不敢相信能完成单车环球的旅程。过程中有太多朋友的帮忙，包括生命，都是靠陌生人的善意捡回来的，那一张张不求回报的笑脸，深深地印在我的脑海中，正是“不好意思”放弃、坚持到底的主要原因。

问：到 2008 年为止，骑单车旅行到过哪些国家？

答：1998 至 2001 年，Vicky 和 Pinky 的 922 天单车环球旅程：北美洲的加拿大、美国、墨西哥；大洋洲的新西兰、澳大利亚；欧洲的十七国，包括荷兰、比利时、德国、丹麦、挪威、瑞典、芬兰、爱沙尼亚、拉脱维亚、立陶宛、波兰、法国、瑞士、西班牙、摩纳哥、意大利、希腊；西亚的土耳其；非洲的埃及、肯尼亚、坦桑尼亚、马拉维、莫桑比克、津巴布韦、南非。

2004 年，Vicky 共花了 147 天，独自骑单车横越加拿大及美国的新英格兰区。

2007 至 2008 年，Vicky 和 Pinky 花半年时间，骑协力车环中国、日本和韩国。

问：如何安排单车旅行路线？

Pinky 答：这是常听到的问题，单车旅行路线多是 Vicky 根据地图、气候、签证可停留时间和当地人提供的信息决定，至于在各地实际的衣、食、住、行、娱乐等，则由我负责安排，将近三年的旅行，仿佛是在上世界大学般，学习不同国家的生活方式和价值观，孤独星球旅行指南是我的教科书之一，内容非常详尽实用。

问：如何解决不同国家的签证问题？

Vicky 答：每个国家签证办理的手续难易不同，入境方式一般分为需申请签证、落地签证、过境签证和免签证等方式，一般签证种类依旅客入境需求与目的分为单次、多次、观光和商务等，针对不同目的、国籍的入境旅客有不同的规定，至于签证的有效期各国规定不一，短则 15 天、一个月、三个月，长则一年、五年等。

由于签证有效期的长短会影响到停留该国家的时间与路线的安排，单一国家或短行程的单车旅行，行程时间较易安排；多国和长时间的旅行，就得根据各国的签证有效期来安排行程。因此尽量先申请能拿得到的签证，避免路途中因申请签证所花费的时间成本，甚至被拒绝的困扰，事先算好各国的签证有效期，然后再安排到访的先后顺序和停留时间长短。

问：如何解决携带金钱的问题？

Vicky 答：我们主要是以现金、旅行支票、信用卡和银行卡等交互应用。在欧美各国，除了携带美元现金和旅行支票外，也会用银行卡在当地 ATM 提款机提取现金，去餐厅或购买金额较高的商品则会使用信用卡。

问：如何与家人沟通？

Vicky 答：综合我们及旅途中所认识的单车行者的经验，第一步是充分地准备，包括经费、体力及独立的能力，然后通过周密的旅行计划及相关数据和家人真诚沟通，说明自己的想法，旅途中随时保持联络（电话及电子邮件）。我自己的成长背景较特殊，所以从小就很独立，我母亲对我的决定通常都很支持。

Pinky 答：我从小就是乖乖女，上大学遇到 Vicky，志同道合，开始结伴自助旅行，刚开始我的家人觉得很惊讶，后来也慢慢表示支持，甚至我们到了最后一站——南非，我的弟妹还特地飞来加入，一起健行、骑单车、骑马、冲浪、看小企鹅，那段旅程变成我们珍贵的回忆。

问：关于女孩子的身体保养与安全问题？

Vicky 答：生理期期间通常会安排在当地休息两三天，不会进行长距离骑乘，事实上，身体会配合心理，旅行一段时间后身体自然会调整，自己也会知道如何事先安排调整计划。我们尽量避免在夜晚、下雨或浓雾视线不良时骑乘，以免发生危险；避免独自出入复杂的场所或接受单身男子的邀请，以防不必要的麻烦。

路程中有突发状况或困难，通常都可以找当地人或警察寻求帮助。

问：为什么你们那么幸运，总是在不同国家遇到那么多好人？

Pinky：很多看过《单车环球梦》一书和听过我们演讲的朋友，对我们在全世界的奇遇都感到好奇，最常问我们类似的问题，刚开始不知如何回答，有一天开衣橱时忽然顿悟那是一个概率问题。旅途中，一天平均会接触十个人，一个月就有三百个人，其中的一百个人只是擦身而过，另外一百个人有一面之缘，五十个人会交谈几句，二十五个人会微笑，十五个人会有兴趣了解，五个人会交流经验，四个人会相谈甚欢，有一个人会留下地址，欢迎我们登门拜访。在茫茫人海中淘金，找出那个可以互相激励生命的朋友，最后，小小的火种常常在陌生的国度点燃一场绚烂的烟火，始料未及。听了我们在世界各国的种种奇遇，充满智慧的土耳其友人穆拉特（Murat）先生说：“友谊是双人探戈，一个人是跳不起来的。那是因为你们的人格特质，才会吸引那么多的人帮助你们。”

问：关于环球所骑的长途旅行单车是什么牌子的？

Vicky 答：我们骑的是荷兰 Koga-Miyata（康加）自行车公司专门针对长途旅行设计，由首席设计师 Mr.Arie Hartman（哈特曼）和中国台湾穗高公司为我们量身打造的，由于是针对长途旅行者的特殊需求所设计的，所以坚固耐用，故障率低。

问：如何培养小钱游世界的能力？

Pinky：对于大学必须半工半读，从十九岁就开始经济独立的我们来说，旅费一直是旅行最重要的问题，因为一开始旅行所花的每一分钱都是自己辛苦赚来的。所以，我们学会了把最少的资源做最大的运用，这也是背包客的穷和尚哲学，往往并不是有钱人才能环游世界，懂得随遇而安的人更能走遍天下。

1989 年大一暑假，我们开始尝试第一次自助旅行，当时打工两个月（到加油站工读、当家教、发海报），努力筹措旅费，从中国香港、广州、杭州、苏州、无锡一直旅行到上海，三个多星期的旅行，包括机票和交通、食宿，一个人只花了两万元左右（台币）。

问：如何解决住宿问题？

答：为节省庞大的住宿支出，我们在单车上携带了帐篷和睡袋，出国前，尽可能通过朋友介绍各国友人提供住宿协助，若当地无友人接应，会先规划住宿地点，在大城市以青年旅馆和便宜旅馆为主。

❶ 露营区：在美加（美国和加拿大）、新澳（新西兰和澳大利亚）、欧洲地区有许多经济实惠、设备完善的露营区，可携带重量轻、体积小、防水性和保暖性高的帐篷与羽绒睡袋，享受露营的乐趣，长时间旅行亦可节省经费（在相对落后的国家因安全因素，并不建议随意露营）。至于野营，可直接询问当地人安全地点或骑车绕行找寻，顺便熟悉环境。

❷ 青年旅馆：在各国大城市以住宿青年旅馆为主，除了费用经济外（通常床位一晚约 10 ~ 15 美元），还可以认识朋友和交流旅游信息。

❸ 当地民宿：在乡间住民宿，可以增加和当地人交流的机会，比较舒适且有个人空间。

❹ 汽车旅馆：在美加、新澳的城市周围多有经济型汽车旅馆，费用较一般旅馆和饭店便宜，偶尔可以好好休息，泡热水澡放松一下。

❺ 当地人家里：随着旅行时间的增长，我们常受邀到当地人家里做客，或几乎都在傍晚时询问沿途的人家是否可以在他们的院子里露营，通常对单车行者他们都会友善地接受，有时会在小镇教堂、消防局或游客中心外面露营，若可以的话最好先征得同意。

❻ 野外露营：通常会在公园里或湖边，确认安全的地点扎营。

问：旅途中生病后如何解决？

答：出发前先做身体检查和牙齿保健很重要，在国外看病费用高且不方便，我们随身携带一些常用药品，如感冒药、肠胃药、止痛药、维生素、擦伤止血和按摩药膏（单车旅行必备）等医药包。

问：在完成单车环球的梦想后，如何将兴趣和工作结合？

答：刚开始我们通过写书和演讲、教学，希望能将旅行中所学到的经验传达出去，以帮助更多和我们有相同梦想的朋友。2005 年才决定结合梦想与创意，正式成立“蓝色空间文化事业出版社”，专注于文化创意与休闲教育两大领域，通过网站、演讲教学和创意商品，传递实现梦想、热爱生命和全球关怀的理念。

问：写过几本书？

答：到目前为止，我们出版过的书有：《踩着梦想前进》（1999 年）、《单车飞起来》（2000 年）、《Vicky&Pinky 单车环球梦》（2002 年）、《候鸟返乡》（2003 年）、《顽皮蓝小猴》（2004 年）、《单车枫叶情》（2005 年）、《亚洲慢慢来旅行纪录片》（2009 年）、《Vicky&Pinky 单车环球梦（枫叶情纪念版）》（2011 年）、《当我遇见你 & 小树唱歌》（2012 年）、《Vicky&Pinky 单车环球梦（简体中文版）》（2012 年）等。

1.3 丁丁

骑车入藏不稀奇，每年青藏、川藏和滇藏线都有很多人，也仅把骑行一次藏区作为了却梦想的方式，但很少像丁丁那样十年内保持激情不变几乎骑完了整个西藏地区。

2009 年，丁丁和他的搭档南北贯穿了羌塘无人区，这是国人第一次自力穿越，史无前例，因此获得了当年的户外“金犀牛”奖。

在探险史上，瑞典探险家斯文赫定曾深入这片区域，1949 年新中国成立后，国内科考队也曾对羌塘地质和气候等演变进行过科学探索。1997 年，德国人斯莫勒和库柏两人在自力状况下成功纵穿，杨柳松在《北方的空地》中写道：具有里程碑意义，对人类自身的探索不亚于无氧登山。

穿越羌塘无人区绝对是“玩命”行为，丁丁在其网站的游记中回顾那次旅行说：羌塘穿越究竟有多难？走在平均海拔 5000 米之上，你会发现每天走 30 千米是空想！ 1100 千米，用了 36 天，18 天没遇到过人，遇熊 11 次，至少 12 只。双湖到鲸鱼湖均速 21 千米 / 天，从普若岗日到双湖严格算起来每天 20 千米。“活着真好”，这是出来后最重要的一句话。

2012 年，我约他在杭州做讲座，第二次见到这位传奇人物（第一次是在很多年前，我都忘了，还是丁丁提醒的我），他个子不算高，显得瘦弱，戴眼镜，话不多，笑起来还有点儿腼腆，给人感觉就是一个“理工男”。讲述这次穿越时，他语气更加平淡，好像这次著名的南北纵穿离他很遥远一样，所以他说：用一场梦来形容。

从双湖特别行政区起一路向北到青海省的花土沟，如果看中国行政地图会发现线路就靠着青海和西藏的边界，贯穿唐古拉山、可可西里山和阿尔金山，也就是所谓的三大保护区，动物的天堂，对冒险者来说这里可是无人区。行程中所有的补给都需要自带，车载达 70 千克，这个重量在公路上推行都吃力，何况是在藏北的沙土里。

2014 年，我受丁丁启发，从青海出发，计划翻越可可西里山，反向走他们的线路。几天就失败了。每天的气温都在零下 15℃，一天推车 25 千米，还有被狼群、野牦牛和熊攻击的危险。

丁丁的冒险旅行从开始就带有强烈的探索特征，一方面他有强烈的技术爱好，这一点符合理工男的性格，迷恋电子设备和装备。在他的网站上（http://ttrek.net）有大量探讨地图和 GPS 数据的文章，并且每次旅行都有详细的技术数据。体现在线路上，从 2002 年第一次骑车到达拉萨后，与同伴首次骑行云南丙中洛、察瓦龙和碧土段茶马古道，开辟进藏新骑行线路，随后又不同于其他骑行者，长线贯穿，比如新藏线，他仅走中段，而更多的时间是去探索周边。所以不难理解最终走羌塘的内在逻辑。正如他所说：这就是噱头。但他爱骑行，爱羌塘，所以他必须遵从自己的内心。

旅行是对世界、生活和自我三位一体的探索。

从另外一方面而言，或者说从生活上而言，35 岁的丁丁显得有些“笨拙”，他喜欢在路上，但要赚钱吃饭，何况他饭量惊人，圈子里传言他一次能吃五斤羊肉。对此我很关注，因为和他一样在摸索适合自我的生活道路，多少挣脱现实羁绊的行者要想探索独立生活可能要花掉比在路上多得多的时间。他在南京生活了一段时间，后来又听说到了成都和别人合作开青年旅馆，之后又去了拉萨。2014 年中我奇迹般地在冈仁波齐转山时遇到了他，他给别人兼做向导，转山十二圈，连当过特种兵的旅馆老板都佩服得不行。我跟他说，丁丁参加过铁人三项比赛，还一天骑行过 500 千米。

最后一次给他打电话时他在杭州，状态不错，说找了个新工作挺忙的，暂时算是安顿下来了。真替他高兴，突然想起来一直想对他说：为什么不把他的游记编辑一下，出本书呢？

但这个建议一直没说出口。每个人都有一条路要走，而这条路任何人都无法复制和替代。就如厄普代克的小说《跑吧，兔子》里的主人公，纠结于生活和在路上。也许这是每个行者都面临的困境。

然后，我们相互都感慨走了十年但路还要继续，就如他说：究竟羌塘更真实，还是现在更真实？我忽然糊涂了。或许这个问题不弄清楚更好，我还有更多的梦。

丁丁开创的线路：

❶ 从羊八井到古仁拉，海拔达到 5650 米，推行 60 千克重的车平均每小时走 1 千米。

❷ 从措勤县桑木拉出发，骑行、推车，最后到达萨嘎县如角乡，穿过山口拉琼拉。

2015 年 7 月，张勇和贵哥历时 35 天完成丁丁线路。在此期间，阿尔金、羌塘和可可西里保护区联合发文，禁止户外爱好者擅自进行穿越活动。

1.4 程鹏

程鹏，30 多岁，2013 年到 2014 年在国外骑行九个月，路线为：越南—老挝—泰国—印度—巴基斯坦—阿富汗—约旦—埃及—苏丹—埃塞俄比亚—肯尼亚—乌干达—卢旺达—坦桑尼亚—肯尼亚。其中坐飞机两次：从泰国到印度和从阿富汗到约旦。

这段旅行，程鹏走得和别人不一样。

东南亚部分离开舒服的越南海岸线，进入老挝山地丛林，巴基斯坦和阿富汗线不必说，那要顶着很大的风险。2011 年我到拉合尔，连靠近阿富汗边境的白沙瓦都没敢去。非洲部分也没有做线性南北贯穿，而是在非洲大陆的心脏部位——东非大裂谷、维多利亚瀑布一带绕行，可谓不走寻常路。可程鹏说得却很轻松，即使有困难也保持着顺其自然的心态。也许他是对的，当一个人必须要如何时，就会被这个“必须”制约了内心，就如我当年非要横穿非洲给别人看看一样，结果弄得自己很痛苦。

事情不是不做，但心态淡泊，这是程鹏的生活和旅行态度，为此他干脆把自己的游记标题写成：干点没用的事，做个没用的人。

让我们来看看他是如何在这样的心态下完成这次并不简单的单车旅行的。

出发之初，无计划，走到哪儿算到哪儿，归国无期，旅行费两万元，随身带一点现金，现金不足时上网从支付宝里转到银行卡中。

所以他说，你想的太多，反而无法上路。

东南亚没什么困难，越南到柬埔寨线路远离城市，虽多雨雾，但村落和雨林都很让人享受。“饿”是这一段路上脑海中主要的思维焦点，犹如初恋，忍，但又很快说服自己停车狂吃，如此循环，好安慰自己走出“骑不死，也推死”的老挝北部山区，想想随后在琅布拉班和靠山路享受，也值了。

不过，麻烦事很快就来了：在泰国没申请到印度签证。

签证对于任何一个国家的旅行者来说都是最麻烦的事情。几年前有个朋友，发誓背包环球旅行，在非洲申请去赞比亚，大使馆要求双程机票，他拒绝，说人家不合理，当然拿不到签证，最后只能放弃旅行回国。要知道申请签证是一个很现实的问题，只能去适应现实而不是传说中的改变。后来程鹏飞到云南才申请成功，直接飞加尔各答开始印度次大陆旅行，这条线路和我一样，沿着恒河，经过瓦拉纳西，最终到达新德里。

印度好玩但也麻烦。被人围观和解决如厕问题，很矛盾，因为到处都是人但又没有厕所，他们就地解决你不奇怪，但是你在他们的目光下那就困难了。当年我被迫逃到一个小房子后面救急，还被抓个现行，那居然是一座庙！程鹏也一样，还要让车在视线之内。被围观难免有小混混、醉汉等找麻烦，这种时候只能设法赶快离开，如果走不了，要尽量求助路过的有点儿文化或者身份的人。印度很矛盾，有时候很暴力却以崇尚非暴力而闻名。再有路上的卡车也非常危险，程鹏后来给我讲，路上最应该注意的就是交通安全。

从拉合尔到伊斯兰堡线是巴基斯坦最安全的区域，没什么太多困难，由于是中国人，自然在当地受到礼遇，在首都获得阿富汗签证，随后从白沙瓦入境。

在阿富汗的旅行绝对是“玩命”，去之前也许还有浪漫想象，外加肾上腺素过多，一旦见到洪流一般的难民、行为蛮横的武装人员，就会意识到这个事情是否合适。电脑被偷，吃的东西特别贵，住宿处不接待外国人，大雪，还要担心绑架、爆炸等。单纯待在那儿都不行，何况是骑车，所以只好飞往约旦（在喀布尔无法获得伊朗签证）。

这时骑行已快四个月了，每天大体力付出，既要解决吃喝拉撒，还要对付各种意外情况，旅行者的身心多数开始疲惫，这时最好能休息一下。程鹏的麻烦在于印度签证只有一个月，巴基斯坦和阿富汗在心理上更不可能放松，除了东南亚，基本上都属于疲于奔命，还好在约旦遇到骑行者跃南，一路相互担待，好过很多。

在亚喀巴获得埃及签证，随后的线路沿着苏伊士湾，并没有走杜风彦的尼罗河线，不过最终都汇集到阿斯旺，19个小时坐船入境苏丹，开始非洲骑行。

莽莽非洲，沙漠、高温、沙尘暴，以及不断爆胎，上千千米路途的煎熬。2014年4月15日离开苏丹入境埃塞俄比亚，等待他们的又是无尽的盘山公路，依旧高温，还被没完没了的孩子追逐。不论如何，整个埃塞俄比亚至少还有柏油路，一旦进入肯尼亚，土路将等着你。莫莱亚到马萨比特，2004年我被折磨过，2014年程鹏骑过时，十年过去没有任何变化，依旧是看不到边际的半沙漠灌木地带，少水、少人。他说：肯尼亚令人担忧的不是因为修路而是因为从未修过路。被各种车碾得好像是用减速带铺的路，那节奏，铁蛋也得震废。

最好搭车。

程鹏和搭档并没有去内罗毕，而是斜向南，去了维多利亚湖，从那里可以入境乌干达。卢旺达、坦桑尼亚和肯尼亚可以陆路落地签，不用再花钱、花时间，从这个角度讲，东非是目前国人最容易走的跨国骑行线路。

程鹏说：非洲的骑行算是痛并快乐着。很多地方条件极其简陋，在撒哈拉无人区的半个月里无网、无水，最艰难时甚至只能靠饮用雨水和湖水。想象一下，在撒哈拉超过50℃的地表温度上骑车，负重60千克，岂是常人能忍受的，反而觉得这是难得的磨炼。

回国后程鹏决定独立生活，大学毕业后在成都工作，为了骑行毅然辞职，现在他要把握自己的人生。

思考九个月后，凭着对骑行的热情与经验，和对自行车相关知识这么多年的积累与了解，2015年4月正式创办了灵犬旅行车品牌，开始制作旅行车。他以前是学机械的，和骑行相结合，一条全新的人生道路展现在面前，这就是所谓的而立之年。

最后，他在简历中说：与爱人继续走完未到达的地方，有灵犬相伴。

程鹏的装备

车型：灵犬 Postman 700c 旅行车。长途旅行，最好选择专业的旅行车，路上会舒适很多。首选钢架，长途骑行的最佳选择。

驮包：侧包使用过开朗的，25升和20升各两个，防雨效果不错。大概骑行了1万千米，拖包开始出现了磨损的小洞。顶包用的 Maxped（麦斯邦德）牌，经济实惠。

炉具：BRS（兄弟捷登）一体油炉。尽量选择高标号的汽油，常见的问题就是堵嘴。柴油坚决不能用，用一次油炉基本就毁了，以后会经常堵嘴。

导航设备：没有网络时，手机提前下载奥维离线地图，手机 GPS 定位。

程鹏经验谈

问：钱的问题怎么解决？自己的还是赞助的，如何做？

答：自费的（之前的骑行）。

问：线路如何安排？

答：没有特定的路线，只有大概方向，以及可能经过的国家。具体情况要看当地国家的状况。

问：单人还是搭档旅行，你对此的认识和感受？

答：最好是两个人上路，能够互相照应。当然，前提是两人的性格等各方面能合得来，体力各方面均等。不然宁可选择一人上路。

问：你认为单车旅行最危险的情况是什么，如何避免，包括心理上的和行为上的？

答：我个人认为，最危险的还是骑行路上的交通意外。一定要遵守交通法规，按道骑行。

问：如何与当地人交流，英语必须好才可以到国外旅行吗？需要什么水平？

答：会一些基本的简单的英语就可以了，只要心态好，路上可以边走边学。实在遇到官方机构交流，可以手机查询或借助词典。

问：如何坚持完成一次旅行，路上想放弃怎么办？

答：如果真要靠坚持才能做完，那就不是你想做的，又何必勉强自己呢？顺其自然，随心所欲，想骑就走，不想骑就休息。

问：跨国旅行签证的申请经验是什么？

答：查询官网，或借鉴前人的信息。大部分签证信息可通过微博查询。

问：路上怎么省钱？

答：有钱没必要省。缺钱你自会知道怎么省。

问：对新手有什么建议？

答：出国骑行，最考验的不是体力，而是心理的承受能力。可以先在东南亚国家小范围骑行锻炼。一旦你跨出国门后就会知道，并没有你想象得那么艰难。

问：对车型有什么建议？

答：尽量选择大轮径的钢架车，700c 或 26 寸。能选 700c 的尽量不要选择 26 寸。

问：如何解决跨国旅行的导航问题？

答：使用手机离线地图以及手机自带的 GPS。选择地图上的大路骑行。

问：女孩子单车旅行应该注意什么问题？

答：个人认为最大的问题是：要做好心理准备，遇到骚扰或其他类似情况时如何面对。

问：最初，是什么人或者书籍启发你走上了骑行这条路的？

答：这个很难找到根源了，接触自行车骑行很久了。

问：你觉得最值得推荐的骑行地点和线路是什么？

答：想去哪里就骑到哪里，每个人的体会不同。

问：遇到的最特殊或者印象深刻的旅行事件是什么？

答：遇到很多暖人心的事情，一些小的细节或一个短暂的镜头。比如路人赠送的水和食物，或他们提供的可以避雨的空地等。有些无法用文字表达，但内心却记得。当然也有一些奇遇和危险的情况，暂不说了。还是要鼓舞人心啊。

问：单车旅行带给你的生活和自我最大的改变是什么？

答：在生活中心态会更好，更珍惜眼前的一切。

问：现在从事什么工作，未来的骑行计划是什么？

答：从事自行车方面的工作，以旅行车为主，包括设计和加工。关于骑行，暂时还未有确定的计划。

北非沙漠中

在红海边

折车搭其他交通工具是常有的事

在机场里过夜

在途中休息

1.5 杜风彦

“几年前，我还只是在大城市里蜗居的小青年，在最近的800天时间里，我开始了自己的一段追梦之旅，骑行4万千米，穿越亚洲、中东、非洲22个国家，实现了自己环球梦想的一部分。”这是杜风彦的自述。

我第一次见到杜风彦是在2010年上海自行车展览会上，他和几个朋友正在策划一次骑车到伦敦的奥运宣传，想拉一点儿赞助，问我怎么办。我很不客气地对他们说：人家有钱干吗不自己旅行，却辛苦开公司赚钱让你们去玩呢？

把骑车和“壮举”“为国”等宏大叙事纠缠在一起，其实目的只有一个，自己没钱但要拿别人的钱实现自己看世界的愿望而已。这既不是20世纪80年代理想主义冲动，也不是有实质回报的商业行为，当然可行性不高。从2004年回国后，我见过太多这样的举动，却没见哪个成功过。所以建议放弃团队自己走，旅行是个人的事情。

一年后杜风彦辞职，下定决心实现骑车旅行世界的梦想，可是怎么开始呢？这是很多心怀梦想者开始时最容易面临的困境，不管如何他还是行动了起来。先从满洲里到北京来一次拉练，2400千米耗时一个月，带着狗花掉3000元。

回京后意识到不能再耗下去，时间和钱都紧张，便火速从淘宝上买了装备，把山地车改装成了旅行车，车人一起，抵达南宁。

他的计划是从越南到好望角，走一年，每天开销6美元，一年也就是2000美元左右，但还是带了他全部家底5000美元。具体的线路、签证问题，以及遇到意外怎么办，甚至如何返回都没有想，也无法想，只有把自己交给路上，先开始再说。

东南亚的骑行难度并不高，2000多千米，长度适中，签证容易，社会治安稳定，路况除了柬埔寨等个别地区不太好以外，基本上均为柏油路，也没什么大山要爬，是开始骑行国外的一个很好的选择。行者只需要放慢速度，享受骑行即可。由于是第一次出国，杜风彦开始有些紧张，幸好有搭档，一路上相互帮助，旅行基本顺利。三个月的东南亚骑行开销四五百美元，不多，未来的旅行还有保障。

从环球旅行角度讲，曼谷是最重要的中转站，在那里将决定接下来的路何去何从。

向南可走印尼和大洋洲线路，但大洋洲签证难度高。如果走西线只能飞加尔各答，因为孟加拉国和缅甸无陆路口岸，当年我就是这么选择的。在等待印度签证时，他独自到泰国南部骑行，发现如果要省钱必须尽量吃住都在当地人家里，也许这是走下去的唯一方式，的确，机会和方式就是靠这样实践出来的，而不是坐在家里空想。

印度很大，有不同的走法，搭档要走北部恒河区域，那是一条很成熟的旅行线路，这样可以经巴基斯坦进入中亚。杜风彦则选择绕行印度海岸线，长度是恒河线的3倍，他说：来点儿独特性。

虽然自信和经验通过3个国家的旅行已经逐渐培养起来，可全新的环境，一切都又不一样，必须重新适应，困难可以想象到。他说：东南亚中国人多，资讯多，可到了印度，完全是不同的环境。

首先，吃不惯，对骑行而言，这很重要，再有就是无法找到合适的地方住宿，为了省钱不住旅馆，况且沿路村镇也很少。求助当地人多遭拒绝，终于人家答应了自己又开始担心会不会有危险。杜风彦回忆说那段时间真的很难熬，有一次夜里没地方去被迫跑到乡政府求助，被几百人围观，生怕被抢劫，害怕极了。

旅行直到普里（Puri）才开始有转机，当地人邀请他到家里做客，杜风彦感觉穷途末路，已无所顾忌，骑车50

千米赶过去，从此和一帮印度有志青年待了一个月。

他们在举办冲浪节，杜风彦有摄影器材，于是一起拍摄宣传片。这段经历非常有意思，也非常快乐，结识了很多当地朋友，后半段的旅行基本上算是访友之行，深入当地受到免费招待，没花多少钱。

不过期间还是发生了乌龙事件，在朋友家丢失 400 美元，左右为难，不便和朋友们说，想留下美好回忆，又觉得不可能是朋友们所为，后来只能在路上靠省钱来弥补，每天开销 1 美元，困难到连可乐都喝不起的地步。吃的永远都是最便宜的食物，连当地人都觉得过不去，就这样坚持到了孟买。一次收拾行李时丢失的钱居然又冒了出来，杜风彦说在袜子里包得太好结果自己都忘了，听到这里我都乐了，那么点儿家当都找不到，真佩服你啊！

总体来说，在印度玩得非常好，每天尽量找不同的地方住宿，和当地人接触，寻求旅行多样化感受，他说：去努力找到一种自我行走的方式，这个思路也体现在随后的行程中，让他的旅行更精彩。

伊朗、亚美尼亚、格鲁吉亚和土耳其 4 个国家，每个国家仅需开销 50 美元。当然这些国家也都以热情好客闻名。如果不是伊朗签证时间太短，估计旅行者们都不愿意离开，后来干脆和当地骑行者一起旅行，基本上也不需要多大开销。

抵达伊斯坦布尔后，再次面临抉择。有 3 个方向可以选择，去欧洲的话，申根签证需在国内提前申请好。去往非洲和往中东的签证申请最简单，杜风彦选择了飞往约旦，中间的叙利亚非常好但有战争，黎巴嫩和以色列也只能放弃。

约旦不大，可以看做非洲旅行的前奏，在亚喀巴申请到了埃及签证后，坐船到埃及潜水胜地达哈卜，沿着西奈半岛北上到埃及开罗，再顺着尼罗河旅行。杜风彦说在这一带其实算是旅游，意义不大，于是在阿斯旺坐船进入苏丹，算是正式开始非洲骑行。

按照常规非洲线路，多数旅行者选择从苏丹南下，经东非到南非。杜风彦兴致昂扬，即使在埃塞俄比亚北部崎岖的山地骑得很辛苦，还在当地人家惹了一身跳蚤也没能打消他“不走前人路”的劲头。2013 年春节，绕行非洲之角，炎热的吉布提，没有路的索马里北，返回埃塞俄比亚。经 500 千米的土路南下到肯尼亚，内罗毕为东非最发达城市，在此修车，补充装备，当年我也是在这里中转休息。

在蒙巴萨遇到杨怀玉，一起走乌干达和卢旺达，进入坦桑尼亚，穿过马赛马拉大平原到达首都，接着进入马拉维，再一次离开南下路线，转到赞比亚和纳米比亚，非洲西海岸，路好，人少，一口气抵达开普敦。

听杜风彦的讲述，线路复杂且超常规，比我当年走的路线要丰富和精彩得多，他余兴未尽，还想直接坐船到美洲继续，那时候离开家已经两年，兜里的钱依旧没花完。当然路上前后有人资助 1000 美元，还有国内朋友邮寄来的 5000 元人民币。整个旅行大约花掉 4 万元人民币。

杜风彦最后选择了回国，旅行在适当的时候需要休息和沉淀。

纵观杜风彦的旅行，有两点特殊。一方面广泛接触当地人和当地华侨，交朋友，得到帮助，他的回赠是做网站；另一方面是由于在钱上得以保障，心态上就会非常良好，后期还有同伴，不至于让体力的支出和现实压力过多影响到心理。

回国后杜风彦进行了长时间的思考，他说，不再想回到以前的职业，要寻找到一条合适自己的人生道路。这次采访进行时，他的新的旅行拍摄计划已经开始：到苏丹和埃及拍摄尼罗河，去了解当地。他说，毕竟之前都是以西方的视角，而我们需要以中国人的视角来看待这个世界，这将是我一生的事业。

祝贺他，这是单车旅行带来的人生转变。

杜风彦的装备

车型：自行车无品牌。将山地车改装成旅行车，车架为 WIND SPEED（风速），前叉为山地软叉，车轮尺寸为 26 英寸，轮胎为 1.75 ~ 2.15。套件为 SHIMANO（禧玛诺） Deore 27 速套件，使用的车把、车座及把立为 SATORI（觉醒）品牌，为 SATORI 公司赞助。车货架为铁架，可以承载整体驮包 70 多千克的重量。

整体感觉不错，可以应付所有路段，在颠簸路段，山地前叉和气压车座可以缓解对身体的冲击，平路骑行也非常舒适。

个人觉得长途旅行最好选择旅行车，这样骑行起来会比较舒服一些，另外还可以酌情增添一些减震的零件，在路况较差的路段也能缓解身体的疼痛。

驮包：最开始出发时选择的是多特的驮包，后面三个，前面两个。行进到非洲的时候，换上了德国的ORTLIEB（奥特利布）驮包。

多特的驮包优点是便宜，三个驮包加起来不到400元，质量还算可以，缺点是防水罩不太好用，驮包整体不防水，另外驮包的挂钩容易损坏。后来给驮包全部换上了铁质挂钩，虽然沉一些，但却耐用。驮包使用时间长了，被太阳晒了之后容易掉色。

ORTLIEB（奥特利布）驮包是朋友借给我使用的，驮包整体防水，后面的挂钩可调整，有可替换配件，整体来讲，我对这套驮包还是很满意的，缺点是价格有点高。另外需要带好修补装备。

炉具：开始时带的是国产的炉具，方便快捷，价格便宜，当时买的整套，才200多元，缺点就是不太耐用，使用汽油的话，炉头容易堵塞，另外打气的皮碗和接口部分也容易损坏，后来自己在路上维修多次，并更换过好几次配件。

到肯尼亚之后，用的是MSR的炉具，也是一个车友借给的，这套炉具价格比较高，但可能是因为使用时间的关系，炉具的皮塞出现了问题，后来使用各种橡胶来代替，总算撑到了最后，整体而言比较耐用。另外，使用炉具时如果用当地的汽油的话，很容易堵，需要带好疏通工具。

导航设备：我用的是佳明的EDGE 800，由佳明公司赞助。

这套设备比较实用，定位快，不需要网络，只要装载地图就可以使用，另外这款GPS能监测很多运动的数据，包括心率、气温和海拔等。但有些地方的地图会需要购买，另外有的国家地图数据可能比较旧。这款GPS还带三防功能，个人觉得非常适合骑行使用。只是地面气温如果超过55℃的话还是不要开GPS了，另外就是GPS的电池使用时间不是太长。

杜风彦经验谈

问：钱的问题怎么解决？自己的还是赞助的，如何做？

答：出发前，我已经辞职，北漂存钱很难，我当时也是，手里没存款，存的大约3万元也给了父母。装备也需要花钱，后来就跟一个朋友说了这个骑行计划，我向他借了25000元人民币，当时听说国外旅行支票很好用，我把两万元人民币换成旅行支票，基本就靠两万元人民币走完了全程。出去旅行，意味着没了经济来源，处处都要花钱，没资金是不行的。我出发前，只是大概算了下，每天按照6美元的花费标准，走上一年时间，算上其他费用，差不多资金能够。没钱的滋味不好受，尤其是在国外，经济紧张的时候，连吃顿好饭和喝瓶可乐的预算都没有，想起来真的挺可怜，大家都觉得你有钱，你却只能在饭馆里点最便宜的菜。没钱的滋味很多人都懂，这个我就不说了。

有些人说可以路上打工，我也尝试过，其实挺难的。第一是你身份不合法，得不到法律保护；第二是时间短，且不固定，找工作非常困难；第三，打工会耽误你旅行的时间。有些朋友说可以在饭馆打工，等你出去之后，去一些当地餐馆，就会发现实施起来还是很有难度的。有当地人给我介绍，工作过几次，每次都不太理想，后来就不再打工，而是用技能来换吃住，这比打工容易多了，还好实施。

所以说，进行长途旅行的话，需要准备好充足的资金再上路，否则你就要做好最差的准备。

关于寻求赞助这件事，我前期试过，发现对我来说还是有难度的，所以旅途资金赞助不多，只有SATORI公司给赞助了1000美元。其他大部分都是赞助的装备，但也解决了我的一个大问题。

问：线路如何安排？

答：我前期只是大概做了一个起点和终点，另外根据网上的攻略和资料，在这个过程中咨询了很多人，也拟定了一个骑行路线。后来在骑行的过程中慢慢有了经验，线路开始改变，会去一些自己比较想去的地方，规划路线的时候尽量经过一些有文化或者自然景观的地方，另外如果当地有朋友的话，也会计划去一次。

一般来说，我会先初步定下三个月要经过的大概国家和路线，然后做一个月和十天内的大体规划，之后就是三天的具体规划，走了三天之后，继续下面的规划，一般来说，在经过一些国家首都的时候，我都会休息一下，查下资料，做下后面的路程规划。

至于路线规划，我觉得可以根据自己的感觉来，多了解一些基础知识和资料。然后根据自己的个性来策划自己的路线。

问：单人还是搭档旅行，你对此的认识和感受？

答：在路上我曾经有搭档，刚出发的时候就是和郗光两个人一起，后来在进入越南之前因为他要等待一些从北京邮寄的物品，所以让我先出发，后来我们在越南碰到过两次，并一起骑行至柬埔寨，之后在印度也见过。

从肯尼亚到南非的这段路程，我是和另外一个行者杨怀玉一起骑行的，大概有半年的时间，我们相处得还是比较融洽的。

我觉得选择搭档的话，要选择性格和脾气比较相投的，另外身体素质也差不多的，在路上比较重要的是互相忍让，有问题一点点地去解决，双方互相尊重。互相理解了之后，搭档骑行还是非常好的，彼此有照应，还能在做决定的时候有个参考，另外在宿营和做饭的时候可以省很多力气，生病了也有人照顾。

如果你能找到一个不错的搭档的话，我建议还是搭档行走比较好。

但长途骑行的话，人数不要太多，一般 3 ~ 5 个人比较好。

问：你认为单车旅行最危险的情况是什么，如何避免，包括心理上的和行为上的？

答：在路上遇到一些阻力和危险是在所难免的，像刮风下雨，冷热饥饿都是难免的，关键在于你要有解决问题的能力，面对问题去一个个解决，逃避只会让你被困难击倒。

在单车旅行过程中比较危险的是交通问题，车祸已经夺去了我在路上认识的几位骑友的生命。

在路上骑行要遵守交通规则，不要越界，尽量不要并排骑行，骑行的时候要避免抢道。不和大卡车斗气，坚决避让任何危险的因素，骑行的时候要注意安全，不能大意。

路上也有可能遇到抢劫、骚扰等情况。我在路上也遇到过抢劫，不过后来都是化险为夷。平时要注意保护自己的财产，不漏财，不显富，不招摇。碰到抢劫时一定要冷静，仔细观察形势，尽量不战而退敌。在发觉有人跟踪的时候，要注意往人多的地方走，和他们搭讪、交流，看他们的反应。另外要突出一下自己的实力，暗示他们若是抢劫会付出很大的代价。另外可以有意识地露出一些东西，告诉他们你有所准备。如果是凶恶至极的持枪歹徒，尽量弃财保命。

还有一种危险是野生动物，这种情况在非洲的某些国家公园路段可能遇到。要注意不要在早晨和傍晚穿越国家公园区域。

长途骑行，如果是长时间独自一人的话，不同外界交流，可能会产生孤独症。另外要心平气和地理解所有人的帮助和阻碍，不要产生依赖症。

问：如何与当地人交流，英语必须好才可以到国外旅行吗？需要什么水平？

答：英语不是最重要的，据说，不通过语言，你也会理解对方 65% 以上要表达的意思。

实话说，出去的时候，我也已经大学毕业好几年，英语几乎完全没有用过。刚开始交流的时候，我都是一个单词一个单词地往外蹦，交流就产生了很多问题。不过随着旅途的深入，每天说得多了，很快就会熟练，即使你不说英语，完全靠肢体语言也能解决很多事情。另外比较重要的一点是，作为一个外来者，当地人会对你比较感兴趣，他们会想方设法地跟你交流，这样，你也能很快学到不少可用的肢体语言，我曾经就遇到过一个当地村民，我们彼此不懂对方的语言，但我能明白他的手势所能表达的所有意思，在交流的过程中也学到了很多肢体语言。

在我旅行的国家中，不少国家的国民英语普及度很高，基本都能找到会英语的人交流，坚持用英语交流，行走

一段时间，你会发现，你的英语表达能力会提高很多。

深入旅途，慢慢地你可以和当地人进行深入的交流，那个时候你才会发现沟通的乐趣，你总能得到问题的答案，这能对旅途起到促进作用。

问：如何坚持完成一次旅行，路上想放弃怎么办？

答：旅行的目标开始不宜设计得太高，另外路上的行程不宜太赶，要充分深入旅途，享受旅途的乐趣。

在旅行的开始阶段，要学会克服旅途的各种困难，适应旅途。

旅途的初期，若遇到困难，比较容易产生动摇情绪，这都是很正常的。其实大部分你初期遇到的困难，跟后面的比起来，都算不上什么。

既然选择在路上，你就要明白，这是你自己的旅途，没人能帮你，如果放弃的话，以后可能都不会原谅自己。

不要给自己的旅途规划得太满，要合理规划，多给自己休息的时间，多去寻找一些旅途中的乐趣，发现自己的一些兴趣点，沿着兴趣点去继续旅行，这样就会有意思，会让你的旅行渐入佳境。

人生其实也是一种旅行，不管是选择继续还是放弃，都是你自己的选择，如果遇到困难，也许暂停一下再继续也是一种比较好的办法。

当然，如果你觉得旅途实在无法继续，适时撤退也是一种比较好的选择，单车旅行并不适合每个人，也许你没准备好，以后可以再继续，或者你可以选择另外一种不同的生活。

问：跨国旅行签证的申请经验是什么？

答：随着中国日益强大，美国、加拿大和澳大利亚签证都可以轻松获得十年期，签证其实已经不再是一个难题，如果你只是短期旅行，走的国家不多的话，签证完全可以通过中介办理，比如淘宝。想省钱，可以自行办理。只要你符合签证条件，签证不会有问题。

在第三国办理签证一般会比国内办理签证简单，不需要准备太多的材料。若遇到困难，只要你心诚，仔细说明情况，一般会得到。

我办理签证，多数在当前国去计划办理下面三四个国家的签证，这样可以在有效期内进入，还比较方便。

骑自行车过境，只要你有签证，手续合法，是没任何问题的，在当前国办好离境手续，走汽车或者人行通道。直接骑车进入下一个国家即可，在非洲的有些国家，两国的边境只是一根木棍，边检都没有，办好手续，直接骑车进入，没任何问题。

问：路上怎么省钱？

答：骑车旅行要省钱的话，可能要失去一些舒适度。在旅途中，住宿和交通费也是重要支出，住宿的话，如果你自带帐篷，一路宿营，就可以省下不少资金。另外如果你自带炊具的话，在一些食品昂贵的国家，可以自己做饭，这样也可以省下一些资金。

长期在路上需要一些技能和运气，我就认识一些会摄影或者设计的朋友，一路走一路工作，赚钱之后就旅行，玩得差不多了到下一个国家继续工作。他们做得很好，但对于不少人来说就很难实施。旅行是旅行，工作是工作，两者都想做好太难了。

如果能力足，可以做旅游达人，通过发表摄影作品或者旅行经验来赚钱。还可以通过出售一些目的地产品来实现盈利，但这也不是每个人都能做的。

比如我会修电脑，做网站，就可以通过修电脑和做网站换食宿，交朋友。

问：对新手有什么建议？

答：新手想开始长途旅行的话，需要做好专业基础知识的储备，选好适合自己的自行车，调整好自行车、骑行姿势等，这些问题决定了你以后骑行的长远，要想骑远，就从基础开始。

中国可以骑行的地方有很多，我觉得初步骑行的话，可以在自己城市周边练手，选一些风景比较好的地方，从近到远，慢慢骑行，享受骑行的乐趣。之后可以去其他城市骑行，也可以去一些风景优美的地方骑行，如国内环海南岛，骑车去西藏，都是比较有挑战的路线，可以慢慢进行。

长时间骑行的话，身体适应是需要一个过程的。

长途骑行和比赛不一样，没必要每天都特别卖力，骑行只是一种生活方式，重要的是享受路边的风景，以及体验不同的人和事，应怎么舒服怎么来，开始可以慢点，走短点，后面再慢慢加强。

我的经验是，一般骑行一个小时后或者20千米左右，下车休息几分钟，喝点水，聊聊天。另外就是在骑行中，注意调整姿势。屁股疼，是不可避免，一般坚持骑行一周左右，状况就会好转，这个没有特别好的办法，多磨磨就好了。

新手长途骑行，我一向都是鼓励的，我希望他们能出去看下这个世界，体会这个世界的美好。所以很多人问我路上的经验，都会毫不吝啬地分享。

路上最难的我觉得应该是坚持，定好了目标，能坚持下来，才是好样的！

要去国外骑行，不仅要做好物质上的准备，还要做好思想上的准备。

首先要准备好一本护照，了解目的地国的签证政策，准备好签证。

在海关了解自行车出入境的政策，还要了解一下目的地国家的交通法规。

要有一辆适合自己的自行车，带好需要的自行车配件和维修装备。

身体上也要做好准备，如果是旅途比较长的话，建议前期在国内骑一些小长途，做一些针对性的训练。

准备好旅途中需要的装备，比如要宿营的话需要准备帐篷和防潮垫，要做饭的话准备好油炉，要摄影的话准备好摄影器材。根据目的地国家的气候准备相应的衣物，也可以带一些小礼物，以方便在路上与他人交流。

主要是要在思想上做好准备，是否准备面对国外的语言、文化和其他问题，以及路上即将遇到的突发情况等。

如果你非常确定自己要去骑行了，准备差不多的时候就可以上路了，出发之后，你的行程才算开始，各种问题才能得到解决。否则，问题总在变，你永远不可能准备充分。

问：对车型有什么建议？

答：车型的选择要看所选择的路线和个人喜好。

如果骑行路线并不太长，沿线的道路质量也很好的话，可以选择公路车或者山地车。

我觉得旅行车可能更适合长途旅行。旅行车就是为旅行设计的，保证了长途骑行的舒适性和扩展性，长途骑行选择旅行车更为适合。

问：如何解决跨国旅行的导航问题？

答：我用的导航是佳明赞助的EDGE 800单车用导航。

现在长途旅行，可以用手机导航，手机上的导航软件很多，我推荐使用谷歌地图。也可以选择其他骑行类的导航软件，比如中国年轻团队打造的“野兽骑行”，耗电量很小，还很稳定。

在国外骑行，只要能解决好电源问题和网络问题，导航应该是没太多问题的。另外也可以在当地购买地图，沿途配合电子地图使用。

问：女孩子单车旅行应该注意什么问题？

答：因为不是女生，但路上也有见到女生骑行，可以简单回答一下，我见过不少女生骑起来真的挺狠，远远地甩我们男生很远，不仅骑的时间长，去的国家也多。

女生骑行，路上可能遇到很长时间无法洗澡的问题，要做好相应的准备，另外，生理期也要注意。

女生骑行也要注意安全问题，最好带一些防狼喷雾或者其他防护工具。

问：最初，是什么人或者书籍启发你走上了骑行这条路的？

答：刘文老师以及他的视频和书籍《单车上路》，在出发前期，有幸遇到刘老师，给了我很大的鼓励和很多的建议。

还有李跃中老师，他十几年如一日的骑行精神一直在鼓舞着我。

问：你觉得最值得推荐的骑行地点和线路是什么？

答：印度南部，寺庙非常多，海岸线非常美；伊朗，当地人非常热情，风景也很好；亚美尼亚，美丽的高加索风景，雪山草场；土耳其的黑海沿岸；肯尼亚山，蒙巴萨海岸和西部茶园；纳米比亚的西部海岸；南非开普敦附近的花园大道。

问：遇到的最特殊或者印象深刻的旅行事件是什么？

答：在印度南部的 Eluru（埃卢鲁），我跟随当地的神父朋友，协助他们修缮教堂，并帮助他们修建教堂的学校，后来在他们的孤儿学校跟孩子们待了几天，彼此相处得都很快乐。在我临走的时候，他们给了我一个惊喜，学校里的孤儿们都集合一起，给我开欢送会，神父和孩子们为我祈祷，孩子们拍着手给我唱当地的歌曲，之后又给我戴上一个很大的花环。我出门的时候，孩子们排成两排，在门口撒花送行。我只是给了他们很简单的一点陪伴，他们却给我带来了更多，那一刻，我眼睛湿润了。

在索马里兰，我住在一个检查站附近，早晨我被朗朗的读书声叫醒，循着读书声走去，发现就在一棵金合欢树下，挂了一个小黑板，一位白胡子老先生正在教几个年龄不一的孩子读书。过去询问，才知道这是他们的学校，此地距离城市的学校比较远，附近的孩子没法上学，这位老先生就把这棵树当成一个学校，教孩子们读书识字。这棵树的四周只是围了些树枝，孩子们的凳子都是废弃的铁桶。如此简陋的环境，但孩子们却学得很认真。

另外，旅途中也会遇到孤独的情况，我认为，孤独是一种境界，旅行中的孤独分为两种，一种是无法融入的孤独，另外是一种融入大自然的孤独。

在骑行到三四个月的时候，我遇到了第一种孤独，当时每天都提心吊胆，跟当地人无法交流，每天看到夕阳都不知道晚上要住在什么地方，感觉每个地方都不安全，那个时候特别想回家。这种状态持续了几天，当时整个人精神状态都很差。比较幸运的是，后来我找到了事情做，在一个地方待了一个多月，帮一个冲浪俱乐部拍照片和视频，协助他们筹办了第一届印度冲浪节。在这个过程中，我和当地人沟通交流，融入，体会到了乐趣，之后再上路，把自己当成一个当地人，很快就能融入，并体会到了旅行的乐趣。

在非洲，经常会遇到很长一段时间看不到人的路段，这样的路开始走的时候还有点害怕，后来就开始变成享受，平时难得能找到如此安静的时刻，正好充分享受这份孤独。听风声鸟鸣，感受天地万物，放松后，孤独变成快乐。后来，遇到上百千米见不到一个人的路段的时候，我依然行走得很快乐。

孤独，你要去面对，去解决，而不是屈服，否则你将体会不到旅途的快乐。

问：现在从事什么工作，未来的骑行计划是什么？

答：对于我来说，环球的梦想已经实现了一半，非常幸运能平安归来。另外一半的行程我希望自己能慢慢走，享受旅行的整个过程。

一路上被给予太多的帮助，也消耗了很多的运气，需要慢慢恢复。

旅途虽然结束，但总觉得不总结一下还不算是完整的旅途，下一个阶段，准备总结下这段旅程，既是给大家分享经验，也是对自己的总结。

回来之后，我一直希望自己能有点成就，去实现自己的价值，目前虽然进展得并不好，但还在努力中。

我希望能通过自己的一点能力尽量去帮助别人，完成对自己的承诺，非洲仍然在关注，慈善仍然没忘记，合适的时候，努力把它实现。

一直希望能有更多的人可以体会到一种不同的旅行生活体验，下一个阶段，我希望能组建自己的骑行俱乐部，让更多的人参与骑车旅行，一起走出国门，享受旅途。

1.6 熊药（网名望月者）

一名误打误撞“混入”骑行队伍的女性“菜鸟”。唯一的骑行经历就是在朋友的带领下骑行过柬埔寨和泰国，其他旅行经历大都是独自晃悠。

熊药的装备

车型：一路相伴的“坐骑”是一辆在金边自行车店一见钟情的二手车，花 100 美元购得，车身上贴着“日本崎玉县警察局”字样，不禁让人猜想怎样的际遇才让一辆单车从日本流落到了东南亚，被我这个中国人相中。这辆车只有单边五挡变速，无减震系统，只适合城市骑行，遇到太颠簸的羊肠小道和大上坡只能下车推，但在路上一次也没爆过胎。据对单车颇有研究的骑行伙伴说，其抗压指数什么的比他专门配置的好车都高，虽说不明白是什么意思，可还是很骄傲，更爱自己这辆不专业却管用的二手车了。

驮包：原本用于城市骑行的单车无行李架，只能将我的背包用绳子绑在后座上，为保持平衡也为取用东西方便，单车店老板又帮我在车头加装了一个自行车筐，外貌上实在跟装备齐全的骑行车相去甚远，一路上我遭到骑行伙伴赤裸裸的“鄙视”，每当我想拍张英姿飒爽的骑行照时，他都冷酷地拒绝：“还是别拍了，你看上去就像是一名去菜场买菜的大妈！”

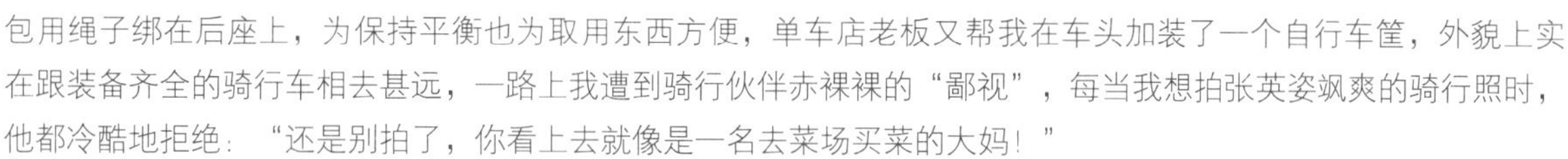

炉具：炉具之类都是骑行伙伴带的，我不太清楚。不过我负责采购的简易咖啡过滤器倒是一路发挥了不小的作用，挥汗如雨后找个阴凉地儿休息，来上一杯热咖啡，顿觉疲惫全消。

导航设备：无 GPS，就靠纸质地图。记得在金边，为了买到一份城镇间千米数标注详细的柬埔寨地图，我们还去了专卖英文书的“高档”书店，花 10 美元买到了一份地图。后来在泰国也一路研究地图决定第二天的骑行路线，不过还是遇到过因地图过时而在路上怎么都看不明白路标的情况。

熊药的经验谈

问：钱的问题怎么解决？自己的还是赞助的，如何做？

答：因与骑行伙伴是多年老友，没算得那么清楚，就是把各自带的钱放在一起花就是了。其实我对究竟会花多少钱完全没概念，但骑行伙伴说骑车这种旅行方式意味着将条件、要求、花费等自动调到最低标准，一路上都找便宜住处，吃素食。后来才发现，之后的旅行无论怎么节省，有骑行“这碗酒”垫底都算得上是奢侈，简直就是在享福。

问：线路如何安排？

答：前面说过，我们的路线规划都靠摊开地图“纸上谈兵”，骑行伙伴是一名不爱规划但喜欢改变主意的“随性之人”，所以出发时我们只有大致路线意向，至于细节都是每天找到住处后对着地图现场研究，有时为了找一个距离恰当的住宿地方，也不得不绕路。当然，实在没有合适的歇脚处时，就支帐篷。

问：单人还是搭档旅行，你对此的认识和感受？

答：感谢骑行老手 P 摒弃门户之见不由分说将我吸收进骑行队伍，菜鸟稀里糊涂上了路。曾在书中形容我们的骑行是“交换寂静的旅行”。每天早上装好车，P回头问我：“出发？”我点点头，轻快地跳上车。一路上经过无数风景，内心的风景也在不断变幻，极累的时候，意念只集中于一点，就是前面那个引领的身影，竭尽全力紧跟着。然后终于等到他再次回头，说，喝水，或者吃饭，心就欢快得要跳出来。我们总在日落时分进入一个陌生的城市，接下来还有各种现实问题等待着，有时找一个合适而低廉的住处要花上几个小时，直到天全黑下来两个人还在街上毫无头绪地转悠。可日落时分的进入是那样的安静，那样的享受，甚至可以说，那样的幸福——一种身体的消耗抵达极限仍不能阻挡的幸福，很难用语言描述——所以我们仍是默默地，仿佛坠入了一个超然时空……

问：你认为单车旅行最危险的情况是什么，如何避免，包括心理上的和行为上的？

答：单车旅行最危险的情况我觉得是经过治安不那么好的区域。记得在柬埔寨，我们即将骑上一段偏僻路线，骑行伙伴P半道上想起水带得不够，返回村庄采买，留我一人在路边等待。结果遇上一群骑摩托飙车呼啸而过的柬埔寨“古惑仔”，对着我吹口哨，因回过头瞅我还集体翻了车，那一瞬间吓得我心脏骤停，关键时刻幸好一位大叔驾着牛车经过，才化解了紧张的气氛。

当然，路上遇到的更多的是笑脸，还有人们热心的帮助，所以，既不必过分警戒而失去与人交流的乐趣，也得有必要的防备。全靠直觉吧，直觉往往是准确的。

问：如何与当地人交流，英语必须好才可以到国外旅行吗？需要什么水平？

答：在路上我觉得最管用的是肢体语言。世界这么大，又不是人人懂英语。而骑行更多的是经过教育程度不高的乡村区域，会英语的人更少。这时候就会发现：人类共通的基本语言是微笑，有效的比画足够让语言不通的人们彼此心领神会。不过，要想更深入地交流便不太可能了。

到国外旅行掌握基本的单词跟句式会方便许多。英文流利的话，有助于一路结识同类，结交莫逆——毕竟，在路上长期晃悠的人多来自西方发达国家。

问：如何坚持完成一次旅行，路上想放弃怎么办？

答：个人觉得“坚持”这个词本身就透着勉强，仿佛时刻喘不上来气儿缺氧的感觉。对一段路途而言，到咬牙坚持的地步，就说明乐趣在丧失，到了需要停下来调整的时候。《不去会死》的作者石田裕辅也写过旅途陷入倦怠的瓶颈期该怎么办？他的解决方式是停下来，融入日常生活，重新积蓄新鲜感，为此在伦敦过了半年打工的日子。

当然，国内许多长途骑行者都是经过周密规划、艰难取舍、毅然上路的，停下来，一方面是半途而废的任性行为，另一方面从签证等客观条件来说也不怎么可行，这时候，也许可以短暂休整几天，从身心上给自己一个缓冲和沉淀，别被壮阔的目标逼得太紧。

至于每一天的骑行，只要上了路，就得咬牙坚持。坚持下来，挺过体力透支和心理极限的那种爽快的成就感，是骑行带来最好的回报。

问：跨国旅行签证的申请经验是什么？

答：一般都是按规定去签，谈不上什么经验。不过在金边申请泰国签证时，被人指点生平第一次行贿了10美元，得到当时很稀罕的两个月泰国签证（没办法，骑车这种推进速度缓慢的旅行方式决定了我们需要更长的停留期限）。

但那是特殊时期的暂时乱象。如今中国护照越来越好使，大伙还是按照各国的规定去签更为稳妥。

问：路上怎么省钱？

答：找便宜住处、吃路边摊，自己动手做，路上别冲动购买纪念品……关于省钱我也没什么绝招，总之就是量入为出吧。

问：对新手有什么建议？

答：就用我为自己那本《菜鸟骑行记》写的简介来做给新手的建议吧：当石田裕辅一本《不去会死》成为畅销旅行书后，自行车这种国人原本再熟悉不过的生活必需品似乎被罩上了神圣的光环；当川藏线的骑行队伍已达堵车的规模时，骑行这项原本容易引发惊叹的小众旅行方式注定会走下神坛沦为又一大俗。然而《向着明亮那方——柬泰骑行记》不属于以上任何一种，就是一名误打误撞开始骑行的菜鸟在旅途中的真实记录。体力上的消耗自不必说，还有精神上的脆弱乃至崩溃，旅伴间的争执磨合……种种辛苦都被克服，因为路一直延续。旅行结束，这名菜鸟并未更新升级，脱胎换骨，该多菜还多菜——这的确很不励志，却能鼓励零经验跃跃欲试者放下顾虑勇于尝试。一切真的皆有可能。

问：对车型有什么建议？

答：对此我并无特别建议，虽说稀里糊涂地坚持骑行了将近 50 天，对单车的认识仍不超出一路伴随我的那辆二手车。但我觉得要是下一次再上路骑行，首先得选一辆变速多些、爬坡够厉害的车，其次得有必要的减震系统以应付颠簸石子路。不管车什么样，都不会降低旅途艰辛，同时也无法减少旅途乐趣。

问：女孩子单车旅行应该注意什么问题？

答：女孩子单车旅行自然安全第一，我觉得还是应当尽量与男性结伴。

其次就是自行车的座位问题。就拿我那辆来自日本的二手车来说吧，座位极不适合女性，一路上我的两股之间起了无数小泡，被磨破又再发，周而复始。加之天气除早晚之外都相当炎热，汗出了一身又一身，水泡们被捂在汗里，又疼又痒还挠不到，难受程度可想而知。而这一切由于部位的敏感，羞于启齿。每每看到我那痛不欲生的尴尬模样，骑行伙伴 P 也猜到几分，古吴哥路上，他把自己的座位换给了我，情况稍微好转。可他的座位是男性专用座位，在细部微妙的设计上，仍不大适合女性。有时候我们鄙夷爬个小山坡就全身上下武装到牙齿的装备派；有时又不得不承认，专业装备在特定的时刻非常重要，甚至会决定成败。直到在曼谷专业的自行车店买了个座凳，情况才有所缓解。

女性还要面对的一个现实问题就是生理期，这时候坚持骑行简直成了一种折磨，保持个人卫生更加迫切且重要，否则落下什么隐疾就麻烦了。

问：最初，是什么人或者书籍启发你走上了骑行这条路的？

答：感谢骑行伙伴 P。因为他的鼓励，我得以拥有一段难忘的骑行记忆。结伴旅行总使我想到黑塞的小说《悉达多》，如果说他是为追求心灵安宁而离家苦修的青年婆罗门悉达多，我便是追随他的好友乔文达。“有时旅途就是这样，像在夜里看到前面隐隐的灯光，想急切地往前面赶，但又对脚下不清晰的路感到迷惑，只能一步一步慢慢来。”——骑行伙伴 P 邮件里的这段话是对我们骑行之旅的精彩总结，也是对旅程蕴涵的不确定性由衷地感慨。

至于书籍，在金边遇见中国台湾男孩小肖，第一次听说石田裕辅的名字，这位花七年时间完成用车轮丈量五大洲壮举的日本人写了一本书《不去会死》，鼓舞了年轻的面点师小肖上路骑行。小肖的描述引发了我的极大兴趣，骑行归来，第一时间网购了这本书的繁体中文版，后又买了引进版及石田另两本关于骑行见闻的书《最危险的厕所与最美的星空》和《用脸盆吃羊肉饭》。

问：你觉得最值得推荐的骑行地点和线路是什么？

答：对于既没制定过路线方针又没更多骑行经验，只知道跟在骑行老手身后埋头苦骑的我来说，没资格推荐什么。我唯一能推荐的，就是上路吧，一切辛苦都值得。

问：遇到的最特殊或者印象深刻的旅行事件是什么？

答：我想分享一段骑行路上当“逃兵”的经历。

话说在柬埔寨时我们骑行小分队的决策人 P 计划沿被丛林淹没的 66 号古吴哥路从崩密列去圣剑寺，途中不但会经过地雷未被完全清除的危险区域，还因沿途人烟稀少不得不在丛林中扎营。

丛林一夜之后，第二天行程伊始就出了问题：P 前一晚说，羊肠小道还不算难走，之后是更难走的丛林小道。要走 40 千米才能到圣剑寺，而 40 千米的丛林小道相当于 80 千米的柏油路，所以我们必须得快，否则又得在丛林里扎营一晚。我当时不合时宜地追问了一句，难道我们走的还不算丛林小道？这天真到可笑的问题暴露出我对丛林的肤浅认识，也埋下了溃败的伏笔。上路不久，果然这羊肠小道从“大肠”递进到“小肠”，两边荆棘密布，穿行其间，感觉怎么都转不开身，更别提脚下深一脚浅一脚，让我恨不能连人带车变成一个圆球，一路滚过去得了。心里不断默念着“要快！要快！”可我怎么快得起来，勉强骑了一阵，被路况逼下来，变成携车前进的痛苦徒步。速

度如此之慢，以至于P不得不停下来严肃地跟我谈一谈返回还是继续向前的问题。我不愿半途而废，更重要的是，我不愿拖他后腿，又咬牙坚持了一节，意志的危楼摇摇欲坠，万分沮丧地认识到：这样的速度今晚怎么都甭想到达圣剑寺。当P再次停下来问我，返回还是向前？我终于说："你向前，我原路返回。"话一出口，眼泪随之决堤，脑子里只剩下一个念头：我当了逃兵……

这耻辱很难洗刷，可我真的没有信心。每一小段神经都高度紧张，一背的虚汗，不一会儿就手脚无力。而P说他们在老挝和柬埔寨北部骑的路比这还糟，另一个女孩湘薇都坚持下来了。我听了更加难受：没错，我是个逃兵，被丛林小道这并不严酷的考验甄别出来的意志薄弱者。一路上有吃有喝，保障了睡眠时间，P还把他的专业座位换给了我，而我仍旧败下阵来。穿越丛林到圣剑寺的路再难也难不过当年红军饿着肚子后有追兵的四渡赤水吧，而我一次也没"渡"过，无法想象好不容易渡过了，又折回来，又渡，又折回来……换作是我非疯了不可。P被我哭哭啼啼暴露的这些"活思想"给逗笑了，安慰我说，没那么严重，我的表现已经很不错了。又不是真的在长征，路走不通就退回去，这很自然，没什么好背包袱的，更没必要急着批斗自己。所谓旅伴就是要共进共退，这个计划行不通，换另一个就是，"你忘了，我是见异思迁的高手呀！"这时候还有心情开玩笑，不过，我也真的破涕为笑。

原路返回的惩罚是，我们走了一条可怕的路。据说有土路可岔上6号柏油路，这样就不必拐去崩密列绕上一圈，谁知我们正赶上了一条土路向柏油路的"进化"过程，全程不但车多，而且都是运输工程车，一辆过来就扬起漫天灰尘。所谓修路，更像是对路的破坏，从崩密列出来那宁静安详的红土路变成了暴躁的红魔，两个渺小的骑车人在改天换地的壮举面前愈发渺小，随时被尘土"吞"进去又"吐"出来，一次比一次面目全非。一个逃兵没资格抱怨，我埋头苦骑，反倒被倔强激发了勇气，每当P问我累不累，我总是摇摇头；问我需不需要休息，我也习惯性地拒绝；问我想不想喝水，我愣了一下，怯生生地提出：要是快到今天的目的地，就是说，胜利在望了，我们能不能停下来买瓶可乐喝？P一看我这可怜巴巴的样子，不禁笑了："不就是喝瓶可乐吗，当然可以。再说，你自己又不是没钱，想怎么花还不是随你。"我很不好意思地回答："我以为，一个逃兵没资格提额外要求了。"

看来我被自己定的这个"罪名"提前关进监狱了，开始自觉控制欲望，降低生活标准，以期脱胎换骨、重新做人。

问：单车旅行带给你的生活和自我最大的改变是什么？

答：说来惭愧，单车旅行并未让我成长为骑行老手，可短暂的骑行经历使我仿佛加入了某个秘密组织，在路上只要一见到骑行者就觉得很亲切，一看到好的自行车就忍不住上前打量。

始料不及的副产品是一本由日记整理而成的骑行记，几年以后得以出版。难得有我这样勤勉记录、脑子里念头还特别多的骑行菜鸟，难得码流水账的同时还夹杂了一些力所能及的剖析与反思，我想将这一切原模原样地呈现出来，这大概是最能令读者身临其境的方式。粗胚就粗胚吧，但它呈现了苦所凝练出的丝缕回甘，连当事人自己都未必能清晰地意识到的蜕变过程。尤其是骑行这种往后很难常常复制的旅行方式，每天累得浑身酸疼只能趴在床上歪斜写下的字句更具有不可替代的公信力，事后提炼升华，怎么做都会造成减损、涉嫌粉饰，于是不可避免地成为某种篡改。所谓呈现，无关完美，是缺憾与闪光无差别地捧出——瞧：这就是我走过的路，这就是一段时光的模样。

问：现在从事什么工作，未来的骑行计划是什么？

答：现为有一搭没一搭、自由懒散着的自由撰稿人。未来的骑行计划就是再有哪个骑行高手看上我勤勉记录的美德和才能，邀我入伙，跟在人家屁股后面，再次上路。那些路上遇到的人、看到的景、路过的村落、受过的伤、动摇过的意志……都重新来过，回忆有被再次刷新的机会。

1.7 郑盛

郑盛，来自云南的白羊座。年少轻狂时曾梦想仗剑走天涯，大学时开始单车旅行，国内走过上海至成都、成都至拉萨、上海至江西等线路，毕业那年想出去走走，于是 2011 年开始骑单车横穿欧亚大陆，上海至伦敦，11 个国家，136 天，14623.2 千米，路上花了 13000 元人民币。回上海后把这一路的经历写成游记《我的青春在路上》，然后找了份工作开始朝九晚五的生活。后来为了爱情和事业，申请了悉尼大学的研究生，开始了在大洋洲的留学生涯。辛苦的日子需要浪漫的梦想。2015 年研究生毕业之前的最后一个假期开始横穿美国，从洛杉矶到纽约，骑行 5269.5 千米，让自己的青春再次燃烧了一把。

郑盛的装备

车型：骑行上海至英国，骑捷安特帝柏 350 长途旅行车，这是性价比非常高的一款车，1 万千米以内几乎没出过大问题。横穿美国的时候骑的是捷安特 ESCAPE。

驮包：去英国的时候是从淘宝淘的 300 元的杂牌子包。横穿美国的时候用的是 VAUDE（沃德）包。

炉具：没有使用过炉具。

导航设备：纸质地图更新不及时，信息缺少，手机信号不好的时候可以使用。谷歌地图非常强大，即使没有信号依然可以使用。

郑盛经验谈

问：钱的问题怎么解决？自己的还是赞助的，如何做？

答：兵马未动，粮草先行。钱对于旅行来说非常重要。基本上都是自己打工攒出来的。第一次骑车去英国的时候，朋友给了不少帮助，第二次横穿美国的时候是自己假期砌墙砌出来的资金。路上也会特别得省吃俭用，露营扎帐篷，将花费控制在吃的上面。

问：线路如何安排？

答：先选好目的地，线路就好办了，谷歌地图一拉就可以了，然后按照每天 100 ~ 120 千米的速度一天天计算下来。

问：单人还是搭档旅行，你对此的认识和感受？

答：几次长途旅行都是先和搭档一起出发，然后剩下自己一个人。但是个人还是觉得搭档很重要，尤其是出国旅行，有个搭档做伴可以大大提高安全系数。不过搭档的选择一定要慎重，两个人的契合度和对目标的一致性非常重要，如果两个人达不到很高的契合度，那还不如自己单独旅行。

问：你认为单车旅行最危险的情况是什么，如何避免，包括心理上的和行为上的？

答：最危险的情况肯定是出车祸了。解决的方法也很简单：遵守交通规则，眼观六路，耳听八方。

问：如何与当地人交流，英语必须好才可以到国外旅行吗？需要什么水平？

答：能点菜、能问路就可以了，不需要很好的英语水平。基本上中国高一的英语水平就没问题。

问：如何坚持完成一次旅行，路上想放弃怎么办？

答：这个看你对这次旅行的期待了。假如只是想出来走走看看，实在坚持不了骑车，换个方式也是可以的，没必要非要挑战自己的极限，以安全为主。倘若真的是为了升华自己，追求更多的成长，一定要坚持、坚持、再坚持，有些事情咬咬牙也就过去了。我这次去美国，路上因为天气的原因，差点在加州大沙漠把命丢了，也打过退堂鼓，但是想到这可能是我最后一次单车旅行了，咬咬牙就坚持下去了。很多时候，人生中的某个坎并不是那么难过。

问：跨国旅行签证的申请经验是什么？

答：个人经验就四个字：真诚、细致！我计划骑单车去英国的时候，刚毕业，工作辞了，没存款、没房子，于是把之前路上的照片和去英国的路书计划，精确到天打印了出来，去大使馆和签证官交涉。当时德国签证官就把我的材料拿去让我背我的路书，哪一天到哪里，我一字不差地背了出来，他才相信我，给了我签证。

问：路上怎么省钱？

答：住宿的钱几乎可以全部省下来，一个帐篷就能解决所有事情，充电有餐馆，洗澡有加油站。吃饭的话还是吃饱一些，毕竟单车旅行很辛苦，肚子饿了容易想家。

问：对新手有什么建议？

答：先不要走长途，先进行一次500千米的短途骑行看看自己是不是真的喜欢单车旅行，也对自己的体能和装备有个认知，然后再计划一些长途。安全第一，切不可盲目。

问：对车型有什么建议？

答：对车型没什么特别的建议，我不是装备控，能驮东西走就行。长途骑行的话以旅行车为主。

问：如何解决跨国旅行的导航问题？

答：纸质地图加谷歌地图。

问：女孩子单车旅行应该注意什么问题？

答：在骑行方面，女孩子相对来说要弱势一点，所以需要格外注意安全，详细的路书和计划，以及随机应变的能力。

问：最初，是什么人或者书籍启发你走上了骑行这条路的？

答：中国台湾的薛德瑞，他从北京骑到了巴黎，让我对这条线路很心动，于是从上海骑到了伦敦。

问：你觉得最值得推荐的骑行地点和线路是什么？

答：国内川藏线，国外欧亚大陆和北美大陆。

问：遇到的最特殊或者印象深刻的旅行事件是什么？

答：感人的事情很多，陌生人的帮助、路人的关怀等让旅行充满了温情的回忆。各种美丽的景色也让回忆丰富多彩起来。然而我却想说一下自己那次的濒死的感觉。2015年横穿美国的时候，在加州沙漠里，当时地表温度70℃，沙漠里没什么人，这一段66号公路上的饭店和旅馆很多都荒废了。我没吃到中午饭，饿着肚子赶路，到了下午3点多的时候一股热浪一股热浪地往脸上扑，又是上坡，腿越来越软，开始有点眩晕，骑不动，下来推，深一脚浅一脚，这个时候多么想有棵树让我避一下太阳。继续走，看到前面有座桥，想着赶紧推过去把车扔下到桥洞里待一会儿，谁知到跟前一看只是个转弯处的围栏，站了一分钟，喘了口气，身体的不适感越来越强烈，不能这样站着，我会被晒死。继续前进，突然发现前面有簇沙棘，长在了道路边，像是发现了金山，推推推，到了跟前车子往旁边一靠，便倒在了沙砾上，浑身无力，额头上的汗开始哗哗地往下流，还流进了眼睛里，睁不开眼却不想揉，沙棘缝中的天空有点发白，看起来有点眩晕。突然想起了我的父亲，他去世的时候躺在救护车上看到的那块顶是不是也是这样白白的，那么近，却无能为力。他走的时候不知道想的是什么，还有什么牵挂。我的女友，我的妈妈，生命是如此脆弱，我走过了川藏高原，也走过了欧亚大陆，走了那么多路的意义是什么？包括这一次，以前觉得是青春要释放，荷尔蒙要发泄，突然发现，当躺在一个荒芜的地方，连动都动不了的时候，自己是那么的孤单。

我开始慢慢意识到这可能是我最后一次这么辛苦的单车旅行了，看着旁边的单车，潸然泪下，这是曾经让我多么引以为傲的伙伴啊。这次的经历也让我真正意识到生命的可贵和脆弱，我不是为了自己而生活。所以我很庆幸，在我27岁之前走过那么多地方，让我在剩下的时间里可以安心地为事业和家庭而打拼和奋斗。想在这里和所有有着单车旅行梦想的朋友们说一句：做梦要趁早！一旦有了梦想，就要至死不渝地捍卫它，因为迟早有一天，你会因为其他的事情而有了牵挂，再也走不出去。

问：单车旅行带给你的生活和自我最大的改变是什么？

答：让整个人都阳光起来。

问：现在从事什么工作，未来的骑行计划是什么？

答：在澳大利亚研究生刚毕业，是一个建筑工人。暂时还没有明确的骑行计划。

在《我的青春在路上》一书的开篇行程图上有句话：2011 年 7 月 18 号，英国伦敦，14623.2 千米，历时 136 天，穿越 11 个国家，我一圈一圈扎扎实实地骑上了英伦半岛，到达伦敦大本钟，有时候，让梦想落进现实，真的没那么难。

那么先来看看郑盛是怎么成功完成这次旅行的，尤其是对于一个刚毕业的大学生。

郑盛于 2010 年骑川藏线后，突然冒出一个连自己都惊讶的念头，为什么不可以骑车走国外呢？于是整个人就像打了鸡血，亢奋地想再次爬上 5000 米的东达山山口，也好像世界因为这个想法才开始被期待和存在一样。于是找资料，做路书，辞职（才工作了四个月），定下来走俄罗斯到欧洲，因为在网上看到一个中国台湾人 Deray（德瑞）骑过，其实 2011 年他出发时，有很多热血青年已在环游世界了，像杜风彦、杨怀玉、朱丕斌和钟思伟等，其中朱丕斌和郑盛的线路相似。

开始最难，尤其是出发前的头三个月。

要得到家人、朋友的认同和支持，准备出发事宜，很琐碎，但都很重要，两个难关需要闯：旅费和签证。

别人的钱不好拿，赞助方要求分阶段给，很大一部分还要旅行回来后才给，折腾了很久，严重打击了上路的激情，钱没有，获得了一辆车。其实一辆车很便宜，也就一千多元，足够上路，为此付出拉赞助的努力，不如去打工三个月。

走北线入欧洲的缺点是要求在出发之前一次办好签证，俄罗斯、申根，难度都很高，各种邀请函、担保、往返机票及酒店预订等，对一个从没出国的大学生来说，那种折磨可以想象，只能靠激情来支撑。

耗时四个月才办妥，却遇到新问题，计划要骑行国内部分，从上海到新疆，可签证时间限制，不等人。于是一路狂奔，骑到塔城巴克图口岸，入境哈萨克斯坦。

我所知道的骑行者们除了中尼线，多数都会把国内和国外分开进行也就是这个道理。另外，国内国外骑行虽然都是骑车，却是两个概念，国内的难度在骑上，如高海拔、恶劣天气、泥石流和烂路等。国外则是在完全陌生的环境下安排自己的吃喝拉撒，以及规避危险。

头几天最紧张，沿路荒凉，人烟稀少，连如何吃住都解决不了，还遇到了狼，被追两个小时，狂奔，又饿又累，最终在一家小饭馆内得以过夜。从入境那一刻就开始语言不通，问路、吃饭，手舞足蹈，和骑行一样是体力活儿，往往也容易导致心情低落，这些都不是国内旅行所能体会的，之后还有一名警察想打劫他的手机。

看郑盛的游记，在整个哈萨克斯坦行程中，基本上都在摸索学习，求助当地人，在路边餐馆旁扎营，有温馨，也有感动。

俄罗斯签证只有一个月，要骑 2600 千米。每天要走 100 千米以上，其中入申根前两天每天走了 170 千米。能感觉到郑盛在俄罗斯的旅行并不太痛快，初春，低温多雨，赶路，当地人也不太好客，借宿很难，旅馆很贵，东西还被偷，只能在林中宿营，对于单人异国旅行而言，心理上始终处于高压状态，非常辛苦。在国内就连着骑行 40 天，5000 千米没有休息，蓄积的体能早已耗光，这么走下去早晚会崩溃。

这是旅行，不是比赛，也不是逃亡。

终于熬到进了欧洲，已入六月，气候变暖，路好，景色充满异国情调，人烟密集，吃住起来容易了很多，在状态上终于回归旅行，虽然在波罗的海沿岸天气偶尔会很糟糕，但郑盛说：随时迎接突然的磨难，这就是旅行的意义。

三个星期穿过拉脱维亚、立陶宛和波兰，进入西欧德国。

发达国家骑行的困难在于太发达，公路功能划分明确，走人的、走车的、走马的、专门的骑车线路，对外国人而言简直太难了，一不小心就上了高速，自己却不知道，很危险。我 2001 年骑行英国时就被警察抓了个现行，郑盛也遇到了，幸好没有被罚款 200 欧元，之后乖乖去买了地图。

再有，规定多，一不小心就会违法。欧洲消费高，在城市中也要扎营，结果夜半被警察抓，荷兰对毒品和性开放，但只能在固定地点，所以晚上在一些区域就会有警察巡逻，很容易被关或者没收装备。

除此之外，欧洲骑行难度很低，乡间风光旖旎，当地人也很热情，多次被买单和请客，到了法国更是容易，郊外有超市，价格低，草坪多，扎营很方便。

最后一个国家是英国，也是郑盛唯一一个在路上申请签证的国家，不容易，另外一个骑行者朱丕斌曾为此而差点儿号啕大哭，郑盛特地写了说明信给签证官，准备了所有必需的材料，最终才获得签证。所以说在路上签证难，但并不是没有一点儿余地，看你要有多大的决心去完成一件事情。比如 2011 年，就在郑盛去英国的路上，我在英国申请申根被拒签，被迫飞了一次北京。

到达伦敦后，出发时带的 10000 元人民币，加上巴黎同学给的 3000 元人民币，这次旅费一共 13000 元，并不是出发前拉赞助预计的 8 万元。这就是想象和实际操作的区别，我想这应该是对后来者最有启发的部分。

郑盛在游记结束时感慨：心情逐渐平静下来，原来我寻找的并不是某种意义，也不是一个终点，而是挣扎的过程，这个过程正通向我选择的梦。

另外，旅行并不是大家所说的，是一种生活，一次旅行并不接着另外一次。盛郑的效率很高，不仅骑车快，返家后完成这次旅行的后续整理也快，一年就写完了游记并在 2013 年出版，2014 年留学澳大利亚，在建筑工地打工养活自己，于是，他的博客上写着：一个砌墙工的野心，培养梦想，骑遍整个世界。

2015 年，他从洛杉矶骑行到纽约，用了 51 天。速度真快，体力真强，因为年轻，因为他才二十多岁，梦想就要在年轻时实现才更有价值，实现的可能更大。

出发

郑盛编写的游记

在美国

国内骑行照片

1.8 钟思伟

以下为钟思伟自述。

亲朋好友都称我为“毛利”（或“毛古利”，为江西上高方言）或者思伟，国内驴友圈叫我“毛驴”，国外朋友叫我 Siwei，中文真名为钟思伟。1987 年 10 月 6 日出生于江西省宜春市上高县翰堂镇下山大队河南桥村。小学、初中、高中一直按照老师眼里“好学生”的标准，在父母“望子成龙”的思想影响下埋头苦读。

2006 年高中毕业后考取吉林省长春大学，因爱好地理知识而选择旅游管理专业。大学期间通过国家奖学金和校内奖学金以及勤工俭学等方式，于 2008 年 3 月 15 日购买了第一辆山地车。

2008 年暑期放假后，于 7 月 25 日从长春启程，与另外三位长春沈阳高校骑友用绿色环保的方式为北京奥运会助威加油。抵达北京鸟巢后，独自从北京骑回江西，于 8 月 18 日抵达家乡。那是人生中第一次长途旅行，历时 25 个昼夜，骑行约 3040 千米，途径吉、辽、冀、津、京、鲁、豫、鄂、皖、赣 10 个省份和直辖市。

2010 年 7 月 1 日领取大学毕业证书后，3 日从长春大学出发，带着一辆单车、一个登山包、一台数码相机和一本全国导游证，骑行吉、蒙、冀、津、京、晋、陕、陇、川、云、藏 11 个省市区，约 8400 千米，游历了许多祖国的世界自然和文化遗产，沿途体验了各地的风土人情，历时 3 个多月抵达西藏拉萨，完成了自己人生中仅有的一次大学毕业旅行。

2011 年至 2013 年在杭州一家私人国际旅行社上班，从事国内旅游咨询、线路策划设计和散客团队旅游销售，以及导游带团工作。

2013 年 6 月 16 日从杭州出发踏上单车环球梦想之旅，历时二十多个月，骑行 28000 多千米，途经东亚（中国）、南亚（尼泊尔、斯里兰卡）、西亚（约旦）、北非（埃及、苏丹、埃塞俄比亚）、东非（肯尼亚、乌干达、卢旺达、布隆迪、坦桑尼亚）、非洲南部（马拉维、赞比亚、津巴布韦、莫桑比克、斯威士兰、南非）、南美洲（阿根廷、智利、玻利维亚）共 21 个国家。目前骑行在阿根廷西北部萨尔塔的安第斯山脉峡谷之间。后续计划骑行乌拉圭、巴拉圭、巴西、秘鲁、厄瓜多尔、哥伦比亚、委内瑞拉等南美洲国家和巴拿马、哥斯达黎加、尼加拉瓜、洪都拉斯、萨尔瓦多、危地马拉、伯利兹、墨西哥、古巴等中美洲国家，再北上美国和加拿大，抵达美国阿拉斯加完成泛美公路的骑行后，再计划从欧洲骑行欧亚大陆回到杭州起点。沿途路线根据签证和季节、气候来调整。将超出原计划的三年时间。

2011 年 3 月至 2013 年 5 月在杭州一家旅行社工作了 27 个月，积攒了一点经费，期间购买了一辆单车、相关的骑行和露营装备、笔记本电脑、单反相机等设备，出发前口袋里捉襟见肘，所有银行卡里留存了大约 4 万元（原计划是积攒 10 万后再上路，但是时间不等人）。

出发时没有任何装备和经费的赞助，但是按照自己的预算，在省吃俭用的情况下，4 万元能够支撑自己骑到南非好望角。现在骑行了两年半抵达阿根廷西北部，所有花费在 3.8 万元左右。不得不提及并感谢的是从苏丹开始，沿途陆续有中国同胞、江西老乡、国企和私企、商会、教会及国外友人（苏丹、坦桑尼亚、印度、美国等国家）

等爱心人士和机构团体热心地资助我沿途的部分旅费。

出发前我一边工作，一边着手路线、签证等其他方面的准备。当初计划的路线是从杭州出发，一路向西骑行浙江、江西、湖南、湖北、贵州、重庆后抵达成都，再骑行川藏大北线进藏，抵达日光城拉萨后再骑行中尼公路出境，穿越尼泊尔、印度、斯里兰卡、伊朗、亚美尼亚、格鲁吉亚、土耳其、保加利亚、罗马尼亚等国家，进入欧洲申根区，在西班牙的直布罗陀结束欧洲之旅，轮渡到摩洛哥开启非洲之旅，南下至好望角，再跨越大西洋进入阿根廷，一路向北抵达加拿大，结束美洲之旅后飞往大洋洲骑行，最后从东南亚骑回国。

但是计划赶不上变化，从杭州出发骑回江西家乡后，受到家人的极力反对，在家里待了 3 个星期后，毅然上路了。从江西宜春到成都选择了乘坐火车，耗时一个半月骑行川藏大北线和中尼公路抵达尼泊尔，在尼泊尔这个雪山佛国，骑行加徒步游历了历史悠久的杜巴广场和壮丽的安娜普尔纳山。

在加德满都办理印度签证时被拒签。临时改变线路，从尼泊尔飞往斯里兰卡。单车环斯里兰卡岛一圈，游历了 26 天，最后从落地签、机票价格和后续路线连贯性 3 方面，挑选了 3 个目的地：伊朗、约旦和肯尼亚。最后因科伦坡中转阿联酋飞安曼的价格为 1200 元，所以果断地选择约旦。

2013 年 11 月 17 日，从约旦轮渡跨越红海，入境第一个非洲国家埃及。从埃及的西奈半岛穿过苏伊士运河踏足非洲大陆。从亚历山大港沿着尼罗河逆流而上至阿斯旺。

2014 年 1 月 2 日，从阿斯旺轮渡苏丹，骑行撒哈拉沙漠腹地的公路。至此，在非洲大陆再也不用乘坐飞机和轮船了。全程可以陆路南下好望角。途经埃塞俄比亚、肯尼亚、乌干达、卢旺达、布隆迪、坦桑尼亚、马拉维、赞比亚、津巴布韦、莫桑比克、斯威士兰，最后骑行到非洲大陆最西南端好望角，游历了 14 个非洲国家，历时 14 个月，最后在开普敦完美地收官我的非洲大陆穿越之旅。

由于没有找到从开普敦到阿根廷的轮船，2015 年 2 月 9 日从开普敦起飞，中转多哈、圣保罗和布宜诺斯艾利斯，飞行 3 天后终于抵达世界最南端城市乌斯怀亚。从世界尽头开启我的美洲大陆穿越。在巴塔哥尼亚地区的阿根廷境内休养加骑行一个月左右。

3 月 4 日进入智利，由南至北跨越了寒带大陆性气候、温带海洋性气候、地中海气候和热带沙漠气候，从火地岛至阿塔卡马沙漠，9 月 30 日出境智利，在这个世界上最狭长的国家骑行了 7 个月左右。这是我目前骑行时间最久，也是我最喜爱的异国。

在 10 月 1 日这个普天同庆的节日，我进入了第 21 个国家玻利维亚。签证停留期只有一个月，但最后骑行了两个月。只因为玻利维亚西南部边境无人区骑行难度太大，风景壮丽，最大亮点就是天空之镜——乌尤尼盐沼。也因为玻利维亚消费低，治安良好，民风淳朴，所以一直眷恋，不愿匆匆离去。

12 月 3 日，第四次入境阿根廷。后续计划将骑行乌拉圭、巴拉圭、巴西、秘鲁、厄瓜多尔、哥伦比亚和委内瑞拉来结束南美洲之旅。整个美洲大陆的最后终点是美国阿拉斯加的费尔班克斯。欧洲和大洋洲的路线将取决于签证、季节和机票等因素。

不管是长途还是短途旅行，都要有一个总体性的计划路线，然后在路上根据具体情况来调整，尽量避开战乱的国家和瘟疫盛行的危险地方。任何线路都要以保证生命安全为基准。

钟思伟的装备

车型：目前我骑的是第二辆单车，为 2011 年款美利达挑战者 320 型号，这款山地车一直骑到现在，4 年多时间，已经碾过了 47500 多千米。个人感觉它的最大亮点是 TFS 铝合金车架比较结实，下坡比较稳。而其他配件基本上陆续地都更新过。不足之处是只有一个水壶架孔，没有 V 刹的底座。

驮包：2013 年元旦单车环中国台湾之前，在亚马逊网买了三合一的德国沃德后驮包，后来在单车环球前又添置了一对沃德前驮包。沃德驮包的优势在于挂钩系统比较稳固，两个后驮包和一个后顶包各 35 升，两个前驮包各 45 升，容量还可以，用于骑行西藏和环球都没有问题。前车把包是中国台湾品牌 IBERA，其实我把它当单反相机包用，只能放置一部单反，容量小。这六个包最大的缺点是不防水，即使是套上防雨罩，如果遇上长时间的雨雪天气，里面的装备还是会被淋湿。我在骑行南美洲巴塔哥尼亚时，遇到连续两个月的雨季，苦不堪言。但考虑到节省旅费，一直没有舍得更换。推荐购买德国沃德的全防水驮包和车首包。在欧美其他国家购买的话，价格会比国内便宜许多。

炉具：出发前在淘宝买的国产步林汽油炉，优点是价格便宜，两百多元。刚开始一个月挺好用的，但是随着时间推移，炉子的喷油嘴经常出现被堵塞的情况，需要经常清理，特别麻烦。有时候清理完后，火力不稳定，曾经在智利百内国家公园煮晚餐，呼呼的大响声让欧美背包客惊讶不已。而他们用的基本上是液体气罐或者 MSR 品牌汽油炉。使用气罐的优势是火力稳定，没有噪音，清洁，不会把锅底烧黑；缺点是在小城镇不方便买气罐，特别是在偏远的地方。如果长途骑行的话，建议还是购买汽油炉，推荐 MSR 品牌。

导航设备：出发前在网上购买了美国、加拿大、英国、法国、俄罗斯和巴西等几十个国家的纸质防水地图，至今还没有使用过。每到一个国家，我都会换上当地的手机卡，基本上靠谷歌地图来导航。谷歌地图的优势不言而喻，最强大的是即使没有信号也可以定位，在无人区骑行时特别有用。但是沿途看到欧美的长途骑行者，他们更加习惯使用纸质地图。

钟思伟经验谈

问：钱的问题怎么解决？自己的还是赞助的，如何做？

答：这一笔笔好心的资助都是出乎我预料的，当然不是理所当然的。有人说“出来混，迟早是要还的！”这就涉及感恩的话题了。也许有些人帮助你出于善意，有些出于无私，有些出于回报，有些出于敬佩你，有些出于可怜你……但不管人家是哪种态度，作为被帮助者，我首先衷心地感谢这些好心人。也许将来旅途结束，条件允许了，可以通过物质或者其他方式来回报他们，也可以把原来的爱心接力棒传递下去。在沿途对当地人做点善事，或者分享一些沿途各个国家不同的风土人情，或者做一顿中餐一起分享……这何尝不是一份爱心传递呢？不以善小而不为。

用单车的方式环球旅行比背包方式节省了机票、客车和住宿的费用，而这三大块一般占据环球旅行费用的75%以上。我的开销主要在于签证费、吃饭和跨越各大洋以及河湖之间的航空机票、船票。

沿途从阿根廷开始给朋友们和网友们代寄明信片，有时候能解决几天的吃饭费用，但并不是长久之计，有朋友建议我可以沿途一边骑行，一边从事代购当地的特产或者纪念品，但目前还没走到这一步。期间考虑过给杂志或者出版社投稿，但是由于手头没有笔记本电脑，全部靠手机敲字太累，照片也不方便传送，投稿这事一直搁置着。有非洲的朋友给我推荐用众筹的方式解决后续骑行北美和欧洲的经费，也有朋友帮我出谋划策，但是我自己心理上没有跨过这道坎。虽然众筹也讲究回报，至于什么方式先不谈，但有一种“先自己开口要钱或者赞助”的隐形感觉。从两年半前踏上环球之旅后，在路上有时受到各种质疑和讽刺，但是从来没有开口说穷或者缺钱。不是任何资助都会接受，但还是得感谢对方。

问：单人还是搭档旅行，你对此的认识和感受？

答：由于考虑到自己的计划是三年的环球之旅，相对骑行中国来说，环球的时间会长许多。所以在出发前没有寻找任何伙伴。在杭州工作期间，虽然自己加入了浙江省最大的自行车俱乐部——四海车队，车队里的骑友也有成百上千人，部分骑友骑行过韩国、欧洲等国家和地区，但是找到能一起环球旅行的人的概率还是微乎其微。正如某些骑友说过：“找个志同道合的旅行搭档，甚至比找女朋友还难。”

在孤独的旅途中，我更加相信缘分。找个机缘巧合、路线差不多的人，可以先相互了解，再一起骑行一段。在四川和西藏，基本上每天都能遇到骑友，或者结伴同行。即使是出了国门进入尼泊尔，依旧能在路上碰到许多中国骑友。从埃及到南非的非洲大陆穿越之旅中，一起骑行时间最长的同伴是强子，当时是在埃及阿斯旺的船务公司门口碰到的，后来商量一起骑行苏丹撒哈拉沙漠，再翻越埃塞俄比亚高原抵达肯尼亚，经历70天左右喜怒哀乐、酸甜苦辣的结伴骑行后，在首都内罗毕分道扬镳。强子南下坦桑尼亚，我西行乌干达。离开非洲大陆后来到南美洲，从世界尽头乌斯怀亚北上的第一天，就在路上遇到了波兰骑友艾瑞克，一起骑行了三个月左右，穿越阿根廷和智利的巴塔哥尼亚地区。后来由于我的阿根廷签证过期，艾瑞克再次进入安第斯山脉东侧的阿根廷，而我只能在西侧狭长的智利骑行。这一段巴塔哥尼亚旅程是我结伴时间最长的。两年半的其他时间，绝大部分是独自骑行。

由于每个人上路的出发点不同，路线不一样，生活习惯和性格不一致等因素叠加，有时候在路上会出现分歧。这时候相互理解和包容至关重要。如果选择独自旅行，可以根据自己的兴趣爱好来规划骑行路线，根据自己的身体状况来适度调整，更加自由自在，能够更深入地了解当地的风土人情。如果结伴同行，可以缓解孤独感，相互照顾，遇到抢劫的概率会大大降低……

问：你认为单车旅行最危险的情况是什么，如何避免，包括心理上的和行为上的？

答：在我看来，在境外单车旅行最大的危险是车祸。在遵守当地交通规则的前提下，身穿带发光条或颜色鲜艳的衣服，驮包上有前后反光条，或者在单车上插面旗帜有一定的提醒作用，尽量避免在车流量大的道路上夜骑。

其次是感染当地的疾病，例如西非的埃博拉、疟疾和登革热等，提前预防和及时治疗很重要。

第三是野生动物，例如狮子、大象、豹子、野牛、鬣狗、狼和毒蛇等。遇到这种情况可以通过选择其他路线规避风险，在非洲遇到野生动物的风险比其他洲的概率要高，但非洲并非大家想象中那样遍地是野生动物，野生动物大部分都在国家公园或者自然保护区中，不过由于没有铁丝网，难免有些会跑出来。

第四是打劫和绑架，遇到这种情况，不恋财物，保命第一。

第五是战乱和示威游行，这种情况完全可以通过提前了解每个国家或地方的治安情况来避开。

问：如何与当地人交流，英语必须好才可以到国外旅行吗？需要什么水平？

答：众所周知，英语是全世界使用最广泛的语言。如果想进行一趟长距离、长时间的旅程，最好会说点英语，掌握简单的交流语句。如果骑行者能够说一口流利的英语，不仅可以回答自己签证面试时的提问，而且在沿途可以与来自世界各地的旅行者或者当地人交流，能更加深入地了解当地文化及风土人情。说一口流利的英语可以说是锦上添花。

但是世界之大，并不一定所有的国家都通用英语。比如在西亚（伊朗、约旦）、北非（埃及、苏丹）等国家，通用阿拉伯语；在东非（肯尼亚、乌干达、坦桑尼亚），斯瓦希里语更加盛行；在南美洲除了巴西讲葡萄牙语，基本上是西班牙语的天下。离开了首都或者著名的旅游城市景区，跟某些地方的人讲英语是很难沟通的，所以在沿途很有必要向当地人学习一些简单的日常生活用语。比如你好、谢谢、水、面包、奶酪、牛肉、大米、帐篷、警察局、医院、多少钱、在哪里……万事开头难，刚开始可能需要用肢体语言来表达，但只要用心还是可以很快学会的。再加上现在网络科技这么便利，可以使用翻译软件。

问：如何坚持完成一次旅行，路上想放弃怎么办？

答：想进行一次跨国的长距离旅行，首先需要踏出第一步的勇气。有的人说“只要踏出第一步，一切问题就解决了。”但殊不知有多少人在中途放弃。不管是事业的奋斗途中，还是环球之旅的漫漫路上，注定有时候是孤独的。当新鲜感、兴奋感消失得无影无踪时，孤独无味感便接踵而来。这个时候就需要努力调整自己的心态，把整个计划分为一个个小计划，然后慢慢地完成，当达到目的地时，可以给自己适当的奖励，比如一瓶红酒、一顿美食等。古人云：“不积跬步，无以至千里。”在人生的事业上亦如此。

问：对新手有什么建议？

答：上路之前买一辆至少能变速的单车，可以参加当地的单车俱乐部，进行短途的锻炼。从周边城市开始骑行，由近及远。等骑行过国内的一些省、市、区，积累了一定的长途骑行经验，同时了解了一些第三国签证的信息后，再踏出国门进行跨洲骑行。

问：对车型有什么建议？

答：一次长距离跋山涉水的骑行旅程，不可能每个地方都是一马平川的地形。平路是少数，大部分还是高低不平的公路。所以单车必须要有变速系统。由于一直骑行的是山地车，个人感觉下坡时山地车重心稳定些，爬坡时山地车也能发挥优势，能够应对任何复杂的地形。而看到国外的长途旅行者中，更多人骑的是旅行车。最好避免骑公路车上路。

问：如何解决跨国旅行的导航问题？

答：在手机上下载一个谷歌地图。每次进入一个国家后可以买一张本地卡，开通网络功能。流量费肯定会比我们国内手机卡漫游费便宜许多。如果打开谷歌卫星或者下载一个谷歌地球还能够看到全球三维的地图。

问：女孩子单车旅行应该注意什么问题？

答：同样是一个人独自跨国骑行，女士比男士遇到危险的概率会更高，最主要还是安全问题。所以说最好出发前找到一个可靠的同伴。尽量减少夜骑的情况，特别是在不安全的大城市，尽量避免一个人晚上独自出门逛街。

问：最初，是什么人或者书籍启发你走上了骑行这条路的？

答：第一次长距离的骑行始于 2008 年在长春上大学期间，周末骑行在郊外公路上，巧遇一群骑单车郊游的老年人，与其中一位高大爷相谈甚欢。当听到他跟我介绍骑自行车游历过东北三省，最远到达河北、山东一带时，我感到非常诧异。离别时，他鼓励我可以从长春骑回江西，当年正值北京奥运会，在暑假期间与其他高校的三位大学生一起，以一种环保的骑行方式为北京奥运会助威，再从北京骑行回江西家乡。当时这一趟旅行的初衷就是给母亲一个惊喜。自从有了这一次 3000 千米左右、历时 26 天的旅行，才为后来的大学毕业骑车去西藏奠定了一定的基础，也相信自己只要提前做好各方面的准备，孩提时的环球梦想并不是一种幻想，也能通过自己的努力实现。

问：你觉得最值得推荐的骑行地点和线路是什么？

答：泛美公路的智利段，从蒙特港至奥金斯镇。有安第斯雪山、草甸、草原牧场、原始森林、瀑布、湖泊、河流等。一尘不染的纯净世界，淳朴的民风，治安很好。风景最美的季节是秋季。

智利和玻利维亚段，从圣佩德罗 - 德阿塔卡马至乌尤尼。有火山、高原湖泊、阿塔卡马沙漠、乌尤尼盐沼（天空之镜）、火烈鸟、狐狸、原驼，还有羊驼。骑行难度七星级，风景指数七星级。

阿根廷和智利段，从乌斯怀亚至查尔腾镇。世界尽头、火地岛的迷人风景、智利百内国家公园、加拉法特的莫雷诺冰川、查尔腾的菲兹洛伊雪山，风景指数七星级。

南非花园大道段，从伊丽莎白港至开普敦好望角。有印度洋海岸线、非洲大陆最南端厄加勒斯角、开普敦桌山、好望角。

坦桑尼亚段，从达累斯萨拉姆至姆贝亚。穿越米库米国家公园，还有猴面包树等。

马拉维段的马拉维湖西侧的沿湖公路。欣赏壮丽辽阔、碧绿湛蓝的非洲第二大湖泊。

坦桑尼亚的桑给巴尔岛环岛公路。在印度洋的近海岸追逐海豚的身影，静静地欣赏无比碧绿的海水、柔软的白色沙滩，品尝甘甜的椰子汁和酸溜溜的毛红丹等新鲜水果，参观石头城迷宫式的古老幽深的临街小巷。

中国大陆的川藏南线、大北线、滇藏线和中尼公路等，都是不错的体验。青藏高原自然美景和风土人情，艰难而又成熟的路线。中国台湾的环台湾岛公路，淳朴热情的民风，有优美的太平洋美景、苏花公路、清水断崖等。

斯里兰卡的环岛公路。有“空中花园”的狮子岩、风景秀丽的印度洋海岸线、久负盛名的佛教古迹、红茶园基地等，民风淳朴。

问：遇到的最特殊或者印象深刻的旅行事件是什么？

答：在路上，每一天都是新鲜的。沿途欣赏到太多的美景，遇到许多令我感动的人。在这里讲述一下我在智利骑行时一段有缘的经历。

2015 年 7 月 1 日，我骑行到智利第二大城市康塞普西翁的独立广场，过两天就是美洲杯阿根廷和智利的决赛。在广场一侧正好看到了一座足球形状的临时办公场所，于是进去了解美洲杯的赛事。由于从来没有见到中国游客来这里，几个工作人员很好奇和愉快地跟我聊天。等我离开时，她们打电话把记者叫过来采访我。而对于这一突如其来的采访，我事先并不知道。等采访结束后，天也差不多黑了，他们询问我住在哪里？我告之找地方扎营。他们都提醒我在市区晚上有点危险，容易被抢劫。所以询问里面的保安人员，同意我在足球形状的大帐篷办公室里睡一晚。第二天再被其中一位工作人员的朋友热情地邀请去他父母开的餐厅共进午餐，晚上借宿在她家里。

第二天上午我就搬出来了，骑着单车去游览比奥比奥河的三角洲及太平洋海景。等到晚上，我骑车离开了康塞普西翁市中心，穿过一座桥往郊外骑，准备找一处隐蔽的湖岸扎营。结果没有看到湖泊的影子，反而看到了第一座教堂，于是进入询问是否可以在院子里的草坪扎营。牧师不同意我在教堂及其附近搭帐篷。于是只好继续在晚上向前骑，在不远处的广场旁看到一座教堂，进入询问是否可以在屋檐下扎营。

在等待结果期间，被一位阿姨热情地邀请去她家住。隔天她又把我介绍到她妹妹家，一起和她们观看美洲杯直播赛。后来她又把中部地区的第二个妹妹家介绍给我。等骑行到智利北部地区，第二个妹妹的老公又把他妈妈家介绍给我……都是接力式地把亲戚家介绍给我借宿，她们都把我当做亲戚对待。由此我深深地感受到智利人民淳朴热情的民风。期待着有朝一日他们携家人来中国旅游，到我家做客。

问：单车旅行带给你的生活和自我最大的改变是什么？

答：游历多国之后，体验了不同的风土人情，在路上不仅可以结交来自不同国家的朋友，了解不同的思想文化，而且自己的视野也逐渐地开阔起来，性格也变得比以前更加豁达和开朗。单车旅行已经变成了我生活的一部分。

1.9 子垚

能骑，话少，打电话几次，对他的经历却没问出个所以然，只好把采访部分空下来。也许这也是他的想法，旅行是自己的事，和他人无关。

子垚的装备

车型：开朗 318 旅行车。勉强够用，轮组故障比较多，维修费几乎够买个新的。

驮包：开朗驮包一套 6 个，还算不错，性价比高，只是略沉一些。

炉具：在美国亚马逊购买的，牌子不记得了，活动打折以后 60 美元，油气两用，不过我基本只用了油，因为油比较好买，效果还不错，没有出现损坏和堵塞。

导航设备：手机地图，并下载了离线地图包。但没有自行车选项，经常会导航到一些奇怪的地方，不过还好都能通自行车，总体感觉还不错。

子垚经验谈

问：钱的问题怎么解决？自己的还是赞助的，如何做？

答：自己的工作积蓄，不想去找赞助，太过麻烦。

问：线路如何安排？

答：只有一个大概计划，从西到东绕一圈，实际上之前为了签证做的计划完全没有用处，计划永远赶不上变化，路线也许每天都在变，也许仅仅因为当地骑友的介绍就会选择走另外一条路。

问：单人还是搭档旅行，你对此的认识和感受？

答：原本是和一对夫妻搭档，不过很不幸他们出发十天后就遇到了严重车祸。剩下部分独自完成，偶尔遇到同路的骑友就结伴几天，能结伴时日常有个聊天的对象当然好，但是独自骑行也不错，可以随时停留，比较自由。

问：你认为单车旅行最危险的情况是什么，如何避免，包括心理上的和行为上的？

答：克服走出第一步的恐惧以后，其他的都是小问题，最危险的莫过于交通事故，在头盔上装一个后视镜很有帮助。

问：如何与当地人交流，英语必须好才可以到国外旅行吗？需要什么水平？

答：初中毕业时的英语水平就可以进行基本交流。

问：如何坚持完成一次旅行，路上想放弃怎么办？

答：每天都很美好，没想过放弃。

问：跨国旅行签证的申请经验是什么？

答：网上电子签，缴费就行。

问：路上怎么省钱？

答：露营，借住当地人家里，很少去旅馆和饭店。

问：对新手有什么建议？

答：要问自己，是不是真的要享受旅行，而不是像去西藏一样完成一个成就，如果不是，就会遇到很多足以让你想要放弃的理由，如果是，只要享受旅行的过程就行了。

问：对车型有什么建议？

答：大小合适的车架，优质的皮座垫，结实的轮组和货架，因为在国外维修实在很贵而且不方便。

问：如何解决跨国旅行的导航问题？

答：离线地图有 Wi-Fi 的时候下载好，99% 的地方都可以用。

问：最初，是什么人或者书籍启发你走上了骑行这条路的？

答：似乎没有，就是有点厌倦目前的状态，想要找个方式改变一下。

问：你觉得最值得推荐的骑行地点和线路是什么？

答：瑞士境内，以及意大利北部通往奥地利或者瑞士方向的一条线路，沿途有各种运河。

问：单车旅行带给你的生活和自我最大的改变是什么？

答：觉得离周围人更远了。

问：现在从事什么工作，未来的骑行计划是什么？

答：失业中，年内完成余下东南亚和大洋洲部分的骑行。

尼泊尔杜巴广场的早晨

印度拉贾斯坦邦的落日

第 2 章

车和骑车的理论

我不关注车的材质是钛合金还是碳纤维，业内人士靠这个吃饭；也不关注速度，因为这不是比赛；更不关注车型和骑行技巧，我关注骑车所承载的人生梦想，带我一千米一千米地感受这个美丽的星球。

为什么要写这一章?

我不喜欢枯燥的理论，相信大多数车友也是如此，骑车旅行是实践和感受自由，只要跨上车体验即可，听道理则不会有任何改变。人类的学习方式可以是抽象的，却必须亲力亲为，尤其对于刚刚喜欢上单车的爱好者们，上来讲一堆高科技材料用于单车的各种优势，测评轮组套件或设计上的空气动力学，并不能改变自己与车的关系，再说单车旅行也不用那么高级的材料，不用考究中轴是旋入式还是转入式，更不需要刀闸系统扭曲度和油碟温度数据。

或许有人说，车在路上坏了总是需要维修的，不懂车怎么修理，这倒的确是一个貌似很严重的问题，其实很外行，就我个人经验以及与骑行过十几、二十几个国家的“单车牛人”交流，坏的部分永远是车胎，补胎不是技术问题，如今都有现成的工具盒，如果有备胎，完全可以到修车摊上集中处理，同时对车进行保养。这个世界凡是有人住的地方基本上不存在修车的困难，除非你走南极、北极或者无人区。再者说，一次骑 3000 ~ 5000 千米公路，车身及其配件坏的概率并不高，就拿著名的川藏、青藏和滇藏线，最长也不过 3000 千米而已，我骑行这十年，还没遇到过谁的轴承或者车架出了问题，除非被撞，那就不是车的问题了。而骑行这个长度的行者们占 90%。真能像杜风彦和钟思伟那样，一次骑行两三万千米，走完亚、非和南美的，少之又少，全程一辆低档美利达，就坏了一次刀闸，且是已在骑行了两万千米的时候。

那么，我究竟要说什么?

理论是要懂一些，但要懂和我们骑行相关的，主要包括：骑车时身体是如何运作的，车身的结构和人体的协调关系，也就是姿势问题，骑行的营养需要以及训练，骑车旅行节奏对身心的影响。

这几个方面切切实实关系到任何一位骑行者，只要你骑车上路，都应该知道如何避免自己身体遭受到不必要的伤害，真正了解的人不多。我不反对硬件技术，这是单车行业发展的基石，每个骑行者都受惠于此，但这仅仅是一部分，过度关注硬件技术并不能取代旅行中的实际需求和经验，比如骑行中的膝盖、背部肌肉受伤，或者速骑爬坡导致猝死等，一辆昂贵的车是能带来好的骑行体验，也十分拉风，但也会成为负担，坏了不好修，丢了太可惜，最后变成“车骑你”。

所以我的原则是：身体第一、旅行体验第二、车第三。

旅行不是科学，但骑车旅行就要涉及科学，指心理、生理和运动原理等方面，也是这一章要探讨的内容。另外，也会涉及一些自行车历史方面的内容，和骑行的关系不大，算是背景知识。

2.1 单车旅行历史和方式分类

正是由于人有了不同的需求，才产生了多种自行车类型。

2.1.1 和马相关

有能像鸟一样飞的机器，比如飞机，有能像鱼一样游的机器，比如潜艇，有能像马一样骑着上班的，那便是自行车。不过德国人德莱斯（Karl Drais）当时是不是这么想的后人无法考证，至少有一点可以证明，1816年这位有点儿“二”的哥们巡山把马丢了，没办法结果就自己制造了一辆自行车。他第一次骑着这个名字还不叫自行车（Bike），而叫Backbone的木头架子，假装这就是马背。当时的主要交通工具为马车，当这辆“木马”上了街以后，成为轰动一时的新闻，至于他如何构思出来这么一个奇怪的东西反而被忽略，反正历史上总是有些怪人，他们的出现就是要去改变别人的观念。

其实，从当时社会大环境而言，人们对机械的渴望和热爱非常主流，每个人都想捣腾出点儿新玩意儿，所以在那个年代的一百年间并没有出现多少富翁，而是火车跑起来，飞机飞行实验开始了。可这些庞大的机械距离人们的生活还是有点儿远，马依旧是人们日常生活的主要交通工具，非常落后，于是德国人、法国人、英国人和美国人都在疯狂设计新的机械自力车，希望能找到小型机械交通工具。当时的发明种类多到让人发指的地步，两轮变成三轮，三轮变成四轮，搞不清楚究竟要的是汽车、自行车、三轮车，还是摩托车。

最先追捧科技的是一些英国贵族妇女，主要缘故是，按当时的习俗，女士不适合骑马，骑木马倒没谁反对，于是，这股对机械的热爱风潮逐渐普及到了普通市民阶层。当然从社会结构角度，刚开始城市化，郊野游玩和运动的需求增大，最终导致自行车的流行。即使这样，当年这么一个吱吱嘎嘎作响的木马也要25英镑，一个工人一年的工资都买不到。

从德国人的木制，到英国人的铁制，再到各种舒适度和性能改进，最终定型历经半个多世纪，发明往往历程曲折，包含着人的创造力、汗水甚至运气。

1861年，法国的米肖父子在前轮上安装了能转动的脚蹬板，第一次有了“自行车”这个名字。1869年在德国斯图加特出现了由后轮导向和驱动的自行车，同时车上安装了滚动轴承、飞轮、脚刹和弹簧等部件。1874年，英国人罗松给自行车加了链条，1886年英国的机械工程师约翰·斯塔利加了车闸。1888年，邓禄普通过牛胃充气发明了车胎，从此单车的外形和功能基本定型。这时火车已经开始在英国大地上奔驰，马车开始衰落。进入20世纪，一个月的工资可以买一辆自行车，从此自行车成为日常交通工具，彻底取代马车。可见自行车最初的发展就是和马竞争。

20世纪前50年自行车已工业化，英、美、日等国家大量制造和出口现在所谓的普通自行车，即俗称的28车，钢架有点儿笨重，性能一般，却普及全世界，尤其在亚非等发展中国家，成为不论城市还是乡村最基本的交通工具。小时候能骑上它到镇上走一遭是我的终极梦想，腿跨不过横梁，就插入三角梁内骑，当时国内好像还没有童车这个东西。

用于公路比赛的车型更加关注技术改进，当然，车的发展也得益于人们把它当做体育器材进行比赛。从1868年第一次两千米赛事开始，1896年自行车比赛被列为奥运会项目，给性能的改善提供了要求和可能。运动要求速度和性能，所以去除家用车不必要的功能，甚至包括刹车系统，以及使用更细的三角梁以减轻重量，并使用了窄胎、下垂弯把、变速器，提供更快的速度。这样的比赛需要良好的路面甚至需要室内赛道，仅针对比赛和练习，集中在非常专业的圈子内，应用非常窄，比如行程3900千米的环法自行车大赛，运动车最终和民用车彻底分离。

除了常规用途和比赛外，美国人发展出了自己的玩法，所谓Cyclo-cross（越野赛）。路面泥泞崎岖，多有山地，很多时候需要人扛车，而不是骑车，颇有民间体育的味道，相比欧式大型赛事，显得更有乡间乐趣，也因此给山地车的产生带来了机会。

本来，美国人对单车的态度从早年的热情到了战后降低很多，他们更关注摩托车（摩托车和摩托党后来成为了美国文化的象征），而单车对于这个轮子上的国家，速度实在太慢，跟不上节奏。但到了1970年，时代开始改变，经过20世纪60年代的嬉皮运动，新时代的人们生活稳定、富裕，虽处于冷战时期，世界不通且旅行费用昂贵，但至少本国幅员辽阔有的玩。于是年轻人们在自家的车库里开始倒腾，谁都没想到这些不听话的孩子们弄出了山地自行车、摇滚乐和电脑，改变了整个世界。

再说加州这帮体力旺盛的小镇青年，不走寻常的公路赛道，就喜欢在西海岸山区折腾，于是从旧金山到洛杉矶3000千米的山脉，成为年轻户外爱好者的天堂。登山、攀岩，把自行车扛上去玩越野，多少车能经得住他们这么折腾，再者轮胎太细，不适合砂石或者泥泞路面，梁也太大、太硬，刹车更不行。于是加里·费舍尔、查理·凯利及乔·普鲁士这3个小伙伴依照摩托车的性能要求，改装了当时的沙滩自行车（Cruiser bicycle，用于海滩娱乐的特殊车型），加装了碟刹、线控以及变速器，缩小车身和轮胎尺寸，于是有了所谓的“山地车”。1979年，加里·费舍尔开始大量改装与推广，山地车迅速风靡世界。

还记得20世纪80年代末，少年的我从包头骑一辆28自行车到乌海，遇到春游的年轻人都骑上了流行的山地车，特别羡慕。至此，单车大概分成了三类：家用车、公路赛车和山地车，它们各自门类下又诞生了更加专业的车型。不过对于旅行者而言，最重要的是旅行车的诞生，它既不是单车的主要分类，也不是销量最大的车型，却成为单车文化最重要的组成部分。

2.1.2 单车进化史

从自行车出现到如今大概已有250年，通常分为5个阶段。

第一阶段，前自行车时期，发明者成为主要争论的焦点，很多学者认为达芬奇才是发明者。

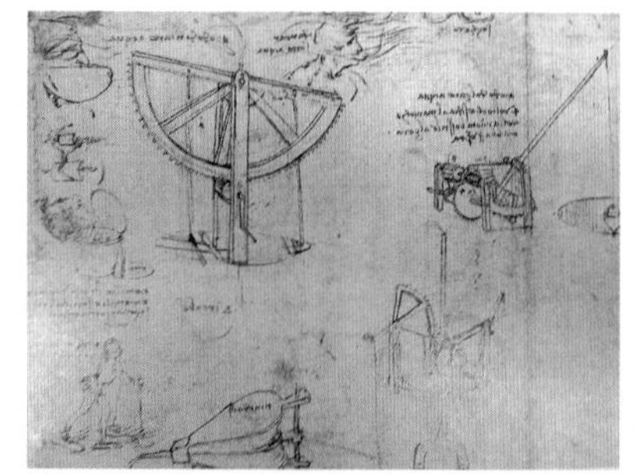
达芬奇在前机械时代的草图

第二阶段，所谓的“Boneshaker”。

最早的那辆自行车

对古典车的爱好本身就是对创造的尊重和追求

第三阶段，高轮车时期。

第四阶段，安全期。这个时期也被称为“艺术期”，充满了对机械的歌颂。

1920 年左右的一幅自行车绘画

第五阶段，新世纪。

1983 年小轮车

1990 年山地车

2.2 单车旅行的历史及其游记

本节探讨单车旅行历史，其实也就是单车旅行写作的历史，写出来才能达到传播和启发的目的，一如旅行和文学的关系。

所谓“自行车旅行（Bicycle Touring）”，强调旅行，非单车运动、通勤和训练功能，而是通过单车载重可解决全部生活需求而进行的长时间旅行，为了得到快乐、自由和冒险。不论你以坐车、划船或徒步等任何方式旅行，不同之处仅在于体验而已。速度决定感受和深度，坐飞机走一圈恐怕只能得到极其肤浅的印象，而慢如单车却能带给旅行者对旅行的切肤之感，甚至有时难如古典探险，这就是人们爱单车旅行的缘故，也是公众对单车旅行推崇的价值所在。

单车被发明之初之所以流行，很大程度上在于人们并不把它作为交通工具而是郊野娱乐工具。1820 年，有人就骑着“木马”环绕法国，这大概是“环法”的最早雏形吧。1869 年，三个英国人从伦敦特拉法加广场骑到布莱顿，85 千米，骑行 15 个小时。1871 年，有人完成所谓的“骑龙”之旅，横穿南部英格兰，并且出版了游记 *Wheels and Woes*（车轮和悲伤），历史学家评论这是富有启发的一次冒险，克服了尘土飞扬的烂路和缺少路牌。虽然那个时代大众整体上还停留在究竟坐马车还是骑车的质疑上，但对机械的乐观情绪与日俱增。法国人凡尔纳的科幻三部曲就是在这种背景下写出来的，乔治·威尔斯甚至写了关于单车旅行的短篇小说。1878 年，英国出现了世界上第一个单车旅行俱乐部（CTC），并且制定了单车服装和头盔，受此刺激，法国人也创建了单车协会。单车旅行迅速普及到了现在所谓的“白领阶层”。于是，诞生出了第一位单车环球冒险家。

托马斯·斯蒂文斯游记中的插图，笔者的最爱

英国人托马斯·斯蒂文斯（Thomas Stevens）于 1884 年 4 月 22 日出发，骑一辆高轮车，历时两年完成环球旅行，值得注意的是他出发时就计划写游记，后出版了多达 1021 页的作品。1896 年，又有英国人约翰·福斯特·弗雷泽（John Foster Fraser）和他的两个朋友骑行 17 个国家，3 万千米，这时单车的外形和功能已经非常完善了。

最值得一提的是，世界上第一位女性单车环球者，美国人安妮·伦敦德里（Annie Londonderry），一位普通职业女性，靠 100 美元的工资于 1895 年 10 月出发，走欧洲过地中海到埃及，入以色列和也门，坐船到新加坡，后横穿美国，她之前从没骑过车。安妮的举动引起了很大的轰动，启发了新女性运动，也就是后来的女权运动，迄今和第一个开飞机飞越太平洋的女性一起成为符号和象征。

题外话：潘德明先生并不是我们传说的那样是世界上第一个单车环球的旅行家，这种说法来自 20 世纪 80 年代的理想主义情结，虽不是坏事但有违事实。

安妮的自行车环球游记封面

单车早期发展一直都和女性喜好相关。“木马”游戏是维多利亚时代那种保守气氛中妇女们试图以此来逃出所谓的“大家闺秀”形象的最佳方式。后来有了火车，受到良好教育的女性开始行走并且写作，一反由男人所统治的古典科学探险，成为了现代旅行和现代旅行文学的肇始。安妮对纽约时报说：我是个记者，也是新女性，我相信男人能干的事情妇女一样能干。

在之后的单车旅行上，妇女们不仅和男人一样平分秋色，而且做得更好，从安妮开始，之后还有两位主要的女性旅行家。爱尔兰人黛芙拉·墨菲（Dervla Murphy），1963 年开始骑行欧洲、印度、非洲和巴勒斯坦，写了 13 本深度游记，是通过单车旅行方式思考社会的最佳代表。后来还有英国女孩乔西·露（Josie Dew），从 20 世纪 90 年代开始写了 7 本单车游记。

女性在单车游记写作上的成就迄今都没有被超越。

相比女人，男人就只有比拼体力和里程了。世界上骑行地方最多和里程最长的行者是德国人海因茨·斯图克（Heinz Stucke），1962 年开始，他骑了 60 万千米，走过 195 个国家和 78 个地区，创造了吉尼斯世界纪录，但却没有一本游记可供读者分享。

就中国而言，潘德明先生在 1930 年出发时，欧洲的发展主要体现在各个国家建立短途假日旅行线路和旅馆支持，已经成为全民的日常娱乐形式，因两次世界大战，长途旅行依旧很少。所以说潘先生的旅行非常独特，虽然并不是世界第一位，也算单车普及化后最早的一位跨国行者，遗憾的是他也没能留下游记。中国人的旅行在新中国成立之初停顿，一直等到20世纪80年代，骑车旅行的热情才被重新点燃，老的、小的都骑车旅游。其中像傅庆胜、于娟娟、丁一平等，环绕中国，不少人后来出版了游记，但由于年代特殊，有价值的东西并不多。

而此时，在中国台湾地区，胡荣华等一批年轻人开始真正骑车走世界，出版游记，旅行开始在华人中复兴，到后来的林存青和江心静旅行全球，探索了单车旅行的人生之路，直接推动了当地产业的全面发展。

再一次单车旅行爆发期是在2000年的户外热，骑车到拉萨成为了年轻人的梦想，我就是那个时候开始骑行西藏，到 2010 年时，国道 318 上的自行车已经开始堵车，同时大量的骑行者走出国门，像杜风彦、727 车队、钟思伟等，这些年也出版了不少游记。总体而言，新一代骑行者数量众多，也没有 20 世纪 80 年代人的局限，但也由于没有精神传承，导致旅行更加偏重流水账和攻略形式，让单车旅行的价值大打折扣。文笔好的如杨柳松、郭建龙、慕景强、张向东、徐林正、望月者、郑盛等，在骑行写作领域做了各个方面有益的尝试。探索之路仅仅是刚开始，未来充满希望。

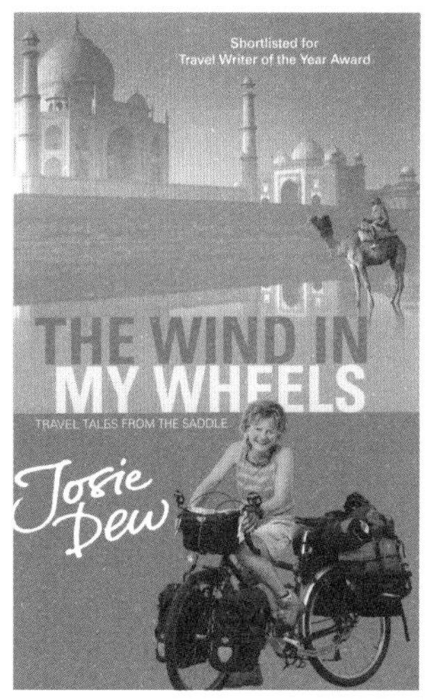

2.3 骑行书籍现状

技术类单车书籍

《单车圣经》：百科类型书，内容宽泛，可做基础参考书。
《一生的自行车计划》：同样也是百科参考书。
《单车学校教你的 52 堂课》：中国台湾地区畅销的单车骑行指南用书。
《单车手册》：一位骑行者的经验总结。
《单车旅行》：一本关于单车长途骑行的书，有网友的部分经验总结。
《骑行，健康才是正经事》：从医生和骑行者的角度分析骑车健康，内容独特。
《自行车与近代中国》：少有的讲解自行车与近代中国关系的专著。

翻译单车游记作品

《追逐着太阳南下》：一位妇女八十年代骑行土耳其、俄罗斯等国的故事。
《发现之路》：两个英国人为慈善而做的环球骑行故事，很精彩，我受此书影响很大。
《重返艳阳下》：环法传奇车手的传记，和旅行没什么关系。
《裸奔》：外国人为中国孤儿捐助而骑车中国的游记。
《参议员单骑跨欧亚》：横跨欧亚的骑行故事。
《用洗脸盆吃羊肉饭》：骑行世界的故事，讲吃的。
《不去会死》：感觉这个日本人在中国比在日本都火，他骑行世界七年的故事。
《骑出来的人生美景》：1998 年开始骑行世界十年的故事。
《活出最好的自己》：一位韩国女孩独自骑行欧洲的经历。
《单车回途》：别看英国人平时冷冰冰的，骑车玩起来就幽默得很。
《无期途行的骑迹》：2014 年作者从马来西亚出发，经中国走俄罗斯到欧洲的故事。
《伟大的旅行》：日本大名鼎鼎的探险家，骑车、划船、徒步等各种方式旅行。

国内老一代骑行者的作品

《万里独行》（陈琦）：一位陕西人于 2004 年骑行哈萨克斯坦的故事。
《八山十七水》（黎鲁）：一位画家在骑车旅途中的絮语。
《十万里路云和月》（黄宁）：退休老人八九十年代追寻红军足迹的旅行经历。
《神州骑行记》（于树显）：退休老人从 1997 年开始骑行中国的故事。
《万里走单骑》（张云财）：1987 年开始采访烟厂和酒厂并收集标签而骑车旅行的故事。
《万里单车考察记》（王开明、力木）：一辆老式车，退休干部骑车从昆明出发，游历中国。
《京杭运河——首次自行车之旅》（沈兴大）：水利专家于 1981 年开始的专题旅行。
《梦里没有橄榄树》（范春歌）：一位女记者 1989 年骑行中国西部和采访的故事。
《问道天路》（罗维孝）：2005 年几个老年人的西藏骑行故事。
《骑游札记》（葛春光）：2003 年开始在家乡福建一带骑行的经历。
《中国大陆骑游探险》（龚成申）：三个老男人骑行中国西部的旅行故事。
《万里单骑走遍云南》（李成栋）：作者十年在云南的旅行记录。
《单骑走神州》（刘弘）：古稀老人朱俊贤的骑车故事。
《独腿单骑闯中国》（孟向东）：从 1994 年开始的单车中国旅行。
《风雨单骑走滇藏》（胡斌）：骑行云贵和西藏的游记。

《1981 年的自行车旅行》（丁一平）：八十年代初作者在上大学期间骑车旅行的回忆。

《中华十万里纪游》（傅庆胜）：作者从 1981 年 24 岁开始，六年走遍全国，1987 年出版游记，在当年非常少见。

国内新一代骑行者作品

《转山》（谢旺霖）：来自中国台湾的男孩骑行西藏的故事，后被改编成了电影。

《单车到拉萨》（高宏）：年轻一代比较早的骑行西藏的游记。

《触摸天堂的骑士》（薛晨飞）：滇藏线骑行游记。

《掠过真实的美利坚》（张大军）：2003 年骑车横跨美国的记录。

《孤独的克里雅》（八千里路）：一人一车穿越无人区冒险。

《90 后骑行侠单车去西藏》（林伟裕）：因为活得郁闷而开始的一次拉萨骑车旅行。

《飞行骑》（笨鸡）：年轻人骑行川藏线的故事。

《台湾单车环岛笔记》（葛磊）：写旅行、写台湾、写小吃。

《台湾，用骑的最美》（洪舒靖）：十五天环岛骑行。

《一个人，骑车到拉萨》（穆佳）：辞职，一个人骑车慢慢走，看风景。

《阿亮单车日记》（卜学亮）：来自中国台湾的主持人在大陆旅行的故事。

《单车走西部》（秦二天）：被称为单车旅行的小说，守望、孤独、冒险。

《藏地大穿越》（向伟成）：半年的藏区单车骑行。

《沿途的向阳花》（殷宏超）：为去泰国见个女孩子，骑行东南亚。

《慢骑中国》（传叔银）：从南京到拉萨的骑车经历。

《探险：一位网友的西行笔记》（信天谨游）：孤身一人骑车 15000 里，途经青海、西藏、新疆、云南、河北等 10 个省和自治区。

《有多远，滚多远》（吴正亚）：2013 年川藏线骑行。

《北方的空地》（杨柳松）：一人一车藏北无人区穿越，故事后被改编成电影。

《骑着单车度蜜月》（罗庚、李琳）：从北京骑车回云南娘家的游记。

《妹纸与远方》（陈人）：从唐蕃古道进藏，写骑行和爱情的故事。

《骑迹》（727 车队）：2013 年一群年轻人骑行去伦敦申奥。

《走起，车轮弟》（天天）骑着一辆二手单车的东南亚骑行日记。

《走拉萨，趁活着》（郭梦）：一位女孩子的川藏骑行游记。

《九岁，我骑单车去拉萨》（巫红杰）：父亲和孩子在路上的故事。

《单车少年，走你》（陈嘉维）：骑行云贵的故事。

《单车上的青春》（羊羊）：在欧洲的骑行游记。

《死在路上也不错》（周榕榕）：2012 年一位女孩的滇藏线骑行记录。

《骑车去元朝》（郭建龙）：蒙古游记，国内少有的人文专题单车旅行。

《400 日》（周子迁）：2010 年开始历时 400 日单人单车环骑中国游记。

《随风而去》（牟阳江）：一段从新加坡开始，越南结束，骑东南亚 6 国的毕业旅行。

《直到路的尽头》（张子午）：一位中国台湾人骑行亚欧的故事。

2.4 旅行车的进一步发展

公路骑行定义宽泛，几乎包含了单车比赛、BMX（自行车越野）、旅行和家用，是单车最基本的形式，可以都叫公路车。在这个基础之上细分，赛车叫公路赛车，Mountain Bike（MTB）叫山地车，但旅行车这一类之前并没有，属于新的分类，这方面的资料并不多，可知20世纪六七十年代欧洲长途单车旅行者多使用家用车，这一点可以从黛芙拉和海因茨的旅行看出。车子廉价普通，适当改造，舒适性不错，但性能不好。而公路赛车又无法满足长途骑行复杂路况和加载行李的需要，可见当时长途旅行还属于少数。

美国人天生爱好机械，大众自行车运动普及，厂家也推出了大量的成型车，当时市场上来自世界各地的著名品牌有很多，有些品牌如今已经消失。

各种单车组织发起活动，其中最著名的是在1976年美国建国两百周年时横穿美国的活动，影响很大，促使了郊野旅馆系统的发展，各种野营、服装、个人修车工具等产品面世，极大地刺激了骑车旅行。同时创立北美最大单车组织ACA（Adventure Cycling Association，单车探险协会），设计和规范骑行，线路辐射到全美和加拿大。涉及单车旅行的相关书籍被出版，比如1982年的*Bicycle Touring Western United Stated*（美国西部单车骑行攻略），1978年的*Delong's guide to bicycles &bicycling*（买车骑车向导）。值得一提的是，国内知名度很高的美国品牌Trek和Jamis，就是在20世纪70年代创立的。

20世纪80年代开始，得益于冷战结束，国际机票价格大降，还有嬉皮运动助力，旅游产业飞速发展，跨国背包旅行在年轻人中成洪流之势，旅行资讯需求剧增，孤独星球导游书创立。这是一个激动人心的时代，充满了乐观和对东方文化的向往，于是胆大者开始骑车走丝绸线路，从欧洲到尼泊尔。后来孤独星球为此出了一本单车旅行跨国线路攻略，这在以国家为单位的攻略书中非常少见，可见当年的热度。1980年，BBC（英国广播公司）拍摄了第一部电视纪录片《80天环游地球》，产生巨大影响，从那时起，所谓环球旅行理想才有了现实的基础。

我在2000年左右骑行拉萨和亚非，遇到的多为欧美和日韩单车行者，10年后，钟思伟、杜风彦等新一代上路骑行世界，相比国内骑行热潮，走国外路线的人依旧少。

2.4.1 旅行车

20世纪七八十年代，用途分类已经明确，旅行有3类车型可供选择。

第一种为改良版家用车，或者说比较好的城市车型。

第二种为公路赛车，偏好运动型行者使用。

第三种为长途型，所谓的Full Loaded（满载）类，也是目前西方人跨国骑行的主要车型。

由于长途公路旅行对单车有特殊要求，或者说需要综合全部单车类型的功能。包括：家用车的方便和多功能，主要表现在挡泥板、铃铛和反光警示；赛车的高性能，例如下垂弯把和高效能变速器；山地车的越野性，轮胎应对复杂路面的能力；在配置上要求700c以上轮圈，车架材质的弹性增加舒适，轮组的负重能力，还要有车撑、行李架、挡泥板和水壶夹等基本配置。旅行单车至今已经发展出非常细致的门类。

由Schwinn（施文）公司出的超轻旅行车系列，城郊女式车

由美国Raleigh（兰令）公司出的男士旅行车

十速公路车

70年代长途旅行车，采用了斜三角车梁，重心靠后

2.4.2 旅行车的分类

以下内容参考维基百科。

Road Touring（公路旅行）：车型表现在三角梁的稳定性和舒适性，提供基本的载包架，车轮为 700c（直径 622mm，下同），多为下垂弯把。

Sport Touring（运动旅行）：基本上和公路赛车没什么区别，车身超轻，25 ~ 28cm 直径的窄胎，一切均为速度考虑，多为下垂弯把。

Expedition Touring（远征旅行）：设计时主要考虑结实和重载，使用粗三角梁，700c 大轮和重型胎（宽度介于公路车和山地车之间），胎面弧度大，以减少摩擦。提供前后货架，以及快拆、备用螺丝口和后轴加重等。在车把的选择上，有下垂弯把和一字横把，以适应西方人使用为主，蝴蝶把在国内比较多见。

Folding Touring（折叠旅行）：折叠车的出现其实就是为了满足单车旅行的需求，700c 车轮的大车很难搭载交通工具。兰令公司在 1968 年开始推出折叠功能，其他公司也推车各自产品，可见郊外或者他国骑车旅行的需求还是很大的，20 世纪 80 年代的美国，汽车的销量没有自行车大。

2.4.3 单车旅行的类型

以下内容参考维基百科。

Credit-card Touring（直接翻译为“信用卡旅行”）：大概就是省心省事、简单出行的意思，有支援，以团队方式旅行，不带装备，强调骑行速度以及车的速度性能，以锻炼为目的，应该为企业和公司的拓展项目，国内暂无此类型。

Ultralight Touring（超轻旅行）：一般为个人方式，带最少的行李，以沿途服务为旅行节奏。

Fully Loaded Touring（重载旅行）：个人携带全部生活用品骑行，包括帐篷和餐具，路线可以不受限制，比如在国家公园和无人区内，和远征旅行相比，时间短，更类似于单车版的户外生存挑战。

Expedition Touring（远征旅行）：多指以数个国家、大洲甚至环球为目标的重载旅行，携带全部生活物品，一路走一路玩，可以有具体线路和目标，也可以没有。

Day Touring（在城市周边一日骑行）：目前国内俱乐部或者单车商店经常举行这样的活动。

S24O（Sub-24 hour Overnight，隔夜 24 小时）：这种单车旅行类型并不关注骑行，而是骑车到城市周边自然环境中野营，然后第二天骑车返回家，或者以度周末的方式进行，国内目前还没有见到这样的旅行，相信不久也会出现。

国内团队长途：大学生和俱乐部集体骑行，说白了就是一起出去骑车玩，线路多以川藏线为主，但不像西方“信用卡旅行”那样有后援，而是自己带旅行装备。

2.5 怎么骑车

怎么骑车，可不是小时候如何学会骑车的问题，就目前而言，骑行与锻炼以及比赛相关，和造车技术一起组成所谓的骑行科学。对于运动员，怎么骑车涉及身体医学、骑行姿势和效能，以及因此引发的器材调整配置，任何一项都会影响到速度和身体健康，都要有专业人士来辅助。而就骑车旅行而言，由于旅行的车型、里程和目的不同，和比赛所要求的必然不一样，也没有人会按照比赛的姿态去骑长途。但就其骑行的基本理论，却对旅行和锻炼都有指导意义。

怎么骑车，只需注意舒适度、功率和避免受伤，这 3 个方面其实只来自一个问题，即姿势。

❶ 公路车骑行姿势：是以功率最大化为前提增加速度，所以要尽量减低风阻，加大身体与车身倾角，符合发力最合理和转换最佳，可以理解为埋头式，前低后高。

❷ 旅行车骑行姿势：舒适性第一位，所以腰部会比较直，调高车把，这么做能效变低，但会减少背部拱起对腰椎间盘的压力，对于长途骑行而言，这非常重要，只有在顶风时才考虑使用公路车姿势。所以，可以理解为旅行车姿态基本上是巡航式，前高后低。

❸ 休闲姿势：身体基本直立，以小轮车为例，车把很高，头部和轮盘车不多在一条线上。

症状	缘故	解决办法
抽筋	和鞋子有关	换鞋或喝水
脚后跟痛	车座高度不对	调整车座高度
膝盖疼痛	原因复杂	找医生或调整车座高度
腰痛	身体落差	调整车座高度
单侧臀部疼痛	人身体天生不对称导致	降低身体拉伸强度
肩膀和手肘痛	前伸太大，导致压力过多	提高车把
手麻	前倾太大压力导致或车把的宽窄不对	降低车座和提高车把；换车把
颈部疲劳	身体拱形，脖子抬起，持续时间长	换不同的骑行姿势来缓解

对于旅行，核心的问题不是骑多快而是能骑多远，那么就要避免身体由于长时间骑行而导致疲劳甚至因此导致的病变。

那么什么样的骑行姿势是正确的呢？

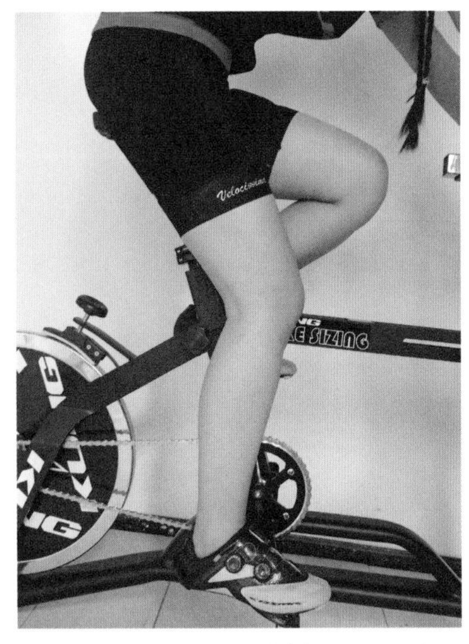

不论什么车型，大腿张曲的角度基本变化不大。模特在数据工作台上的演示（模特身高 170cm，裆高 83cm）

山地车骑行基本姿势

工作台数据：立管 406mm；横管 571mm；座高 920mm

旅行车骑行基本姿势

工作台数据：立管 490mm；横管 520mm；座高 870mm

公路车骑行基本姿势 1

工作台数据：
立管 480mm；
横管 500mm；
座高 900mm

公路车骑行基本姿势 2

工作台数据：
立管 500mm；
横管 520mm；
座高 920mm

骑行中的姿势

通过上面这 3 种车型的车把高度就能明显看出骑行姿势的不同。旅行车最高，为巡航式；山地车居中，调整的幅度也比较大，有时走长途可偏巡航，如果走山地，路况复杂，上下坡多，就降低车把，倾向于公路车姿势，以更好地控制身体和车身；公路车最低，基本上是埋头苦干式，就是为了减少风阻，追求速度，但舒适度也最差，笔者经常看到城市中有人骑公路车，不甚理解，因为它本不是作为交通工具产生的。3 种车型中，以公路车骑行对人车配合要求最高，车架、车把、车座，任何一个部分都要以科学数据为前提，否则，导致的不单是舒不舒服的问题，而是身体病变。其他两种车型就要求低，不会出现大问题。

按照 Phill Burt（菲尔·伯特）给的正态分布图，从 0 到正负两项人群在正确的姿势下骑行，以 0 为标准，那么几乎都有正负 2.5% 的差异，人体结构导致这种差异，所以没有所谓的绝对标准姿势。再有，中国人的肢体比例和西方人有差异，他们四肢长，我们相对较短，所以车座不能太高，横管也不能太长。要车配人，而不是人适应车。

其实，有个很简单的方法来解决这个问题，即车买来后进行一个几百千米的短途骑行，身体会直接告诉你车是否合适，按照上面出现问题的列表，根据具体原因来改善。即使在长途旅行中，也要尽量变化姿势骑行，让身体不要承受太大的压力，总之，避免伤害是长途骑行的首要目标。

旅行时，前面提到的 4 种骑行姿势在不同的骑行条件下都需要。

2.6 身体和体能训练

对于比赛类专业骑行，其实仅涉及 3 个方面，包括上面说过的姿势，还有训练和营养问题。

对于旅行而言，后两个方面目前显得并不那么重要，以前有媒体采访问过我这个问题，我简单回答说不需要，他们都觉得我说法不科学。的确，这属于科学研究，观点多有对立，比如健身骑行、长途骑行、比赛，要求都不一样，讨论要针对性明确，也非常复杂，超出日常需要。但对于现代生活中的人们来说，这个问题备受关注，几乎是核心问题，鉴于此，我参考一些别人的基本理论加以讲解。此处主要参考 Simon Doughty（西蒙·道蒂）的 *the Long Distance Cyclists Handbook*（长途骑行手册）。

首先，要明确，度假短途骑行不需要锻炼。

其次，并不是锻炼就能改善，高强度训练下如果没有休息和恢复，身体并不会得到改善，反而会受到伤害。

训练主要针对的是肌肉、心脏和肺。

一个锻炼周期后，休息 2 ~ 4 周，不需要做任何练习。

训练步骤如下：

❶ 热身和拉伸练习，可参考其他书籍的动作。

❷ 提升身体力量和骑行技巧。

短途 88 千米训练组合 9 个星期的训练目标

	准备阶段				恢复	加强		峰值目标	
时长（分钟）	休息	休息	90	120	休息	150	180	60	休息
	45	45	60	90	90	90	120	120	休息
	30	45	60	60	90	60	60	60	60
	30	30	45	45	60	45	45	60	45
周	1	2	3	4	5	6	7	8	9

200 千米训练 5 个月组合

	准备	恢复		强度	峰值	周
里程（千米）	70	90	120	140	—	4
	50	70	90	100	80	3
	60	60	100	100	120	2
	50	60	70	100	80	1
月	第一个月	第二个月	第三个月	第四个月	第五个月	

11 月到 8 月期 12 小时高强度计时赛训练

渐进，确定长途骑行姿态和步伐节奏	适当在中间加入快速骑行训练	频繁快速短途骑行训练加中度距离比赛	经常进行 200 千米骑行，短途扩展训练，做 200 千米内各种类型比赛	目标
				25 千米级定时赛
				50 千米级定时赛
				160 千米级比赛
12 ~ 1 月	2 ~ 3 月	4 ~ 5 月	6 ~ 7 月	8 月

我和杜风彦的长途骑行经验：之前都没有经过任何训练，直接上路，慢骑，让身体逐渐适应骑行，然后寻找和改善自己的骑行效能，找到最合适的姿势和节奏，配合中途各种长时间和短时间的休息，让身体得到恢复，是长途骑行的基本保障。当然，心理问题也很重要，永远都是“不是车上不去，而是你上不去”。

2.7 心理问题

长途骑行的心理问题分布在 3 个阶段，即出发前、在路上和旅行结束后在家。

1. 出发前

出发前的心理问题，如果有的话，一方面来自人际压力，包括家人、朋友等对自己追寻不同生活的评价，这里有正面也有负面，会对行者有一些影响，导致情绪易波动。再者，对旅行无把握，比如未知的危险、没有钱、不会当地语言等方面也会导致压力增大。也许还有其他一些个人因素，不论哪些，都会交织在一起，越是临近出发，压力会越大。处理方法很简单，事情一件件地去做，一个个去准备，不要想太多，上路永远不是在家里可以想象的。再有，就是要意志坚定，目标计划不为周边和自己情绪波动所影响，你会发现，一旦上路，一切都将烟消云散。

2. 在路上

在路上分为两个部分，第一是骑行本身，第二是长距离心理表现。

骑行本身是运动，在运动状态下并不能获得快感（这一点和跑步不同），因为身体劳累会影响到心理，比如烦躁、疲劳、负面想法等统统出现，我经常会遇到爬山没开始，人就已经烦躁不安了。在这方面很多人会想要克服自己的心理障碍，其实这么做并不合适，会导致身体逆反，要知道，身心问题并不是思维可以解决的，或者说，思维并不能全部控制它，有时候恰恰相反，所以要学会哄它而不是吓它。我会通过吃点儿东西，看看景色来安慰自己，这种做法非常有效，身体会得到很快的恢复，也就有了信心。当然，也有更加科学的分析和做法，其实你我都在路上这么潜移默化地做了，而别人只是分析得更加明白而已。在《一生的自行车计划》中作者罗列了 5 条，我重新做了解释。

❶ 正面思考。毋庸置疑，骑车上坡时骂天骂地很正常，但这么做会让体能流失得更快，这就是负面情绪的不好之处。而正面情绪会增加体能，所以，想任何可以让自己的情绪稍微好起来的事情即可。

❷ 玩点儿花样来改变沉闷的气氛。倒立、大笑、神经兮兮地乐等，或者玩玩车技，总之让自己的情绪活跃起来。

❸ 想象。刺激自己非常好的办法，比如当年我骑行在肯尼亚北部沙漠时，想象着对面有卖冰镇可乐的小卖部，甚至还有兔子女郎。当然你也可以想象爬上某个山口会看到壮丽的景象，或者一旦骑完某一段你就是天下第一。在《一生的自行车计划》中列举的那个约翰•豪尔的例子，通过自我催眠，想象人与自然以及目标合一以带来动力。按照中国人的哲学，这一点儿都不算什么秘诀：大地赐予我力量吧！

❹ 时间管理。按照我的想法，短途中，尤其是艰难路段，划分它，逐个击破，最终完成，从更长的角度，比如一次长途旅行，要有一个大概的节奏，最好先慢，再快，再慢，这样综合着来，让身心不用太紧张。

❺ 控制呼吸。按照佛教观点，呼吸直通宇宙万物，人生就是呼吸之间，身体所有的一切都在此中保持生命和运动。那么在骑行中，通过控制自己的呼吸来降低心理上的焦躁，和禅修、瑜伽等的道理是一样的。这个需要慢慢练习，始终让身体运行在平稳的呼吸节奏中，体能会像泉水一般节制，但源源不断。可以想象你就是万物的中心，通过呼吸来向外散发能量，并且灌入骑行之中。

不论我们使用什么技巧，在路上，享受旅行，让身体得到快乐是核心任务。累了就休息、吃饭或睡觉，满足自己的渴望，就会无往而不利。

其实，作者在书中没有讲到一个重要的影响心理的方面——吃，可能对西方人来说并不是特别重要，但对中国人而言，它不仅仅是吃饱的问题，还和思乡相关，所以，我们既要考虑营养，也要满足食欲。

3. 回到家

回到家中，一次无与伦比，对于自己人生而言不可想象的“任务”完成了，心里充满了自信和骄傲，还有很多平静，但这并不会长久，很快，所谓现实的铜墙铁壁就逐渐现形，又开始在你四周慢慢竖立起来。其核心是：接下来，怎么办？

❶ 回到以前职业，继续上班赚钱，心怀以后继续骑行的梦想。

❷ 彻底放弃以前的职业，走向自由的道路。

就如圣经故事，吃过了智慧之果的人类，就不会再回去。对于行者而言，体会到了自由生活的幸福，内心想回到现实生活，几乎是不可能，但我们却离不开它，这就是矛盾所在。在本书开篇的偶像章节，其实讲了太多这样的故事，怎么办？你自己看。但有一点，自由可以带来智慧，这就是我们追求它的缘故。

好吧，我再重复一个《一生的自行车计划》中的人物故事。

格雷迪（Grady）的职业是一个自由作家、卡通画家和编辑，才华横溢，嬉笑怒骂，兼成作品。但他之前仅是一个报社的普通编辑，过着灰色的人生而已，即使这样，职业习惯让他体重升到 90 千克，身心俱疲，后来下决心改变人生，辞职开始骑车，这一点和徐林正一样，唯一不同的是徐林正开始得有点晚。30 岁时（这一年龄对大多数人包括我而言是一个人生的转折）参加了几次比赛，骑行开始进入日常生活并且影响到他的生活方式，运动本身有助于健康，他又开始学习坐禅，身心进一步得到休养，让他的写作和画画灵感四射。他没有关注器材、心理和身体等所谓技巧层面的事物，而是建议多骑，多休息，多写作，多绘画。

所以，我也给任何一个骑完长途的行者一个建议，旅行结束后，一定要把旅行故事写出来，完完整整地写，不能是攻略，而且是按照可以出版的目标来完成，通过此，你会发现收获不比骑行少。

2.8 营养问题

食物是骑行者的“汽油”，前进全靠它。

骑车旅行，虽然没有人会提一套旅行营养理论，但运动营养学很重要，比如爬坡基本和运动差不多，所以需要适当了解我们的身体是如何靠“汽油”运作的，至少在我们身体不舒服的情况下要知道是怎么回事。

行者的饮食分为两部分。

第一部分，日常生活，包括每天的普通骑行，没有太大难度，不是山区或者烂路，体能消耗居中。当然这是相比不做运动的前提下，骑行本身能量消耗很大，再加上长时间每天骑 8 个小时，近百千米路，如果吃不好，一两顿没事，时间长了会崩溃，尤其是遇到吃不饱、吃不合口和吃了消化不了等问题。比如在藏北地区，恐怕你只能吃点儿糌粑和风干肉，如果在越南，则少不了米线，到了非洲，估计会天天吃土豆，但肯定不是酸辣土豆丝。行者每到一个地方，饮食结构就会有所改变，麦当劳套餐和一碗羊肉泡馍，都挺好吃，从营养方面来说，差别很大，时间一长，对身体影响就会变大。所以，除了我们在当地吃饭外，还要尽量自己做，一是符合胃口，能保持心理稳定，再者适合我们中国人的身体吸收，也能保障身体健康。

第二部分则是行进有难度的路段，比如爬山口，或者雨林路段、连续山地等，体能消耗巨大，普通食物很难补充到位，有时候需要有针对的食物甚至是高热量食品来帮助。

所以，有必要了解运动营养的基本理论和食物本身能提供的热量等数据。

2.8.1 能量系统

人体基本消耗包括基础代谢消耗、体力活动生热反应、食物生热效应和机体生长 4 个方面。最后一项成年人基本不用考虑，要注意其他三项，其中消耗量最大的是运动，食物生热效应大概会浪费掉食物产生能量的 10%。

人体主要有两套能量系统驱动肌肉：有氧系统和无氧系统，对应不同的肌肉。

白肌纤维（快速）无氧工作（糖酵解），不消耗氧气，但会产生大量乳酸，导致身体有痛感，属于高强度，短时间运动肌肉，比如运动加速度、攀岩等，一般无法坚持 1 ~ 2 分钟。

红纤维（慢速）消耗很高的氧量，运动速度差，不产生乳酸，耐久度高，长距离骑车主要使用这种肌肉。

身体从 4 种原料中获取并处理成能量。

碳水化合物：以肌糖原形式储存在肌肉和肝脏中，提供人一天活动所需的能量而无须补充。但在短时间大运动量中，很容易被消耗，导致产生疲劳感。

脂肪和酒精：虽然提供主要的能量，但并不是最好的形式，其中酒精不能直接作用于肌肉，脂肪则储存在皮肤下的身体各个部位。

蛋白质：只有在长时间骑车中当肌糖原消耗完后，作为修复物质进入能量反应程序。

主食	血糖生成指数	热量（焦耳）
面条	68	356
米饭	84	356
面包	45	312
牛奶	27	54
巧克力	49	586
白糖	81	400
花生	14	549
鸡蛋	30	167

注：血糖生成指数（GI）被用来衡量食物中碳水化合物对血糖浓度的影响，指数越高，则意味着该食物被消化后血糖升得越高，反之亦然。

2.8.2 短期针对性的营养改进建议

短期的改进建议主要有以下 7 个方面：

❶ 减少以葵花油为主的食品摄入量，以黄油和橄榄油代之，可以让身体细胞增加活力，减少损伤。

❷ 油煎胡萝卜、辣椒等蔬菜可以增加身体对脂溶性抗氧化剂的吸收。

❸ 训练期间增加低纤维碳水化合物食物的摄入量，如白米、白面和白面包等。

❹ 在比赛和长途骑行前，至少有 2 ~ 3 天降低训练强度，并且摄入至少 600 克的碳水化合物以保持最佳状态的肌糖元储备。

❺ 训练后吃低脂肪食物，以增加营养和补充碳水化合物，能让肌肉获得更高能效。

❻ 按照体重算，每千克至少摄入 1.2 克蛋白质，如以 60 千克的体重计算，蛋白质摄入量为 72 克。高强度训练后应该随即补充至少 30 克的蛋白质，以保障氨基酸修复损伤的肌肉和恢复免疫系统，降低感染风险。

❼ 在高强度训练后或者爬坡后，喝一些富含碳水化合物和电解质的饮料，防止脱水并提供基本能量。

我的感受是，骑车运动量大，尽情大吃大喝，如果在高强度骑行或者体力衰减过程中，建议有针对性地补充营养，而不仅仅是吃饱，否则第二天就会感觉到体力不够。总之，一路上，不论高热量食品还是高脂肪或者富含维生素的水果，都尽量多吃，并不一定非要等到饭点儿，反正我是走一路吃一路。再有，身体能量消耗大，白糖、巧克力和花生是最好的补充食品。

2.9 超轻理论

相比重装备骑行西藏，或者全载跨国旅行，超轻建立在另外一套观念之上。

❶ 让旅行变得容易点儿，扎营做饭，虽然开始会比较亲近自然，但长时间就会疲劳，且对身体影响巨大，再有跨国飞行时非常麻烦，车加上户外装备，超重需要单独付费不说，来回打包非常费劲，每次一想到要坐飞机，我就特别焦虑。

❷ 可以走得更远、更快，没什么额外的重量负担，速度就会上来，比如走青藏、川藏线，其实完全不必要全装备，现在沿路的服务已经非常完善。

❸ 让旅行变得机动起来，可以组合背包旅行，随时选择骑行路线，而不是一路骑下去，甚至恨不得骑车去机场。还可以让骑车成为辅助，让旅行深入而不是牵绊。

❹ 还有一个最重要的理由，重量和幸福感相关，其实在路上，轻量化会让旅行变得更美好。

超轻理论的 8 千克装备基准数据如下：

压缩包 3 千克左右，主要放衣服等杂物；

防水把包 2.5 千克左右；

杂物 1 千克左右；

骑行装备 1 千克，如头盔，眼镜等；

梁包 0.5 千克。

马克·博蒙特（Mark Beaumont）使用公路车轻量化系统完成部分环球旅行线路（埃及到南非线）

马克的车特写

西安骑迹单车技师亮子的铁架公路车轻量化组合，骑行城市周边和中国西部

第 3 章

准备篇（上）

前瞻的设计
358

3.1 买车

3.1.1 买车基础

如今，很多大中城市都有专业自行车店，从业者很多都是骑行爱好者，相比老式车店，他们对硬件和骑行文化有更深入的了解，并有自身体验，且国内目前单车品牌众多，我国已成为世界上主要的单车消费和制造国，无论车型、材料档次、整车工艺还是配件，都足以满足各个层面的需求，当你走入车店，商品多到让人眼花缭乱，那么，就面临如何选车的问题。

我前后使用过5辆车，第一辆车在2001年骑行青藏时买于格尔木，杂牌28车，驮个70升登山包就出发了，现在已经忘记了当时怎么会这么选择，应该是不懂的缘故，觉得这个车结实。且当时也没有所谓的旅行车一说，结果骑到西大滩就放弃了，又返回格尔木买了一辆山地车，花费600元，也是烂车一辆，凑合骑到了拉萨。2003年第二次骑行亚非时，知道车对骑行者的重要性，于是在西安花1800元买了一辆捷安特的ARK旅行车，一路从越南骑到南非。这辆车总体上比较争气，小问题不断但都不严重。在柬埔寨，座位减震坏了，到了印度，前货架断掉，在埃塞俄比亚搭车时车把被挤压严重变形，在肯尼亚更换了后轴承和扎线，行程已达5000千米，路上车架和轮组基本没出现问题。回国后这辆具有纪念意义的车居然在家楼下被偷，于是花1100元组装了一辆山地车，但整车的协调性和骑行感比捷安特差得很远，这就是我对组装车持保留意见的原因。2011年骑行欧亚时依旧选择捷安特旅行车，两次大旅行，行程超过一万千米，一路上除了长时间骑行导致屁股和手发麻外，没有更严重的身体问题，从此车型基本固定下来。

总之，我关注单车和旅行文化，对硬件并不是很关注，由于编写本书，才对行业知识做了一个大概的了解，综合自己的骑行经验做了总结。由于近10年单车飞速发展和骑行的普及，相信骑友们对自己的需求和对单车的了解远远超过了我。

就我个人理解，选购单车要从4个方面来考虑。

❶ 目的：打算用来干什么，日常骑行？走一次拉萨？跨国旅行？目标决定了车型。可以通过旅行类型分类来确定，城市骑行和走青藏、川藏线，公路、山地或旅行3种车均可，跨国骑行可选择山地车和旅行车，如果走荒野必然要选择山地车。

❷ 价格：市场上从几百到几万的车型均有，要在合适的目标下买到合适的车，并不一定贵就是好，满足需求即可。如果你想“穷骑”，购买1000 ~ 2000元的单车足可走一次两三千千米的长途，无需担心所谓的“质量”问题。2000 ~ 5000元的单车是目前市场上的主流，知名品牌如捷安特、UCC、希德盛和美利达均有各种车型可供选择。六七千以上均为国内独立工作室品牌，如开朗、灵犬等。或者购买进口品牌如富士、比安奇等。我的原则是宁可买低配好牌子的车，也不买高配便宜的杂牌车。

❸ 整车的协调性和与身体的融合度：好的厂家从车的设计到制造会有明确目标，也会有严格的工艺流程确保整车性能，而差的厂商往往就照猫画虎。缺乏这两点，即使配置了比较好的材料和附件，但却并不好用，组装车也有同样的问题，这就是为什么要信任好品牌的缘故。另外每个人的身材和骑车习惯不同，需要车型、尺寸和车把样式符合自身条件，毕竟要长期相处。在这点上我个人感觉西方人和东方人有不小的差距，所以买进口车时需要加以注意。

❹ 更进一步的要求：包括车的重量、轮组的尺寸、车的轻量化、装载车包的能力以及车扎的选择等。车重关系到运输和载重行李，太重坐飞机麻烦，太轻如碳纤维材料则长途旅行风险更大。26 寸和 700c 车轮全世界普及，路上容易补充。不论长短途，除非轻量化旅行，否则货架一定要结实，路上坏掉的话非常麻烦，尤其是铝制货架，非常不好焊接。

1. 车架材质

一般而言，除了对机械和材料比较了解，并对车有特殊需求的行者们，会自己组装或改装，多数人会选择整车。整车的优点是协调性好，缺点是人必须满足车身的要求，这就出现了挑选合身车型的问题，核心就是车架大小。

就目前的工业化水平而言，倒也没必要考虑所谓的结实，走到半路车架断掉的概率非常低，除非受到撞击，更多需要从材质和大小方面考虑。通过研究单车的发展史能感觉到，从最早的钢架，到合金，再到碳纤维，总体朝着轻量化发展，但并不代表着碳纤维架就比钢架好，这要看具体用途，前者多用于赛车，后者依旧用在旅行车上。而各种合金材料，比如铝合金、钛合金、镁合金等各种车型都有，材料有各自的优缺点，选择时可依据 3 个方面：强度、刚性（受力时抵抗弹性变形的能力）和重量。

❶ 铝合金。优点是比钢轻，不易被腐蚀。缺点是金属疲劳性差，没有弹性，无法吸收车辆震动。

❷ 钢架（铬钼）。优点是强度高，远高于铝合金，弹性好，骑行时比铝合金车架感觉舒服，所以使用寿命长，比较便宜。缺点是太重，容易生锈。

❸ 碳纤维。优点是极轻，可以做到 1kg 重量的车架，能有效吸收震动。缺点是虽刚性好，但抗击穿刺能力差，比如难以抵挡尖锐物体撞击，价格也比较高。

所以，单车发展的一个重要方面就是通过设计对各种材料自身的优缺点进行了优化，比如大家见到很多铝合金旅行车和山地车架子都很粗，就是为了增加强度，还会加上减震系统来弥补弹性缺点。而钢架旅行车则非常细则是为了减轻重量。所以并不能仅仅从材料上来判定车子的好坏。从价格上说，其中以碳纤维和钛合金材料为贵，铝和钢则相对便宜。但就具体情况而言却也没那么简单，航空铝合金材料单车并不见得比碳纤维的便宜，而国产碳纤维车有的也就两三千元，一辆意大利的钢架旅行车，价格也会上万。

对旅行而言，钢架重，上飞机会增加费用。碳纤维材料和钛合金由于太过昂贵和太"大家闺秀"，被偷和一旦坏了就等于彻底报废，不适合跨国和状况复杂的旅行。铝架托运时容易受压变形。尽管如此，在价格和性能方面，铝架依旧是比较好的选择。当然这是从跨国的角度来说，国内线路由于基本路况很好，选择哪种车型和材料都可以，就看你的个人目标是什么。

2. 车架大小

这个问题应该比车架材质更加值得行者关注，也非常不好说清楚。车架选大还是选小最终要以符合自己的身材为标准，以达到骑行的舒适功效，避免身体损伤，所以这一点比材料更加重要。

在讲数据前，防止读者看晕（我研究时也晕，虽然快把全世界骑遍了可还是不太懂这些），有个很简单的基本原则：架子宁小毋大，和穿衣服刚好相反。原因是，小架子可以让你的身体都在可控范围内伸展，不用耗费太大力气，如果觉得有富余可通过增高车座、换大号车把来解决，比如为山地车增加副把，为旅行车调整蝴蝶把角度等。长途骑行经常爬坡，车架小容易出力和把控，而车架大了长时间骑行会非常累人，而且导致身体肌肉神经出现问题，只能换车。

我们不是职业车手，不可能量身定做，成品车总是和需求有差距，这就要获得身体数据来计算架子大小，网上有一些比较复杂的计算方式，可尝试一下，这里提供相对简单的数据采集，然后和车店人员咨询合适车架，单车厂家均有按身高建议的车架种类。有些网友提到所谓的不同厂家采用不同的标准算法，比如 C-C 值（五通中心到立管与上管接口处长度）和 C-T 值（五通中心到立管顶端的长度），每个厂家不同，国内和国外也不同。

3. 车架和身高算法（根据网友"苦行僧"经验整理）

首先测量大腿长度（胯高）：水平站立，分开双腿让双脚间隔 10cm，量出裆底部到地面垂直距离。

算法 1，最常规身材计算。量出车架 C-T 值（单位是 cm），除以 2.54，套用身高，可计算出 155cm 身高适合 14 英寸车架；155 ~ 170cm 身高适合 16 寸车架；170cm 左右身高适合 18 英寸车架；180cm 左右身高适合20英寸车架。

算法2，计算C-C值，公式为山地车架尺寸（英寸）＝(i×0.67-11.0)×0.394，其中，i是“腿长”，单位是cm。买车的时候，也带上一把卷尺，量一下你要买的车的车架C-C值，除以2.54，得出实际车架尺寸，看和你算出的车架尺寸是否吻合，如果吻合，就说明你的车架尺寸选对了。比如我的腿长是73cm，依据公式算出适合我的车架尺寸约为14.9英寸。而我要买的16英寸（这是厂商的说法）美利达勇士的C-C值是38cm，38/2.54=14.96，和我算出的车架尺寸完全吻合。

公路车车架尺寸与对应身高

序号	车架尺寸	对应身高
1	650c×420mm	150-165cm
2	700c×440mm	160-165cm
3	700c×460mm	165-170cm
4	700c×480mm	170-175cm
5	700c×490mm	170-175cm
6	700c×520mm	175-180cm

注：表中第一行650c为车轮直径，420mm为立管长度。

3.1.2 国内长途骑行者的车型统计

国内长途骑行者的车型统计表

行者	品牌	车型	车把	价格（元）	线路	路况强度
杨柳松	美利达	公爵山地车	横把	1000	藏北无人区	极限
丁丁	—	山地车	横把	—	藏北无人区	极限
刘文	捷安特	ARK 旅行车	蝴蝶把	2800	亚非	跨国
明朗	—	山地车	横把	—	欧洲	跨国
杜风彦	改装	旅行车	蝴蝶把	4000	亚非	跨国
郑盛	帝柏 350	旅行车	横把	2800	亚欧	跨国
钟思伟	美利达挑战者 320	山地车	横把	2000	亚非美洲	跨国
深白	KHS	旅行车	横把	6000	东南亚和印度	跨国
程鹏	灵犬	旅行车	蝴蝶把	7000	亚非	跨国

行者里“牛人”众多，这里不再一一列举，没列出来的并不代表差，甚至可能更好，这么做可以让骑友在旅行和买车前有一个宏观的概念。就目前骑行者的用车情况来看，最大一类为骑行西藏的行者，距离在 3000 千米内，由于路况比较复杂，多用山地车，包括冒险者和穿越者。另外一类为跨国行者，路线长，更多使用旅行车。网上有些人争论，长途旅行就应该使用相关车型，我个人认为倒也没这个必要，根据自己的旅行目的和习惯买车才是正道。

初行者往往过于担心车出问题，之所以有这个心理，是由于多年来媒体“轰炸”的结果，车坏了才是关注的焦点。其实骑坏一辆车并不容易，想想我们的父母那一代，一辆自行车不是也会骑十几年吗。再有，很多媒体编辑可能本身没有骑行经验，在他们看来世界是险恶的。所以想和做有很大区别，就像有句话说得好，一次骑行，不论成功与失败，决定永远在自己，而不是车。不管不顾的开始最重要，等旅行次数多了，自然也就逐渐明了自己的需要。况且，骑车需要关注的可不仅仅是车型问题，还包括如何旅行，如何看待这个世界及自我，学习这个世界的知识，以及拍摄和记录等，任何一项都需要漫长的探索。

还是那句话，关乎我们的心灵比什么都重要！

1. 用什么类型的车把

主流车型有各自特定的把型，公路车使用下垂弯把，山地车是横把或者燕把，旅行车以下垂弯把和蝴蝶把多见。其中西方旅行车多用下垂把，我国多用蝴蝶把，用什么类型的车把和骑行习惯及文化有关系。通过前面的“国内长途骑行者的车型统计表”可以看出，多数国内长途行者除了山地车使用横把，旅行车则均为蝴蝶把。

对于蝴蝶把，我谈谈个人感受。长途骑行几乎全天都在骑车状态，每天七八个小时，持续少则十几天，多则几个月或近一年，这样身体在一种姿势下容易疲劳，必须通过不断变换姿势来缓解肌肉和骨骼压力，使用蝴蝶把既可以比较直立身体，也可趴骑，甚至可以将双肘插入把内支撑身体，让手得到休息，总体来说像个骑车

的方向盘，缺点是爬坡或者顶风时用力不太好。下垂把则相反，而且宽度窄，利于减少阻力，但在骑行姿势调整上幅度小，一天下来吃不消，西方人相比亚洲人身材要高大，腿长，不趴着反而不舒服，再者他们有时候追求体能极限、短时间的速度、爬坡能力等，下垂把能减少风阻，表现更好。使用横把的旅行者多增加副把来提升高度，另外推车时比较好用力，尤其对于不走公路的极限旅行，横把更为实用。

2. V 刹还是碟刹

这是个仁者见仁智者见智的问题，答案是都可以，就如同变焦镜头和定焦镜头，各有优点。V 刹在性能上比碟刹差点儿，科技含量低但适应性广，各种路面和气候都可以胜任，即使坏了，在世界各地修理起来也非常简单，虽易磨损，出发时多带几幅闸皮即可。碟刹性能优越，下坡和突发情况下制动效果非常好，灵敏度高，不容易坏，很多骑友都喜欢。从普通骑行的角度看，碟刹当然更好，从旅行角度看，如果走东南亚也不会有什么问题，如果路程更远，在国外坏了就会非常麻烦。钟思伟的车用 BB7，坚持了上万千米，走完亚非，到了南美坏掉，被迫从国内邮寄配件，花费一个月时间，代价昂贵。从厂家角度看，旅行车低档配 V 刹，高档也会配碟刹，这是档次问题。但综观长途旅行者用车，多以 V 刹为主。当然国内骑行除了走无人区需考虑外，其他线路什么刹车系统无所谓。就我个人经验而言，两次长途骑行覆盖亚非欧，由于是低档车，也都使用 V 刹系统，一路也没出什么问题。总之，科技含量越高，遇到了问题就越麻烦。

3.1.3 买车进行时

很多厂家的旗舰产品，在消费者中认同度高和口碑好，可以说经过了时间的考验，基本上能满足大多数车友的需求。如果有更加进一步的要求，就要对厂牌型号做一个宏观了解，在选择上会更加有数。

其实，如果你登录各个品牌官网就会发现，针对各种需求的车型很多，价格也参差不齐，从几百到几万都有，不同历史时期系列有时候会比较繁杂，下面笔者从捷安特、美利达和喜德盛这三个最受欢迎的品牌做一个大概的购买建议，至于其他牌子，例如我们熟知的永久、凤凰、阿米尼等虽然销量很大，但在专业性能上并不能抓住年轻一代的需求。还有一些进口车、贴牌车等非常多，这里就不做探讨。

1. 捷安特

捷安特品牌来自中国台湾，有 40 年的造车历史，1992 年进入中国大陆，是全球大型自行车生产厂商。我对捷安特信赖度很高，其在车友中更是有口皆碑。旗下分为三个级别的车型，竞技挑战类为专业车型，适合赛道、混合路面和越野等，日常骑行较少使用；运动健身类为市场上销售的主要系列，如 TCR 和 FCR，为公路车系列，其中 C 为铝合金压缩公路车架专利缩写，性能更加优越。在混合路面上（多为山地车类），有知名的核心 ATX 系列，包括 ATX9、ATX8、ATX7、ATX6，其中，8 和 9 是专业类型，6 和 7 为入门和中级类型，其中 6 被安排在品味休闲系列中，也就是我们目前车友提到最多的车型。ATX660 到 ATX690，以及中档的 ATX777、ATX790 等，这些车型均可以选择，没必要仅看推荐车型。XTC 为 ATX 升级版本，更具有竞技性能，属于中级车型。

这里重点要提一下捷安特旅行车，这个类型也要归功于捷安特在十几年前推向市场的 ARK 系列，目前在官网上已经无法见到，取而代之的是更加复杂的 TROOPER（骑兵）和 EXPEDITION（远征）系列，前者推出九款，从低档的 5500 到 7500，级别涵盖了入门到比较高级的需求。2000 元到 5000 元之间配置铝合金车架、刀闸、蝴蝶把，其中 27 轮组主要针对公路长途旅行。远征系列的外观看着就很重型的样子，26 英寸加粗山地车轮胎、山地车座、横把、加粗货架，组合了山地车和旅行车的功能，显然是为专门走崎岖路面用，探

索藏北非常合适。让我个人推荐，捷安特旅行车，如果你只打算在车上花三五千的话，根据自己的情况适当改装，足可以走遍世界。

2. 美利达

美利达也是中国台湾制造自行车的重量级企业，20 世纪 90 年代进入中国大陆，和捷安特一起推动了中国自行车产业升级，拥有很多自己的专利技术，比如液压成型和航空铝热处理技术，以及焊接和避震技术，也都非常成熟，让其山地车在市场上非常有影响力。

在系列上，产品涵盖了公路、山地、城市车和旅行车。单避震 26 铝合金山地车最受骑友们欢迎。挑战者系列为中高端产品，以 300 为低端，900 为高端，价格为 3000 ~ 16000 元，应用热处理等有核心科技；公爵系列 300 至 600，价格为 1500 ~ 2000 元，架子采用液压成型技术；勇士系列最低端为 1000 元左右入门车，技术含量最少，但车架依旧为热处理轻量化铝材。值得一提的是美利达专门为女士推出了一个系列车型——维多利亚，价格在 2000 元以内，低档为勇士级别，高档为挑战者级别。旅行车有拓荒者系列，价格在 3000 元以内，但很奇怪全部采用无横梁车架，有女士车的感觉。

3. 喜德盛

喜德盛是 20 世纪 90 年代在深圳建厂的自行车企业，属于后起之秀，是能和台商在市场上比肩的品牌，网友们称其为性价比最高，是想要便宜又需要高性能的最好选择，在大学生中最受欢迎。山地车系统庞大，有大约 10 个系列，其中传奇、英雄、侠客、逐日系列为低端，针对低消费人群，价格均在 2000 元以内；至尊、烈马、山霸系列价格为 3000 元以上，最高的为碳纤维系列。喜德盛也有几款旅行车，同为弯梁、24 速、碟刹、蝴蝶把、前后货架等，不到 2000 元，非常便宜。

总之，中高端买捷安特，中低端买美利达，喜德盛是资金不充裕的行者骑车旅行的不二选择。

骑行青藏线的搭档栾东，2007 年

3.2 武装起来

这不是一个买辆车就上路的时代，即使路上啃馒头，行头也不可少。骑车发泄过剩的精力，行军的各种装备比吃饱更加重要，它不仅是必需，也体现了我们对梦想的追求和向往，一步步武装自己则更加强化这种信念。所谓军容整洁，意气风发，踏上征程，战无不胜。

买车后有三个方面的配件需要备齐才能满足长途旅行的基本要求。关于这部分配件非常多元化，也很难有篇幅深入探讨，这里仅做一般的论述和推荐，车友若有特殊需求可进一步研究。另外，户外用品归类为野外生存，将在单车户外生存章节中进行讲解。

❶ 附属设备：车货架、车包、码表、头盔、照明设备、眼镜、服装、鞋帽、倒视镜。

❷ 长耗品：车胎、链条、螺丝、脚踏。

❸ 修车工具：补胎组合、多功能刀具、气筒。

3.2.1 货架

货架的重要性不言而喻，车坏了也许还有机会在路上修理，货架断掉了，骑行基本无法再继续。整车的工业化程度高，很可靠，货架则相反，廉价、无技术含量、厂家不重视，出问题的概率非常高。所以一款好的货架非常重要，可以这么说，宁可让车稍微档次低一点，货架的钱也一定不要省。我们可以想象，去拉萨或者缅甸的路上，货架上托着生活和旅行的所有装备，动辄几十千克，在这种负重下，几千千米的震颤，金属很快会疲劳，如果受到外力冲击，比如摔倒，有可能就会断掉。我的捷安特 ARK 旅行车配置铝材架子，在英国行进不到 1000 千米，前架就报废，幸好对这款车有所了解，

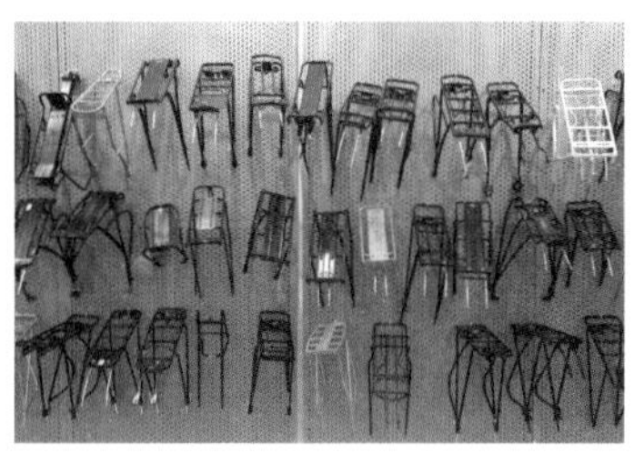

提前有备件才不至于让骑行停止。搭档明朗在瑞士车架报废，被迫花 30 欧元买了一个全新的，开始心痛，后来欢喜，这可是瑞士制造呀，媲美军刀。山地车和公路车无货架，需要另配，旅行车一般都有货架，可以升级为载重量更高和质量更好的产品。

捷安特旅行车前货架

货架材质目前主要有铝合金和钢两种。

没走 1000 千米就断开，这和当时行进中车包卡在公路护栏上有关系，前叉货架螺丝口报废，被迫换在另外一个螺丝口上，导致车把不平衡

铁架子便宜，结实度和载重比钢的差些，进行一两次国内公路旅行应该问题不大，路上坏了很容易焊接。比如网上卖的菲利普架，49 元左右。

铝合金货架是目前市场上的主流类型，虽说金属强度和载重性差，但架子都是通过增加篦格和粗度来增强的。比如酷改山地车货架，加粗竖梁，标称 80 千克载重。

钢架最适合承重，结实、耐用，很多著名的品牌都用钢架，比如捷安特、德国的 TUBUS（管牌）和日本的 NITTO（日东），国内市面上并不多见。

从安装方式上分为两大类：座管式（粗竖梁）和螺丝式。这两类市场上都很常见，材料以钢和铝合金为主。但注意碟刹车需要专门的货架类型，买之前要问清楚，而普通山地和旅行车都有预留的螺丝孔用来安装货架。

铝合金快拆货架

TUBUS CARGO 系列货架

TOR TEC（岩石科技）不锈钢货架

一款国产山地车前货架

另外买架时还需考虑驮包的卡口系统，比如 VAUDE（沃德）包的卡口非常细，一些架子就无法用。

从价格上来说，网上 100 元以内的货架不少，以 50 元左右居多，但零售二三十元的便宜货，质量通常都很差。建议尽量买贵的，国内品牌比如捷安特和开朗，百元左右，国外品牌如 TorTec 不锈钢货架大概 200 元人民币。我曾在网上买到 BLACK MOUNTAIN（黑山）后架，不到 100 元人民币，这个价格较容易被接受。

总体而言，除了尽量买贵的以外，还要看旅行的长度和难度，如果走青藏、川藏线，就一两个月的骑行，装载量不大（也没必要带那么多，路上有的是吃住的地方），50 元的货架应该能胜任。但穿越无人区，一定不要吝啬，选最好的货架，因为这关乎生命！跨国长途骑行虽没这么严重，但到国外比如东南亚、印度和非洲，补充会很难，铝合金无法焊接，钢架最好。再有行者多重视后货架，市场上可选的种类比较多，但其实前货架的质量同样重要，虽然载重不大，但震动却比后货架大，更加容易损坏。

3.2.2 车包

车包和货架一起组成单车旅行的生存系统，也是除车外单车旅行的核心组件，最值得行者们重视。我经常想用好多车包，装下各种自己喜欢的装备而不是给车进行机械改装。在路上，你的车上只有挂上无数个包，别人才会认同你是骑车旅行，你也会有自我认同感，相互之间的心理暗示，提供给我们相同的价值取向和对某种生活方式的心理渴求。从这个意义而言，包里同时装载着我们对自由的渴望和梦想。所以一套合适的驮包对行者而言意义重大且意味深远。

捷安特 ATX680 和 VAUDE 低档车包组合，足以应付进藏主流线路

我的第一套车包为 VAUDE，最低配的一款喀喇昆仑款，前后驮包加座包，一共 5 个，花了 800 元，当时可算不便宜，车才 1800 元。事实上这套包的确没“掉链子”，从亚洲到非洲行程 7000 千米没出任何问题。包为普通尼龙面，无防水，所以很轻，而后来用的 VAUDE 高档防水包，又重又硬，在气温低的地方很难用，想用回原来的型号，却无法买到。而新设计虽保留了经典卡口，支撑背板挂钩，却由原来的橡胶皮条换为轨道式下卡，视觉效果很好，走藏北时用了 3 次就宣告报废。新款贵、外表光鲜以及偏执的防水心态，让我从此放弃了 VAUDE。推荐行者们选低档喀喇昆仑系列。

选包其实很简单，从卡口和拉锁两个方面去考虑即可，其他都是次要的，厂家和一些行者强调防水和面料强度。试想，防水问题用防雨罩就可轻松解决，没必要非在面料上增加成本。再者就我个人的骑行经验，如果不是在雨季走东南亚，以及仅仅走拉萨的话防水大可不必，即使有雨，也最好不要冒雨前进来检测包的防水性，这是气候恶劣下的交通安全问题。从携带物品的角度，食品无需担心防水，衣物湿了也没那么严重，睡袋怕水，用塑料袋包裹就能解决问题。电子产品，像笔记本和相机，我一般放在腰包或者背包里，装在驮包内会被震坏。

目前大品牌的产品均防水，但价格上千，较为昂贵。当然，TPU（一种复合面料）面料的耐磨度要比普通尼龙布高，防水、防寒、保暖、耐磨，工业应用广泛，比如做鞋，例如开朗包多用 TPU 材料，而 VADUE 和 ORTLIEB 包则用 PVC 材料。话说回来，由于不是整年都走在路上，包面耗损其实并不大。

VAUDE 好在是自动卡口，一提就卸，一挂就闭合锁定，虽为塑料件，但设计合理，绝对牢靠。国产包中只有开朗有类似卡口，其他淘宝上的各种品牌基本上都是简单的塑料卡子，路况不好的话，断的可能性非常大，当然很多卖家只强调防水而不提卡口，购买时需要注意。

廉价包最大的问题也在拉锁上，一旦坏了，路上真的不好解决。所以要么用名牌好包，如 VAUDE、ORTLIEB 和开朗，要么用不带挂钩和拉锁的帆布包，便宜，就如以前邮局采用的类型，反而效果不错。总之，选购车包应根据旅行的类型来决定，骑行一两次西藏线，几十元的无拉锁帆布包和多特 300 元的产品就能应对，如果穿越无人区就要选择好包，长途跨国骑行也同样如此。

ORTLIEB包，美国货，知名度很高，可以说欧洲人用VAUDE，美国人用ORTLIEB，所以在美国不好买到VAUDE

开朗包的自动卡口

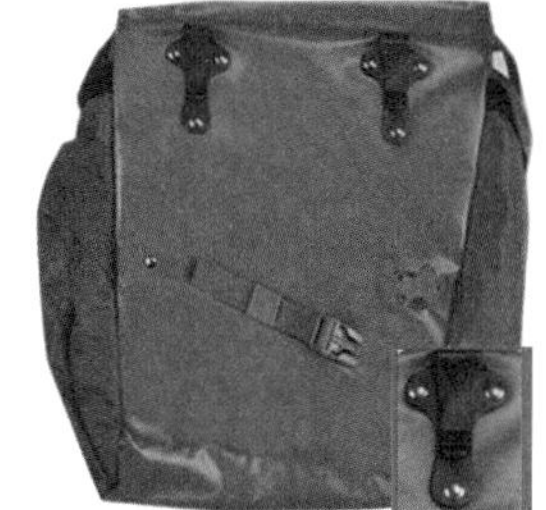

低档包无闭合塑料卡口

开朗包口碑非常好，相对它的价格，还不错

车把包和三角包的作用在于方便旅行，前者可以放常用的物品，比如地图、手机，以及食物等，有骑行经验的人都知道，在路上会经常饿，要随时补充能量而不是遵循一日三餐定时定量的吃饭规则，如果打在包里拆卸起来很麻烦，平常我都是买一堆水果和糖果，一路走一路吃，补充糖分。三角包用来放螺丝和常用工具。这两样包没必要太重视质量，一般的都能应付，价格也很便宜。

3.2.3 码表

码表是自行车上唯一的电子设备，用来监控车的各项数据，如当前速度、平均时速、日千米数、累计千米数等，就是一个电子表，外加一个磁铁探头，安装在前叉和辐条上。本身很简单，需求量也未必大，但目前市场上产品丰富得让人头晕眼花，有上百个牌子，产品由基本的速度计算升级到了导航GPS、运动参数等项目。

以BRYTON（百锐腾）700元的Rider R310C为例。可测GPS数据轨迹、骑行时间、距离、心率、踏频、温度、消耗能量和海拔高度等，功能强大。而就我个人的骑行经验来说，只需要3个数据：①当下速度，对下坡控制速度提供重要参考；②当日千米累计数，知道每天骑行了多少千米，对控制旅行节奏非常重要，重要性甚至超过当下速度，有些低档表却不提供这个功能，路上我经常做一件事，即规定自己今天骑到多少千米就休息，对于长途骑行，码表提供的数据用来调整心态，得以让旅行不至于漫无目的；③全程千米累计数，即一共走了多少千米，这一数据一般表都可测。拥有这三项功能足可以满足骑行需要，其他数据如消耗能量、心速、踏频等从健康角度统计数据，锻炼可以，对旅行意义不大。至于GPS功能，我更加倾向使用手机和专门设备而不是码表。如果让我多选，温度和时间两项数据也会用得到。

市场上90元的中文猫眼表

还有两项指标也较为重要。一是防水，数据全部损失那才悲惨，我用90元的猫眼表，下雨没出过问题，如果雨大，我也会停车摘掉；二是无线和有线均可，我喜欢有线，可靠、便宜。

目前市场上口碑和知名度好的码表品牌主要有SIGMA（西格玛）、CAT EYE（猫眼）和佳明，价格依功能多少来定，100元的比较合适。而其他杂牌，二三十元，能用，至于数据精准度，旅行要求没那么苛刻。需要注意码表使用锂电池，并不费电但仍需多备电池，在一些偏远地方和国外不好买。另外，安装时先要设置轮径，否则数据差异很大，不会的话可以请教车店老板调试。

3.2.4 行头

1. 头盔

我之前不戴头盔，主要原因是戴头盔的话一是在一些国家太招眼，二是天热捂得慌，所以路上经常把头盔当做水果篮挂在车把上。后来在印度GTR公路（加尔各答到德里干道）摔倒，差点儿被卡车撞，从此规规矩矩戴起来，这是关乎生命的事情。在一些国家比如欧洲各国和美国，不戴头盔是违法的，不论长短途，都戴头盔骑车。

西方人从小骑车就养成戴头盔习惯

GIRO（宅柔）

PROWELL（普威）

头盔用泡沫材料和反光材料制成，前者的强度很重要，安全性和可靠性要通过实验室来证明，并不是用普通泡沫就可以，市面上几十元的头盔就不用考虑了。推荐大家用中国台湾的PROWELL（普威）品牌，188元，低档的最佳选择。进口的GIRO价格约400元，SAVANT（学者）约700元。样式上，我喜欢无檐深口款，类似攀岩头盔，有檐款深度较浅。颜色最好为黄色，交通警示色，车灯一照非常醒目。

2. 眼镜、衣服和鞋

我没什么特殊要求，喜欢用普通带有偏光（不是UV）的太阳镜，但基本上一次旅行镜面就报废。骑车的话用风镜比较好，多片组合，可更换，弹性树胶材料，安全。推荐品牌拓步，一套在百元内。

骑行服和鞋子均不特别重要，但衣服至少要多备一套，包括一件T恤，一条带有内衬的骑行裤，两件都要具有反光功能，对骑行安全有帮助。舒适度上，腈纶材料易干，在炎热天气汗水挥发快，走一趟非洲就知道有多重要。加厚骑行裤可增加裆部的舒适度，很实用，推荐捷安特品牌。

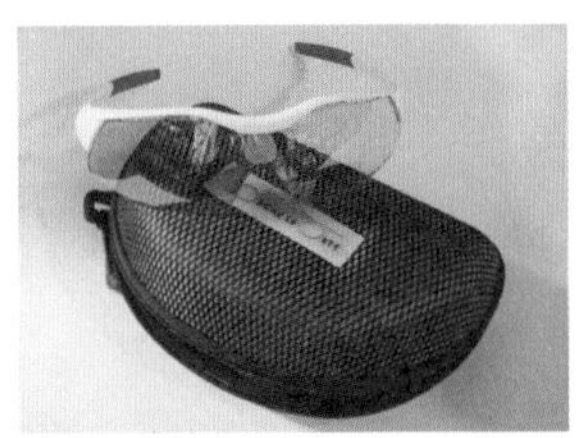

西方人喜欢带锁骑行鞋，我在泰国遇到一位英国人，给我解释各种发力优势，迄今我都没尝试过。带锁骑行鞋就旅行而言实在不方便，需专门带出门也要换鞋，骑行上我会选择舒适性更好的登山鞋。

头盔、车灯（用于夜骑）和反光服在欧美城市骑行是必需的，尤其是在城市中，行者们要提前注意。

在意大利路遇当地车友，带拖车，那个速度，我不行

我在热天骑车的标准组合，头盔、毛巾、腈纶T恤、骑行裤

2011年，英国约克市

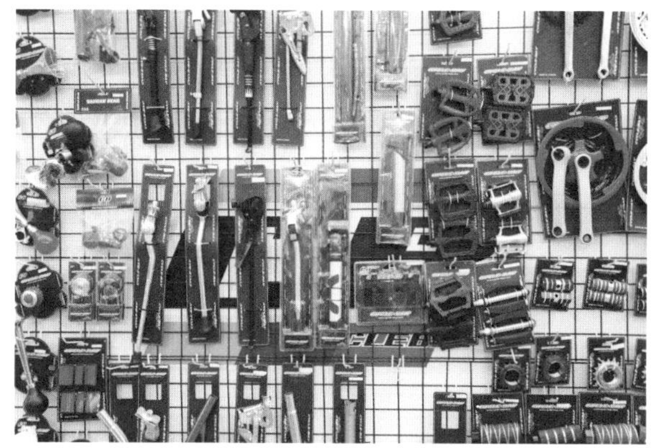

3.3 单车组件和修车

关于这部分内容，复杂了说，可以涉及几乎整车的全部可拆解部件，包括前叉和它的避震系统、前后轮轴承碗组、车胎、辐条轮圈、传动系统的中轴、压盘、链条、变速系统、刹车系统，还有和身体接触部分的脚踏、座位和车把。零件有上百个，任何一部分出了问题车都无法使用。按照这样的逻辑，骑行者所有的知识都必须具备，同时还要有修理能力，在工具具备的条件下可以说这几乎要达到技师水平，鉴于此，我特地请教了开车店的朋友亮子，他从业十几年，修车一把好手，也骑过长途。按照他的说法，这种知识和经验需要培训，并不是说知道就能做到。我开始犹豫要按照所谓的专业做法，把所有组件分析一遍，这样显得自己专业，但最终还是仅按照他建议：在路上，会拆轮补胎即可，其他问题最好交给专业人士解决。

本来，我的旅行基本上也是这么做的，但看了一些自行车论坛里的技术讨论，有点儿崩溃，其条目琐碎复杂，在美骑网论坛旅行车版块有一神贴“关于旅行车种种”，讲解了九十多页，话题有“飞轮规格和齿数链条档位传比的讨论”（真的好专业，力学原理图都用上了）“关于花鼓鼓耳和孔数、辐条及其编法的讨论”（结论是：路上花鼓爆了，靠自力和手头工具更换培林和换滚珠的难度一样，都是不可能的任务）“字母和数字的密码——SHIMANO（禧玛诺）产品型号的命名规则”（还好我没开车店卖配件）。

总之，说得天花乱坠，看者头晕眼花，感觉彻底陷入了泥潭，一会儿觉得有些部件知识貌似有用，比如座位、脚踏和车胎等这些让旅行更加舒适和易损的部件。有时又觉得开汽车没必要懂得发动机原理，用电脑不需要知道 CPU 的计算方式和工艺。最后烦了，想我们的任务是骑车不是造车，总是有一帮“技术狂人”天天研究这个，就不追捧他们了。另外这篇帖子是程鹏推荐的，他会造车，也说对旅行而言意义不大，我才释然。

3.3.1 座位

骑车时身体接触的三个部分中，车把问题之前说过，车座位其实是最容易让人产生累感的部位，屁股发麻，腰部酸痛都与此有直接关系，鉴于此，好旅行车都采用牛皮座位，优点在于骑行一段时间就会和屁股之间形成良好的磨合关系，该软的软该硬的硬，多数人都推荐。但牛皮座位也不是没有缺点，首先要防水，否则会变形；再者较贵，一个座位要五六百，差不多是一辆低档自行车的价格；还有，不论什么牛皮，长时间摩擦后会非常光滑，不容易坐住。而且，多数这种类型的座位都像赛车座位似的很窄小，受力面积小，自然也不会舒服。如果让我改善，骑行一段时间后加一个硅胶车垫，增加摩擦力、坐面面积和弹性。我用过皮座（为了省钱，上路需要花钱的地方太多），几次都把车子换成类似电动车那种大座位，宽厚，弄得和沙发椅一样。总之自己的屁股，怎么舒服怎么来，没什么太多经验和道理。多数皮座弹簧的作用不是为了舒适而是吸收震动，用手压不动是对的，不能太软，如果体重一般，不是太胖，没弹簧也可以。

目前，国内部分品牌旅行车比如开朗中高型号有皮座，部分车友推荐知名度很高的进口产品，如英国的BROOKS（布鲁克斯）和法国的GILLES BERTHOUD（金莱）旅行车座。

3.3.2 脚踏

脚踏与脚之间毕竟隔着鞋子，舒适感没那么明显能立马体现，但长时间骑下来，如果脚踏不合适就会非常难受，腿抽筋，甚至导致脚关节受损。目前市面上主要有3类脚踏：普通、自锁和狗嘴类。后两种骑长途其实很少用到，虽然发力容易，但这不是比赛，需要配备专门的鞋子，旅行不方便，且用不好还有安全隐患，建议还是选择普通类型。

普通的平板脚踏通常为金属材质，分为有轴承和无轴承两种，总体而言，无轴承的容易磨损，我以前的捷安特ARK车为橡胶无轴承踏板，很小，骑行3000千米下来，就吱吱嘎嘎有了毛病，不过还是坚持到了旅行结束。后来的山地车型为铝合金踏板，有轴承，走了次中尼，没什么问题，但觉得稍微小。

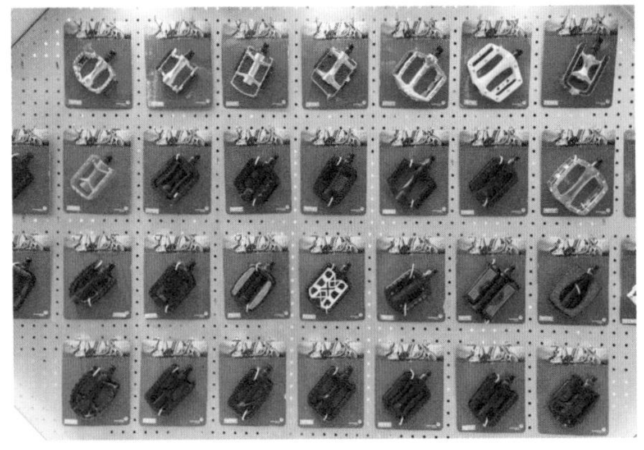

总的来说，脚踏并非至关重要，选购时把握好两点即可：一是踏面要大，能给骑行姿势带来调整空间，不容易让关节疲劳；二是尽量选择防滑钉不要太凸起和锋利的类型，同时镂空要小，有些类型仅是钢片圈类，接触面非常小，长时间骑行鞋底会磨损严重，同时摔倒时容易连带刮伤。脚踏、链条和轮胎是车上磨损最严重的部件，所以如果你买的是整车，可重新为旅行购置，并不是很贵。

车友Cindy和MJ的使用经验：我们没有使用锁踏（因为怕摔、怕坏、怕多带一双专门的鞋），而是选择了SHIMANO的速降BMX专用的大平板脚踏SAINT PD-MX80。这款脚踏的接触面很大，而且每一面都有7枚轻微突出的防滑螺丝，这比起WELLGO（维格）那狼牙棒般MG-1“嗜血利器”要好上不知多少倍，既能有效防滑又不易被刮伤。由于是使用免维护培林轴承，所以一路上都无需为其转动轴注油，但从未发生过因雨水、泥沙侵袭后吱吱嘎嘎作响的情况。

3.3.3 车胎

车胎轮径，山地车26英寸和旅行车700c基本上为常规标准。山地车用700c，或者旅行车用更大的轮径，这里就不做考虑，道理很简单，坏了后在国外修理是个问题。所以行者主要考虑的是轮胎的宽面和花纹两个方面。

左为SCHWALBE（世文）旅行车胎，右为CONTINENTAL（马牌）轮胎。捷安特旅行车就用世文，道理在于：胎面窄，阻力小，速度可以上来，适合长途骑行。而马牌胎型则山地车多采用，两侧有防滑和排水齿面，更适合沙地和泥泞路面关于车胎纹类型，胎纹比较立体、突出可助于抓地，但阻力大。反之，例如公路车，几乎没有胎纹，就是为了减少摩擦，有助于提高速度。旅行车的要求在这两者之间，既要有适当的抓地能力，应付复杂路面，也不能阻力太大，让骑行轻松，以节省体力。走川藏线的不少大学生行者们多数都是新买的山地车，可用原配轮胎走完全程，年轻体力好，也没什么，如果走得更远，就要适当考虑胎纹的问题。

关于爆胎和胎压

记得2001年骑行青藏线，外胎爆开，花300元买了车友的MAXXIS（玛吉斯）山地胎，一路爆胎不断，真是人品差到不可思议，相反走非洲用的成品车轮胎都没爆胎这么多次。导致爆胎的因素比较复杂，受胎压、路况、温度和垫圈等影响，某种意义上和质量无直接关系。总之胎压不能太低，也不能太高，尤其是在高海拔地区。况且这也不是什么大问题，只要不是外胎坏掉，补好内胎就行。车胎推荐世文和马牌旅行胎，低中档可选择建大和振兴。可以这么说，一副好轮胎走公路5000千米问题不大。

3.3.4 修车工具、附件以及保养

❶ 补胎。淘宝上几块钱就能买到一盒补胎工具套装，里面该有的全有，需要注意的是有些会有过期导致胶水失效的问题。使用补胎液也不错，带一瓶组合补胎套装，应该不是问题，只是坐飞机时带液体要注意。我的做法是：带三四条内胎，破了换新的，到车摊一次性修补。而套装仅用来对付意外情况。撬胎棒我不带。

好吧，别自己修，我的意思是人家也要吃饭的

❷ 工具。组合工具钳，适合你车的内六方即可。修链工具和配件等不用带太多。

❸ 保养。旅行前必须大检，不论新旧，骑行3000千米让修车铺全检一次，适当保养。

其他装备：反光镜、照明设备和反光服

反光照明设备（服装上、车把灯、尾灯）对骑行安全而言非常重要，尤其在国外，很多时候当地司机不会猜到路上还有个骑车的外国人。再有我们也不完全了解当地的交通规则，这里的风险是非常高的，更别说再遇到恶劣天气。在欧洲和美国，没有这些设备骑车是违法的。专门的骑行反光服如果觉得携带麻烦，可以穿大黄色的冲锋衣，也能起到警示作用。再有我的摄影包防雨罩、骑行包和登山包防雨罩也全部选择黄色，不要拿生命开玩笑。反光镜对长途骑行来说非常有用，不用老回头，骑行时回头的话很危险。可以在淘宝花几元钱买一个。

2011年翻越阿尔卑斯山时的穿戴

2014年我的朋友杜风彦在非洲赤道附近，他用了反光镜

第 4 章

准备篇（下）

签证 Visas
BEIT BRIDGE
PASSPORT CONTROL
ENTRY
2004-06-01
Taxa de Fronteira
AA1038444
MIGRAÇÃO
签证 Visas
MALAWI HIGH COMMISSION
19 APR 2004
P. O. Box 7616
DAR ES SALAAM
MALAWI
TOURIST
VISA NO.
271904 2004
SEEN at the Malawi High Commission, DAR-ES-SALAAM,
Valid for SINGLE journey/s
to MALAWI THREE months
Authority MHC Date 19-4-2004
Signed
Date 19-04-2004
VISA

某年某天，突然有股冲动从心头涌起，这股力量开始仅是一个感觉，逐渐在身体中弥漫开来，最后进入脑海，形成一个清晰的愿望：想骑车出去走走。

我不知道这个想法是怎么产生的。

我的身心，向外的部分热闹非凡，被各种重要的事物占据，烦恼、琐事、压力，比如房贷、工作和家庭，当然也有不少新闻、八卦和电视剧缠绕，就其内在而言却是一片死寂，只有浑浊的欲望，犹如浊水冒起。

而这个想法不同，如此清新，似一潭死水中长出一朵莲花，沁人心脾，在荒原一般的世界中，纤细但有生命力，让人向往。我试图去排斥心中的那个幻境，以我貌似强大的理智去隔绝它，然后把它沉入到内心最深的角落，就如曾经伤害过我的记忆，好让自己觉得随着时间的流逝，抹平一切。我对生活的理解是：平安就是福，平凡才是真。我已经拥有这一切，如果能屏蔽那些诱惑，我可以说是幸福的。但话又说回来，也有人走了，去了国外，看他们的帖子有时挺让人羡慕，看看外面的世界挺好，不是有个著名的辞职信说“世界很大，我想去看看”。说到辞职，我一样并不喜欢现在的工作，找新工作？赚更多的钱，然后去旅行，我的同学跟我说，做投资，四十岁以前赚到养老的钱，就去环游世界。按照我现在的进度，估计是要等到退休，一想到这个就很烦。虽然说生活责任第一，但我知道这也是巨大的枷锁，沉重犹如梦魇，笼罩在我的世界中，或者说我就活在这个之间，只能视而不见，就如那朵雾中莲花。一个是我压力的表征，另一个是我渴望的化显。

也许，我们和大多数人一样，有这样的矛盾心态，既被现实牵制又渴望远方，一方面对流水线式的生活方式绝望，另一方面却不知道如何跳出来，走一条不同的生活道路。而一次旅行，就是“越狱”的开始。

这样的例子很多，都不需要所谓名人大师们的事迹来鼓励，更不需要名言去抚慰我们的心灵。在关于偶像的章节中，列举了多位骑行者的履历，都是普通人，生活在一样的环境中，面对一样的境遇，却走出了自己的路，他们的故事永远比攻略更能激励我们。这里拿我的朋友杜风彦来举例，80后，家在农村，上了一所普通大学，学一个“民工”专业——IT，在一家网络公司打工，洪流一般“京漂”中最模糊的一员。上有老，下虽无小却从没奢望拥有什么，更何况未来，如果谈，也仅是逻辑假设，无任何现实前提。但一个小小的骑车爱好，就如前文中的莲花，最终在内心茁壮成长起来，并且带着他冲破这个现实，走上了“未知”之路。

不渴望未知哪来机会，他在没钱的状况下用两年时间走完了亚非，如果在所谓“现实”的环境中用逻辑去思考，可能性几乎没有。旅行都还没结束，对新生活的规划已经做出。回到北京安顿下生活（以前的公司并没有拒绝他返回），结识了很多有相似经历的新朋友，做讲座，并且发挥自己的拍摄能力。我写这本书时，他和一个叫“黑摄会”（非洲的摄影协会）的组织去尼罗河拍摄专题片，经过几年的磨砺，他通过旅行找到了生活和人生的方向。对他来说，出发前的种种压力和无方向感，如今看来显得幼稚和无意义，但几乎所有的人都会遇到，不论中外，出发最难，面临的困难也最大。对未知的担忧以“在路上的困难”呈现，其实真在路上，完全不是那么回事。所以没上过路的人最喜欢问的问题就是“如果在路上遇到困难怎么办呢？”其实最难的是出发。

另外一个例子，一个加拿大家庭主妇，玛格·阿齐贝尔德，出发时已经五十岁，她旅行的原因可不是那种赚了钱开始养老，而是公司几乎破产，精神接近崩溃边缘，才开始思考自己的一生，其实是够晚的。最后的结论是，这种生活方式必须放弃，按照喜欢的骑车方式旅行，并且以卖房为代价，决绝上路。如此大的付出是由于常年的累积，出发早，牵挂就少，代价就小，所以旅行要在年轻时（如果你还持旅行是享受人生而不是学习和自我探索的观念）。另外一位女性，罗苹·戴维森，澳大利亚人，早年在一个教育机构做普通的职员，默默无闻，生活艰辛。不知道为何，她产生了一个奇怪的想法，要骑骆驼穿越大陆中部沙漠。原因不重要，麻烦的是，她也没有钱。辞掉工作，跑到中部的沙漠边缘小镇后，身上只有6块钱。被迫在农场打工还被骗，付出了8个月的努力，才得以上路。作为一个生活困顿的女人，通过这次长达一年多的准备和旅行，让她的生活有了全新的转机，最重要的是，她找到了一生的主题，关注澳大利亚原住民问题，由此，1990年她写出了小说《祖先》。

当然，多数人喜欢所谓的名人消费，仿佛如果不是知名人物就没参考价值，所以微博上尽是这些励志故事，充满了对金钱和权力的崇拜，我也不能免俗，提一下和骑车旅行相关的大师。凯文·凯利，科技哲学大师，《连线》杂志创办者，著作有《失控》《科技想要什么》《技术元素》和《必然》，可谓大名鼎鼎。他对人类的未来和科技走向做了非常重要的理论论述，启发来自他年轻“人生迷茫”时期的骑车环球，旅行期间发现所谓的“蜂巢理论”。法国人泰松（Tesson），著有《在西伯利亚森林中》，和我同岁，骑车环球并思考自己的生活方式，最终启发他走向文学之路，小说和游记获奖无数，可惜单车游记没有被翻译。骑车真的这么有魔力，真的这么有启发吗？我不能回答这个问题，东施效颦的故事谁都知道。但是，我可以讲我的故事。

我的情况在已经出版的图书《单车上路》中有详细描述，小商人或者按照标准称呼“个体工商户”，自由度可能比打工者大些，也和所有的人一样靠一个行当吃口饭，饱不了也饿不死。所以，大概在30岁时，有一天我实在无法忍受再这样生活下去，就爆发了出来。当时发大愿，要骑车走世界，可如何开始，在技术层面却一无所知，从心理上而言，更是一塌糊涂，两者的交互作用几乎压垮自己。当时不懂要脱离一种社会关系，阵痛必然，这种事在有些人身上表现明显，有些则不一定。每个人的情况不同，遇到的阻碍也不同，有人会因为家人朋友的反对而放弃，有人却可能得到他们的大力支持。就如开篇描述的那样，我们的心理状态处于临界和摇摆，所有的矛盾凸显，顶住是必须的，现实的坚硬度超过了我们的预期，可能让我们的信心遭受压力和打击。所以要明确，不论什么社会形态，不论什么年代，只要你做和周围人不相同的事情就会遭到阻力，而没有做出来往往会解释环境不好或时代不对、没有机遇诸如此类。反过来想，如果我们在生活环境中都解决不了困难，何以谈在陌生环境中解决呢？你将如何面对这个陌生的世界？还有，心理压力会随着出发的临近而加重，极限就在上路的那一刻，如果明白这一点，就会有心理上的准备：一旦上路，所有的压力都会消失得无影无踪，而那时内心将会被无拘束的自由感充斥，身心获得巨大的解放。可以这么说，一个人如果一辈子都没有体会过无拘无束的自由感，将会多么遗憾。所以，相比在路上的困难，出发更加需要勇气。

心理问题解决了，某种意义上也回答了为什么骑车旅行，最难的部分也就算完成了，剩下的如何做？如要飞翔必须有翅膀，那么做好准备工作是成功的保障。下面从证件、线路、语言、资金和体能几个方面来分别加以说明。

4.1 证件和签证

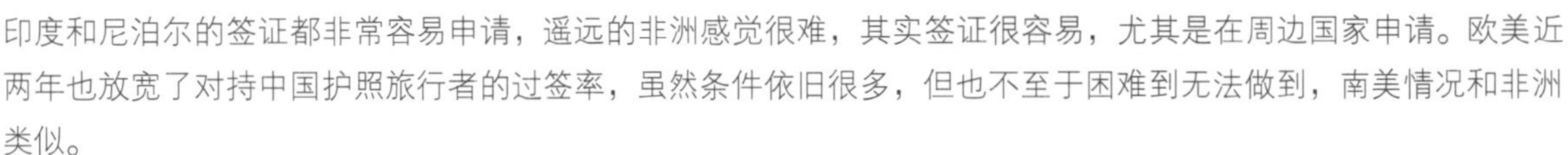

对我来说，护照上的签证就如小时候积攒的糖果纸，每多一个，就禁不住拿出来欣赏品味它。

护照，是行者打开通往广阔世界的钥匙。

说证件，基本上等同于说护照，只要拥有它，理论上世界上所有的国家和地区均能到达。前往一些特殊地区还需要相应的证件，比如往来港澳通行证、大陆居民往来台湾通行证等，这些证件不能用护照和身份证代替，其办理流程却没有多大不同，这里就不做单独说明。

随着我们国家的日益强大，周边的国家和地区，如东南亚、印度和尼泊尔的签证都非常容易申请，遥远的非洲感觉很难，其实签证很容易，尤其是在周边国家申请。欧美近两年也放宽了对持中国护照旅行者的过签率，虽然条件依旧很多，但也不至于困难到无法做到，南美情况和非洲类似。

可以说只要想走，这个世界上大部分的国家和地区，持中国护照都能抵达。但却需要技巧，本章将探讨如何持中国护照走遍世界。

4.1.1 护照申请

我一共用了 3 本护照，这是其中两本，一本为过期剪角，看起来很残旧是因为贴身携带磨损的缘故。

中国护照是紫色封面，8.6cm×12.2cm，巴掌大，48 页，是你在国外作为中国公民的证明。而签证是你要去的国家的驻外大使馆给你的一张证明文件，一张类似钞票的纸张，贴在护照上，表示同意你前往申请国停留，并在出入境时给海关检查和盖章。

2007 年新护照法出台，护照有效期限从签发时算起由以前的 5 年增加到 10 年。

普通护照的申请比以前好办很多，携带本人的身份证、户口本等户籍身份文件，到公安机关办理。填写申请表时，要填写你的家庭成员、籍贯、民族、教育程度和职业。同时还要证明你是无犯罪人员，以及你单位相关部门出具的意见。即使所有的条件都具备了，如果你身处大城市申请会快些，也许 15 个工作日就可以获得，在偏远或农村地区也许麻烦会多且慢。

一本护照，除去信息页和备注页，余下 40 页可以用来贴签证和盖章，一般情况下，一个签证和出入境盖章需要两页，一本护照大概能申请 20 个国家，对于一次大旅行应该是够了。如果护照只留下两三页，应该及早申请换发。在国内到当地出入境管理处，在国外到驻当地中国大使馆办理。换发时，旧护照被剪角和新护照一起使用，有些国家申请签证也需要提供旧护照，这一点很重要，不要以为旧护照就没用了，在路上你会经常看到跨国旅行者同时持四五本护照。

4.1.2 护照的保管

经常听说或者看到新闻中会有国内旅行者或者访问团丢失护照的事件，之所以发生这种情况，很多是由于旅行经验不足，没有把护照当做“救命”证件来保护。万一出事，只能向当地中国大使馆申请新证件，但申请的不是护照而是临时回国证件，旅行告终。丢护照耽误时间，辛苦折腾是必然的，甚至在一些国家，没护照就等同于偷渡，不小心会被逮捕。按照我个人经验，护照的保管需要注意以下几条。

贴身围腰护照包。护照最好用护照皮保护，上面的是信用卡包，这是我旅行的标准装备，任何时候都不离身

❶ 护照永远都要贴身携带，和银行卡、现金、支票一起用来对付意外情况。不能放到旅行包里或交通工具中，放汽车内可能会被偷。

❷ 如遇抢劫，万不得已情况下要请求保留护照。人在异国，护照比钱重要。

❸ 如果遇到需要扣押护照，比如租用车辆，住旅馆（如在越南），要万分小心。

❹ 骑车大量出汗也会腐蚀证件，建议使用防水护照皮和护照包。

❺ 申请签证期间，身上无证件，最好安心在旅馆等待，不要四处走动。

❻ 记住你的护照号码，复印护照信息页和所有国家签证并且在出发时随身携带，以备不时之需。

❼ 护照千万不能人为残损、涂改、去页，会被拒签或拒绝入境，换发时也会有麻烦，后果很严重。

❽ 护照的签字栏要有英汉双语签字，有些国家大使馆很在乎。

4.1.3 签证常识

对行者而言，最具有挑战性的两个签证是申根和美国，使用前者可以走遍欧洲几十个国家，拥有后者的话，南美国家才好走通。

签证（Visa）和信用卡上的 VISA 是同一个词，不是说你拿着信用卡就能出国，有人犯过这样的错。签证的含义是指一国主管机关在本国或外国公民所持的护照或其他旅行证件上签注、盖印，表示准其出入本国国境。一般分为旅行、商务、定居和留学等。

注意，骑车旅行并不需要特殊签证，申请旅行签证即可，和其他类型的旅行一样，多年前在民众中就流传骑车为特殊行为，有特殊照顾，签证不同云云都是谣言。

从签发角度说，可分为大使馆签发和口岸签发。口岸签发也就是所谓的落地签证，容许在无签证情况下旅行者抵达口岸时申请获得，基本和免签差不多，目前针对中国公民免签的国家并不多，主要在集中在东南亚（老挝、柬埔寨等）和非洲（埃塞俄比亚、坦桑尼亚、肯尼亚等），还有一些岛屿，读者可搜索网络获得详细目录。正式签证一般为纸张，贴在护照上，口岸签证多为盖章，但也有一些国家正式签证也盖

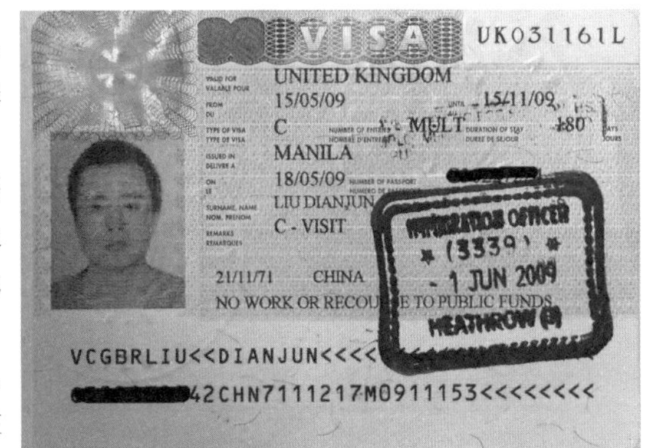

英国签证

美国签证

章，比如马拉维。

口岸签证时间比较短，对骑行而言并不合适，最好能在大使馆正式申请。另外，目前所谓的口岸多指飞机口岸，而不是陆路和水路口岸，这一点很多人会搞混。比如泰国就是，陆路无签证无法进入。

签证页面上主要包含以下几项。

❶ 签证号(Visa Number)。比如申根签证上的UK031161L，非常重要，在出入境时都需要填写。

❷ 签证有效期（Valid for）。从什么时间到什么时间，超期无效。

❸ 签证时长（Duration of Stay）。可以在目的地国家最长停留的时间，和签证有效期不同的是，比如美国签证现在的有效期为10年，但每次入境最长不超过半年停留。

❹ 签证类型（Type of Visa）。是旅行还是商务等。

❺ 进入次数（Number of Entries），指多次（Mult）进入还是单次（Single）进入，后者出境后作废，需要重新申请签证。如果要返回，就需要申请多次签证，费用会增加。

❻ 申请地（Issued in），比如申根上写的MANILA，即是在菲律宾马尼拉申请，在北京申请则填写BEIJING。

❼ 申请者的名字（Surname）。

❽ 禁止在目的地国工作（No Work）。如果工作就属违法。

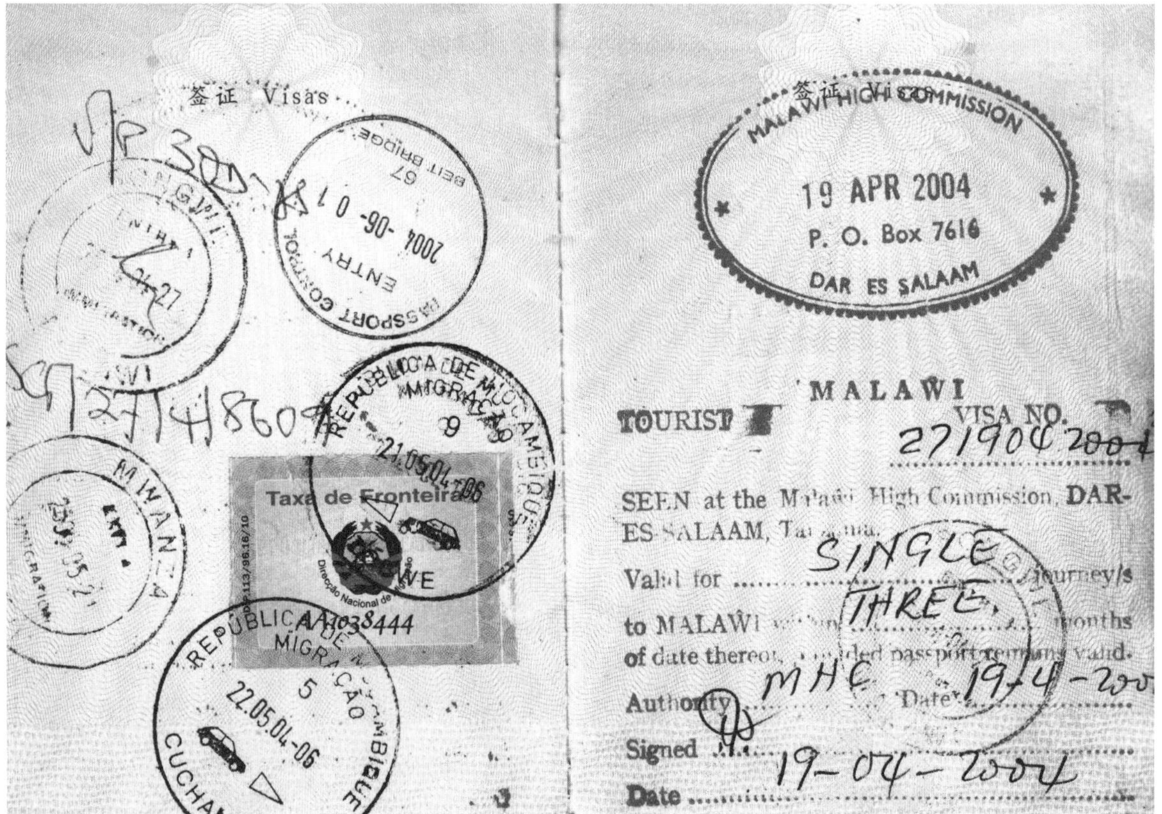

马拉维盖章式签证，左页为出入境章

4.1.4 签证申请

签证申请有两种方式，一种为代理，请旅游机构代办，另一种是个人申请，无论哪一种，除去个别情况（比如一些国家必须由机构代理）和获得签证无直接关系，不是说公司办就容易，个人办风险就高。代理公司仅帮申请者准备和递交材料而已，有些使馆依然需要面谈。但也有一些国家必须通过指定代理公司，那我必须这么做。所以，如果准备好多国骑行，学会自己申请办理是上路的基本能力。

签证申请的流程如下。

❶ 到申请国大使馆填写表格。

❷ 通常需要证件照片数张，尺寸等要求都不一样，使馆会有说明。

❸ 缴费，一般为 30 美元左右，美国签证则近 200 美元。

❹ 拿到回执后等待，一般要 3 ~ 5 个工作日，回执必须仔细保管，是取回护照的凭证。

申请签证的特殊要求如下。

❶ 财产证明。出发时尽量携带信用卡，有经过公证的存款证明原件，并提交复印件。

❷ 往返机票证明。为了签证可先买再退，损失是必然的，但总比拒签好。

❸ 邀请函。比如伊朗等国家，可通过当地旅行社缴费获得。

❹ 本国大使馆介绍函。比如申请巴基斯坦签证就需要，我在大马士革获得过一次。

4.1.5 关于申请表填写

申请表的基本内容包含你的个人信息、护照信息等，填写多了你会发现条目多数国家大同小异。有的国家简单到就一页纸，比如泰国，复杂如美国要几十页，填写起来如入考场。要求基本信息一定要和护照页一样，每次申请时都要把信息备份，最好不要出现任何不同。

基本信息中的“职业”一栏最为敏感，需要小心对待，比如去津巴布韦、缅甸和伊朗等，填写摄影师、记者和作家很容易被拒签。所以，这种时候就不能完全按真实信息填写，填写教师、音乐家、电脑工程师或运动员等你比较熟悉的职业，如果签证官问起，你至少能说出个一二三。相反，对于申根、美国等，填写“职业”时一定要实事求是，不能作假，否则后果很严重。

多数申请国家的“目的”一栏填写旅行（Travel）即可，不需要做自行车旅行等特殊说明，有些国家不好申请，例如南非，就可以特殊说明骑车，以增加可信度。处于战乱、瘟疫等国家容易拒签，比如巴基斯坦和阿富汗。具体情况你在旅行中自然明白，出发前无需考虑太多。

关于旅行计划问题，例如抵达时间、口岸和酒店信息等，参考孤独星球攻略即可，旅行线路中最好不要填写敏感地区。所以，一般填写首都和当地著名景点即可。

还有一些如防疫检疫、治疗疾病等信息，或者看不懂的问题，可以先空着，等到递交表格时再咨询前台工作人员。

一次去多个国家是不是都要在国内办好签证？

出发前有这个疑惑很正常，答案是看线路，可参考线路攻略章节。

一般而言，如果从俄罗斯走欧洲，只有两个签证，需要一次都申请好，原因是俄罗斯和申根都必须在国内申请，如果还计划到英国，虽然可在欧洲申请，但难度高，我也是在国内申请的。去其他地区，比如东南亚、中东、非洲和美洲则没有必要，在周边国家申请即可，往往条件比在国内简单。你会发现到达一个国家的首都后，第一件事情就是去办理邻国的签证。国外骑行最重要的不是骑车本身，而是签证。

4.1.6 如果被拒签怎么办

这是最正常不过的事情。我在柬埔寨就曾被拒签泰国，在马来西亚被拒签新加坡，而泰国和新加坡的签证在国内却都非常容易获得。在坦桑尼亚申请南非也被拒，最后在马拉维获得。其他单车行者或者背包旅行者一样都会遇到签证麻烦，骑行俄罗斯、欧洲时在法国申请英国签证被拒，差点儿号啕大哭。还有一个我见过的女孩，计划骑行丝绸之路，但申根被拒只好放弃。

对于单车行者，如果遇到一个在线路上签证办理不下来的国家就越过它，这意味着必须坐飞机，可能还很贵，但只能如此。世界需要慢慢走，旅行也要一步一步来，这个世界上的每个国家各有各的精彩，只有走过的人才有这样的体会。

我的签证经验：

❶ 带足各种尺寸白底证件照，以备不时之需。

❷ 护照复印件也不能少，别指望大使馆会有复印机提供。

❸ 骑行到国外，可找当地华人帮忙上一次报纸，最好是英文，留一份，同时打印旅行照片一套，旅行计划英文书一本，如遇困难，可给签证官看，会有很大帮助。

❹ 在攻略网站看背包客游记，他们的签证经验信息非常有价值。

❺ 提前熟悉表格上的英文，有备无患。

❻ 在邻近国家申请，如果被拒签，就换一个国家继续。

4.2 行程准备以及制定线路

没有经验的初行者有了单车、证件等常规知识后，打算开启一次“说走就走”的长途旅行，也许第一个冒出心头的问题就是：我该怎么做？

其实，这不是一个问题，而是问题集合。涉及出发前的硬件准备、证件、线路规划、背景知识、资金和语言问题等等，每个问题在不同或相同的时间线上，一起拥堵在脑海中，加上担心自己没有经验，以及对未来实施计划有心理压力，感觉心烦意乱很正常。

所以，就需要有一个计划表来清理思维，规划整个旅行，然后一件件去做。要知道并不是所有的未知都要有个结果，而正是这种思维给我们的生活造成了麻烦。在路上相反，这个世界的知识不可能在家里都掌握，只有上路，一边走一边学。这是教训也是经验。

行程准备表

倒计时	准备项目
三年	设定大概目标，开始存钱；读相关书籍；学习语言；可适当锻炼身体
一年	设定出发时间；告诉家人和朋友你的计划；研究车和买车；准备相关装备
半年	做旅行计划表；利用周末骑行，检测车；研究签证和线路
三个月	到医院检查身体；买航空医疗保险；申请或者换发护照；重要证件齐备并且进行扫描或拍摄
一个月	申请你的第一个签证；准备好所有的需求装备；转存个人物品
一周	举行出发仪式或者聚会，告别家人和朋友；将车和装备发货到出发地

国内线路难度级别表

国内线路	长度（千米）	时间（天数）	费用（元）	线路信息	综合难度
环海南岛	800	10	1500	比较多	★
青海湖	360	7	1500	比较多	★★
青藏线	1000	15	2000	很多	★★★
川藏线	2500	30	2500	很多	★★★★
羌塘线	无法确定	60	3000	不多	★★★★★

国外线路难度级别表

国家和地区	长度（千米）	时间（月数）	费用（元）	线路信息	综合难度
东南亚	3000	3	5000	比较多	★
印度	2500	2	4000	有	★★★★
中亚	4000	3	5000	有	★★★★
澳大利亚	3000	2	6000	少	★★★
非洲	5000	6	20000	有	★★★★★
美国	5000	3	10000	有	★★★
南美	5000	7	30000	少	★★★★★

注：这两个表格提供的信息仅作为出发时线路难度的参考。一星为最简单，五星为最难。

我知道的环球行者，多数都是在新手状态下出发。对国内线路我想没什么太大难度，想走哪里，参考点儿网上资料，攒钱，出发即可，在路上你会遇到很多同行者。骑行国外线路的多数行者都是先走过国内西藏，然后萌发走国外的想法。现在想来，如果有国内长途骑行经验当然最好，即使没有，一开始骑行东南亚也不是大问题。从准备上说，国内和国外不同，走公路和荒野装备也不一样，要确定旅行时间、线路长度和难度级别。总体而言，走内地线要比走西藏难度小，走国内比走国外简单，走亚洲比走非洲简单。

1. 定义你的旅行级别

骑车旅行也有各种方式，分为超轻、载重和跨国等几种，或者从你个人喜好的角度出发。喜欢旅行，那么骑行会让旅行体验更加独特和深入，你既可以跨国，走长线，也可以以国家为单元，做集中探索。

偏重骑行则更加倾向身体和技巧挑战，多入山野，不论国内还是国外，线路不会太长，且有特定目标，比如国内的西藏大北线、美国的大分水岭等。当然，也可以以郊游的心态骑行，如青海湖和海南岛的线路，不带什么装备，沿路吃住，时间也比较短。

2. 找出你想去的国家或地区，找出独特性

不论国内还是国外，现在大多都有比较成熟的骑行线路。国内骑行拉萨，无非就是川藏、滇藏和青藏线，人很多。国外的东南亚部分，不论从哪个口岸出境，基本上也是一路向南。非洲则多由北向南走东非到南非结束，美国国内行者更倾向于走 66 号公路穿越美国等，大多数中西方行者都这么选择。成熟的线路有其道理，比如社会安定，沿线有重要人文地理景观等，如果你对此了解不多，最好选择别人走过的路。不走寻常路需要提前做资料准备，也要有足够的旅行经验，路上遇到的困难虽然很大，但收获也大。

例如，有些行者偏重环境保护，以此为题设计非洲中部核心国家肯尼亚和坦桑尼亚，如《非洲沉默》（作者彼得·马修森，著名环保旅行作家）就是很好的例子，也有一些人以地缘政治为核心，比如《世界的尽头》（作者罗伯. D. 卡普兰，美国智库，地缘政治旅行作家），讲述在亚洲和非洲的漫游。这些旅行者本身都是学者，旅行目的明确，会让旅行具有很大价值。

当然有一些初行者由于视野不广，之前多数时间都靠电视和电影了解世界，会举出一些不太合适的地点，比如想去天空之镜（南美洲景点），或者意大利的托斯卡纳，觉得很浪漫。这些地点可以是骑行路上的一个点，却不是线路，当做背包旅行更加合适。

总而言之，上路前别把自己当超人，想象时上天入地，实际走起来，一个 40 千米的坡爬下来，“三观”都会改变。线路选择最好由简单到难，由短到长，由近到远地进行，给自己留下时间和空间来适应和学习，走多了就会找到自己的路。

3. 制定路书

有了目的地后，一种做法是把自己交给未知，直接上路，一本孤独星球攻略解决吃喝拉撒，一边走一边设计未来行程。目前骑行国外基本停留在这个状况上，主要由于资讯缺乏和签证困难导致，出发时仅知道大概，甚至不知道在哪里结束，走到哪里算哪里。我、杜风彦等人的亚非线路就是这么走出来的，以至于现在这条线路是目前长途跨大洲旅行中国人走得最多、最成熟的线路。这种做法虽有风险，但充满冒险精神，挑战和机遇并存。

做详细规划需要提前做大量资讯准备，好处是一切可控，留下精力可以在当地尝试体验更多项目，了解得更加深入。比如有的旅行者在出发前就计划在什么地方学习当地语言，或者了解某个民族的特殊文化等，所以收获也会很大。

路书项目包括旅行时间、签证、线路千米数、总开销、沿路补给、景点及背景资料、每天开销、路况预计和每天骑行里程等。

其中，“线路千米数”用谷歌地图就能算出大概，以男行者每天80千米，女行者每天60千米计算，得出骑行总的时间。预留每周休息一两天，以缓解身体疲劳，还有在景点或大城市游览，往往需要好几天。开销则可以参考孤独星球攻略，单车行者没有交通费，还可以扎营和做饭，比背包旅行费用低得多。

4. 什么是环球单车旅行

写作本书期间，我都会在微博上看到有骑友规划环球路线，我想说非常不合理，但一两句话怎么可以解释清楚。

之所以说不合理，是因为初行者对签证及国际政治局势不了解，仅按照世界地图硬生生地在大陆上画出一个环绕圈。比如一开头，就从内蒙古走俄罗斯进入欧洲，先不说申根签证难，单是俄罗斯签证就非常麻烦，即使给了，期限也会非常短，整个线路俄罗斯部分超过5000千米，至少需要走半年，怎么可能在短时间内完成骑行。非洲设计得同样不现实，东西横穿苏丹、尼日尔、乍得、马里、毛里塔尼亚，有些国家不仅处于长期动乱，中国人是否能拿到签证也是问题。再比如东南亚，设计从缅甸进入孟加拉国和印度，但两国之间并无口岸相通。还有人为了省钱希望从非洲坐船到南美，这不是不可能，只是难度非常高，如今是航空时代，海运都属集装箱物流，不能载客。更有离谱者打算从俄罗斯最东部越过海峡到阿拉斯加，可能觉得那儿比较窄，去美国省事儿，但不要忽略了美俄关系。

对于环球单车旅行，并不一定要环绕地球一圈，不论中外行者都有约定俗成的走法，这些线路经过几十年来的艰辛探索，用汗水逐渐开辟出来。我们拿著名的单车网站（www.crazyguyonabike.com）上的游记记录来举例，单个国家多数属于线路上经过，数目越大，说明行者越多，也就是骑行最合适的线路。

❶ 欧亚线：从英国出发，经欧洲大陆，过土耳其进入中亚各国，最后结束在印度、中国或尼泊尔。其中的伊朗、巴基斯坦和阿富汗由于受战争及恐怖主义影响，西方游客多绕行乌兹别克斯坦和吉尔吉斯斯坦进入我国新疆地区。

❷ 东南亚线：从中国出发，一路沿着中南半岛到印尼，然后飞抵澳大利亚，以东西或者南北方式穿行大陆。对于中国行者，由于澳大利亚签证难度大，往往会选择从泰国飞印度，穿行次大陆，再走中亚丝绸之路（由于巴基斯坦和伊朗签证对中国人而言并没有对西方游客难度那么高），然后跳过战乱中的伊拉克，从约旦进入非洲大陆东北端的埃及。

❸ 非洲线：有少部分西方游客走西非路线，从摩洛哥（接欧洲西班牙）开始，沿着海岸线南下。但更多的行者选择走政治最安定的东非线路，核心为肯尼亚、坦桑尼亚，最后到南非，签证对中国人也容易。

❹ 北美线：对于西方游客，各种走法都有，中国游客多选择著名的66号公路。

❺ 中美线：这条线路不是很长，但国家却很多，多数西方游客由墨西哥进入，南下到南美的哥伦比亚。对于中国游客，由于签证难以获得，多数会放弃，而直接走南美线。

❻ 南美线：一般走法都是沿着所谓的泛美公路，走西部各国，一直到乌斯怀亚结束。对于中国游客而言，南美签证依旧有难度，所以可选择阿根廷的44号公路走完巴塔哥尼亚即可。

以上线路，只要完成3个，基本就可以称为环球单车旅行。需要注意的是，并不是说环球骑车旅行就不坐飞机跨越，并且估计至少要飞十次八次，否则也就仅仅是梦想而已。

所以设计线路时，请按照前人的方式规划，在本书最后章节的线路攻略中有更加详细的说明，要完成少则三五年，多则十年。

4.3 资金问题

4.3.1 没钱怎么办

赚！这么简单的问题被复杂化，很多人以为骑车旅行是壮举，是为了社会，为了环保，但就是不为自己，所以旅费要赞助，听着都假。这些年遇到太多这样的事情，计划时轰轰烈烈，理由宏大，最后却不了了之，没几个能成功。你自己的梦想需要自己为它买单，并不能因为加上个伟大的理由就变成伟大本身。再者，别人给钱你真能完成吗？这不仅仅是能力和意志问题，还有安全隐患，出了事情怎么办？小心？出事的比比皆是，轱辘思思夫妻横穿美国在加州遇到车祸差点儿送命，在写这段文章时，朱志文在南非骑行被人抢劫，挨了一棍，被送到医院抢救，这样的事故太多。

想搞赞助的那些热血青年，多数也就走了一次西藏，吹嘘自己爬过多高的山口，对国外骑行没一点儿概念，尤其花销上几乎靠想象来计划，在他们看来，环球旅行至少也得百万元人民币，那可是环球啊！要骑车几万千米，走上百个国家。

事实上，要完成它，十几万元人民币就足够，这笔钱还不用一次到位，而是逐次的开销。可以这么说，只要你有几千元人民币就能开始，用几万元人民币就能走一两个大洲，等完成到这个地步，你会为当时幼稚的想法而脸红。我当年穿越亚非，9 个月只用了 1000 美元，杜风彦带着 3 万元人民币走了两年，结束时还没用完，偶像篇中的行者们大多如此。

当然多数行者包括我也都这么干过：最后钱没筹到，灰头土脸自己凑了点儿就上路了，最后也都完成了目标。

所以说，有时间折腾所谓的赞助这个事情，晚辞职半年，攒下的钱够走好几个国家甚至一个大陆。

如果非要赞助也不是不可以，首先你要做好筹不到钱的准备，而是仅仅拿到一点儿装备，事实上目前多数厂家多这么做，真金白银地谈，人家的钱也是赚来的不是捡来的。再者，如果从商业操作上来说你提供的回报是什么呢？不会是一堆曝光不准的照片和逻辑混乱的游记吧？

有一些商业模式操作，比如为联合国儿童基金会或者水资源机构、疾病宣传机构等合作骑行项目，宣传和募集资金，但这些操作多会请名人，比如好莱坞明星伊万·麦格雷戈（《星球大战》演员）骑摩托环球。

所以我反对所谓的赞助，旅行是自己的事情，关乎学习和成长，请让梦想纯洁点儿，它会回馈你比钱更有价值的回报。

4.3.2 旅行开销的实际情况

一万元左右总能筹到吧，那就足够了，先走一趟再说，但一定要把钱花好。出发前控制成本，这一点最容易被忽视。

❶ 一边和朋友吃着海底捞，大谈未来梦想，一顿饭下来三四百元人民币没了，这点儿钱在路上能花一个星期。

❷ 买太贵的车，买好车，这往往是外行的观念，骑行不是比赛，对性能的要求并不高，一辆 1000 元的车足可以完成一个大洲的行程，留下几千元足够骑行两三个国家的开销。

❸ 买太多装备，各种各样，花里胡哨，价格还都不便宜，路上也未必用得到，几十几百加起来，又是好几千元，这点儿钱又够走上一两个月。

❹ 单车行者如果自己扎营和做饭，极端节约的话每天可以控制开销在 5 美元，一般开销，不论中西方行者平均 10 美元左右都能正常生活，这是很多人的经验，半年 1800 美元，约 1 万多元人民币。

❺ 预留五千元现金回家和紧急用，一次大旅行，比如走完东南亚，就需要最多 15000 元。

❻ 通过制作装备和旅行费用规划清单来控制花销。

❼ 记住一点，世界上大多数国家的消费水平依旧低于中国，用走川藏线的每天开销就可以走世界。

4.3.3 现金携带和兑换

携带哪种货币，要看你去哪些国家。总体来说美元全世界通用，所以最方便。人民币、欧元、日元、港币都属于国际通行的交易货币，可在各国银行兑换，方便度稍差。

带 VISA 信用卡，路上只要有银行或者 ATM 都能提现。但如果去伊朗，由于与美国的银行服务体系无关联，就必须带上全部美元现金。有人也喜欢带旅行支票，我个人没有携带经验，但在旅游业发达的国家，例如泰国、印度和土耳其等国，兑换都没有问题。

携带外币在有的国家要申报，在黑市兑换属于严重犯罪，单车旅行以陆路入关为主，可以在关口市场先兑换小额的当地货币，够到第一个目的地正式兑换或者 ATM 提现即可，这样在安全上有保障，这么做的意思也是身上永远不要留有太多现金。另外，如果兑换率官方和民间差距巨大，比如津巴布韦，可就要小心了。

我的一些建议如下。

❶ 旅行费大部分存到银行卡内，国内普通银行卡要开通网上银行，可在有网络的情况下给自己的信用卡转账，或者直接存入信用卡内。

❷ 带 500 ~ 1000 美元现金，大部分为百元大钞。

❸ 留一两百美元小钞，其中要有几十美元的一元面钞，用于临时支付或做其他用途。

❹ 可把一部分美元换成旅行支票，在旅游业比较发达的国家和城市可以兑换。

❺ 在国外，购买机票等大额开销可用信用卡，让国内的家人或朋友帮忙还款。

❻ 如果钱不够，安全起见，可在 ATM 上使用信用卡取现当地货币。

我打算卖掉一切
有人出价就行
除了火种、取火的工具
除了眼睛
被你们打得出血的眼睛
一只眼睛留给你纷纷的花朵
一只眼睛永不走出铁铸的城门

——海子

4.3.4 旅行预算表

单车及其装备

项目	金额	总计
整车		
前后包		
货架		
内外胎		
码表		
骑行服		
手套和眼镜		
修理工具及其配件		

出发前项目

项目	金额	总计
护照签证		
旅行保险		
书籍		
包		
服装		
化妆品		
眼镜		
特殊物品		

户外装备

项目	金额	总计
帐篷		
睡袋		
防潮垫和救生薄膜		
登山包		
炉具和餐具		
户外服装		
登山鞋		
灯类		
水设备(净水、取水、储水)		

摄影装备

项目	金额	总计
单反相机		
DV		
GoPro		
存储卡		
硬盘		
卡片机		
备用电池		
三脚架		
小型拍摄辅助设备		

在路上的费用

项目	金额	总计
机票		
当地交通		
每次住宿		
每次餐费		
日杂开销		
特殊项目		
门票		

医疗救急

项目	金额	总计
医疗救济包		
个人药品		
普通消炎药		
过敏药		
防疫针和药物		
全身健康检查		
黄热病检查		

电子设备

项目	金额	总计
笔记本电脑		
手机		
平板电脑		
随身听		
转换头和插线板		
移动电源		
随身柔性太阳能板		
硬盘		

印尼龙目岛海滩

美国加州一号公路

巴厘岛女神庙

第 5 章 在路上

SALTRES

经过漫长的期待和准备，终于等到了上路，希望的火苗融化了忐忑不安，兴奋之情难以抑制，虽然依旧在生活的城市，但熟悉的景色好像因此而增添了一丝异国情调，对未知的恐惧消失得无影无踪。期待犹如冬日的阳光，温暖全身，内心从未有过像今天一般的放松，生活好像本身就如此，而近在咫尺的过去却显得那么遥远。我知道，改变从决定的那一刻已经开始，留下的，只需要助力这条心中的裂缝，让这铜墙铁壁逐渐开裂，渗入光，最终土崩瓦解，并和这个世界融合在一起。

这些变化只有自己知道。微笑不自觉地浮现在我的脸上。

一旦上路，最初的激情过后，理智思考犹如剧场序幕，随着旅行进行，逐渐拉开。

为什么旅行？

在书的前几章，已有所触及。如此简单的问题，回答却是不可能的任务，每个人的需求和感受不同，涉及多方面，一言难尽。如果非要找出一些共通的理由，让思路更加清晰，美国旅行作家罗伯•桑斯特罗列了 7 个方面。

❶ 开阔眼界。去了解不同地域人们的生活，局限于一种文化，很难对自我和人类有正确看法。

❷ 感知自然本质。从辉煌的欧洲宫殿到喜马拉雅雪山，从非洲马赛马拉保护区动物迁徙到灯光辉煌的香港维多利亚港，落日、星辰、大海、小溪，不论是人类创造还是自然创造，这些激动人心的壮丽景色背后，是万物有情。

❸ 特殊兴趣。通过旅途发现自己的爱好，也许是美食、建筑和艺术，也许是语言或环境保护，由此一途进入万物万象。

❹ 个人成长。不论你是经过漫长的骑行，抵达大陆一端，还是漫步在吉利群岛，享受整天无所事事的时光，或者在“瑜伽之乡”Rishikesh 沉思冥想，或者在泰国考山路酒吧狂欢，任何一种形式，都在潜移默化地帮助你成长。

❺ 个人挑战。经过长途骑行几个月甚至一两年，艰苦跋涉，在枯燥、思乡、重体力付出、营养不良状况下，考验意志和身体的极限，收获也将会不同。

❻ 获得自信。展开一次冒险旅行，最终战胜自己的惰性和对未知的恐惧，并且学习在路上解决各种困难，自信心不禁油然而生，而且对社群文化有了独立思考。比如黛芙拉•墨菲对爱尔兰传统女性文化的反抗，罗苹•戴维森对澳洲土著生存境遇的思考等。

❼ 带来机会。带来友情和爱情，甚至带来金钱，这一点我不多解说，去看那部著名的游记电影《美食、祈祷和恋爱》。

桑斯特分析得琐碎而凌乱，其实只有两类，关于自我和关于这个世界，前者为通过旅行来帮助成长和学习，后者关注我们生活的世界现状。

这是一个快速变化的世界，中国人比其他国家的人更加容易感受到这种变化，当崔健唱出“这个世界变化快”时，冷战结束。短短几十年，不需要外国人说，我们自己都惊叹祖国的日渐强大。

美国学者塞缪尔•亨廷顿认为文明冲突并没有结束而是才刚开始。如今恐怖主义盛行，拉登摧毁了世界大一统走向的信念，世界重新陷入分崩离析。可以说人类究竟将向何处发展，无人知道，我们身处一个不确定的世界。

难道你还在家里读着古典探险家的著作，去想象和解释当下的世界吗？在近百年前，探险家们就哀叹再也不能像斯文•赫定、利文斯顿那样成就伟大的人生，如今喷气式客机可几小时内抵达世界任何大洲，从这个角度看，世界变得非常小，而蛮荒之地现在都是自然保护区，需要申请批准才能进入。哪怕是寻找三毛

书中浪漫的北非现在都不可能，利比亚、埃及等地中海沿岸国家常有战乱，中东也是如此。

或者你在每天下班后看美剧、BBC纪录片和新闻报道来思考这个世界，那是编辑团队下的世界，即使我们知道了动物迁徙和生命的秘密，目光远至非洲和极地，抑或是石油泄露导致海洋污染，工业废气使空气污染，或者叙利亚战争导致大量的难民流入欧洲，造成巨大的社会问题等，这些事件即使发生在身边，我们都无法去掌握事件全貌，何况仅仅通过屏幕。这个世界需要我们亲自去走，走遍世界才能宏观地去看待一个问题，其实任何问题都是全球化互动的结果。

旅行即是学习，向不同的文明学习，还有我们最关心的语言。

多少次被人问起，你的英文是不是特别好，我说不好，但我在学。

语言是进入一种文化体系的钥匙，不用一种文明自己的语言理解其文明形态，几乎不可能深入，就如不学汉语如何明白中国人深层次的情感表达方式，也许，这就是周星驰的电影无法在西方受到欢迎的缘故。上路，是学习语言最好的方式，而自我，也通过对不同事物的学习逐渐进入内心，并最终塑造出自我。

说白了，旅行就是关乎我和我生活的世界，再无其他，可以说最终只有一条，自我和世界的本质。

这一章，将探讨如何在路上看世界，学习旅行。

和明朗在巴黎准备出发骑行欧洲

5.1 出发

5.1.1 要不要旅行伴侣

长线我都是独自前进，2003年走亚非，几乎是“惊世骇俗”之举，不大可能找到同伴。2010年从欧洲骑车回中国，法国和意大利部分有朋友明朗同行一段，留下了美好回忆，余下的路依旧形单影只。当然，并不是不喜欢有同伴，而是合适的人选实在太难找，类似国内比较短的线路和发小一起走一路也是争吵不断。有时候气不过真想一走了之，但毕竟是从小一起长大的朋友，有深厚的感情，要是关系一般，肯定早就闹僵了。当然也有快乐的时候，我们是3个好朋友一起走青藏线，路上通过步话机讲笑话，让骑行特别轻松，尤其是野营，一起喝酒看星空，音乐和酒，诗歌和远方，彻谈人生理想和爱情，一辈子真的不会有太多次。

2013年杜风彦出发时也是两个人，还没入越南分歧就已经开始，很快各走各的路，究其原因很简单，骑行节奏不同，搭档希望更快更好，杜风彦则希望慢慢看世界，这本身没有谁对谁错，追求不同有必要分道扬镳。杜风彦最后独自穿越中东和非洲大陆。

旅行的需求让有伴儿和独行两者均有价值。

独自骑行有自由度，在当地更容易交到朋友，也容易获得帮助，比如你要搭车或者住宿，一个人和两个人的难度差距非常大。当然漫漫长路，孤独在所难免，但感受和思考更加敏锐，不会被聊天琐事淹没。

结伴则更容易分享快乐，克服心理孤独，一路相互帮助，一旦有意外处置起来也更加容易，风险小得多。吃饭和住宿比一个人便宜，开销少。

就我个人理解，由于我的价值取向和性格问题，更加喜欢独自出发，在上路寻找搭档和朋友，虽然可能接触时间比较短，却更加容易打开自己封闭的交往方式。尤其是和外国人一起走，感受非常不同。其实在路上遇到朋友的概率非常高，2011年在叙利亚，因为换旅馆，遇到西班牙小伙子一起包了房间，我给他做饭，他对中国人的厨艺佩服有加，而他则带我四处乱逛，和一堆来自世界各地的背包客混在一起，抽阿拉伯水烟，喝啤酒，直到我离开大马士革，他帮我收拾行李打车到机场，我飞往伊朗，他则西去约旦。那是我路上最美好的一段时光。

在国内骑行，我见到太多结伴和团队骑行者，风驰电掣，到哪里都是一片嘈杂，和不规范的旅行团一样，见了心慌。

2000年时第一次骑行拉萨，翻过唐古拉山口遇到北大自行车队，当年骑行青藏线的车友不多，好像遇到知音一样，但一起走了没几天，到纳木错队伍就分崩离析，有的继续骑，有的则搭车到拉萨，当然还有各种故事发生，足够路上八卦了。

可能我岁数大了，无法和肾上腺素爆发的年轻人一起旅行，也无法领略到这种“麻雀团”的好处。再有网上很多行者寻找搭档，貌似一起玩，更像担忧和害怕旅途中的未知，借着人多来壮胆，第一次学习基本经验，多了就叫“骑车旅游”而不是旅行了。

5.1.2 手机和地图问题

搭档栾东在研究地图，2007 年格尔木

英国剑桥大学的骑行地图

在欧洲的一处公路边

明朗在法国普罗旺斯一家游客服务中心问路

在瑞士扎营

骑行对地图的需求并没有想象中重要，就如对坏车的担心一样，在国外迷路怎么办？这往往是骑行经验少的人才会有的疑问。

我两次长途跨国骑车几乎都靠孤独星球导游书上简单的国家地图行进，没出过大问题。一般而言长途旅行基本上走主路，从边境到首都，或者经过大城市，城镇连接城镇，线路非常明确，几乎不存在怎么走的问题，偶尔会遇到岔路，只要向路过的司机打听，非常容易解决。

迷路主要发生在出入大城市，道路错综复杂，寻找游客区比较困难的时候。

记得进河内时，这是我第一次进入另外一个国家的首都，紧张，晕头转向，拿着市区图，却不知道自己在哪里，最后在当地人的带领下找到位于还剑湖老区的旅馆。出城也一样，推着单车过了胡格里河进入漫无边际的加尔各答贫民窟，寻找主路时被眼前的景象震惊，人流、车流，喧嚣犹如逛庙会，各种道路错综复杂，破烂不堪，根本分不清主次，跟当地人问路语言不通，那才叫崩溃，用了近一天时间才逃出，现在想起都心有余悸，如果当时有谷歌地图，就不会遇到这样的麻烦。

从安全的角度来说，专业地图非常必要，主要表现在骑行发达国家和荒野穿越上。

为什么我不建议行者头一次骑行国外就走发达国家。一方面因发达国家的交通规则十分严格，而外国人很容易违规，后果会很严重。再者，发达国家的公路发达，道路规划严格，不同公路级别走不同车，有卡车道、CARPOOL LANE（高速公路用于非单人乘坐汽车快车道）、自行车道和马道等。各种级别的公路交错相接，一不小心，就会骑着自行车上高速。

2011 年我骑行英国时就犯过这样的严重错误而不自知，可能有人好心报警才被高速交警保护着出去，之前还笑话新闻上报道有外国骑行者在中国不小心上了高速公路的例子。后来去法国时，在英吉利海峡轮渡上买了一本欧洲公路地图册，之后骑行状况才有所改善。

有了智能手机和离线地图包，会让导航变得非常简单，只要到了当地，买带有上网流量的手机卡就可以轻松解决，辅助使用当地国家游客信息中心免费提供的地图，会专门标注当地的单车骑行路线，基本可以省掉地图开销。发达国家也有专门的长线单车线路地图册，需要在网上购买。

5.1.3 路上的娱乐

虽然上路就是玩，但骑行本身很枯燥，每天七八个小时除了蹬车偶尔看看景色外，大多数情况下脑子都处于迟钝状态，如果在国外可能连个说话的机会都不多，时间长了人会“变傻”。所以要一边走一边娱乐，能保持心情愉悦和稳定，避免大量心理低潮来临击溃自己。

想起自己骑行印度时，随身听坏掉，被迫无奈在新德里市场买 CD 机（随身听当年很贵），杂牌子，外加几张盗版音乐碟就踏上了漫漫非洲大陆。让人抓狂的是这台机器用了没一个月，就开始罢工，只要机身震动，就停止工作，还特别费电，即使这样，我都没舍得扔掉它，到了扎营时能听上一会儿。想起肯尼亚北部的广大荒原，要是没有音乐的陪伴怎么可能走出去。之后旅行，笔记本电脑、iPod 和 iPad 为基本装备，电影、纪录片、音乐、电子书，连孤独星球攻略都是电子版，还有出发前能收集到的各种线路资料，足有 1T 的容量。现在的问题倒不是电子设备娱乐缺少，而是太多，在路上占用了太多时间，甚至到了有时宁可躺在旅馆看片子也不愿意上街的地步。

另外需要提醒，骑车时听音乐最好不要戴耳机，可以用外置 USB 小喇叭，电子市场上有很多种类，音质是次要的，声音要大，电池容量也要大。

5.1.4 发运行李以及带车上交通工具

并不是去哪里都骑车，累了，遇到意外情况，有些国家需要越过，都会面临这个问题。

从家到出发地用车店原配纸箱，拆车发货运即可。零担运输的好处是便宜，速度稍慢，中铁快运有专门的运送单车服务，不需要拆车，很多从拉萨返回的行者都这么做，费用大约一两百元。

路上常会搭乘公共交通工具，国内长途巴士有货仓可整车放入。在国外，比如越南、非洲等一些国家，巴士有老式车顶货架，需要注意：必须和货架捆好，因为路上颠簸，很可能把车甩出去或者晃动导致车体变形，我曾在埃塞俄比亚坐大巴，结果蝴蝶车把几乎被扯断。

在欧洲搭乘火车，都有专门放自行车的车厢，一般在最后一节，是免费的。

最复杂的是带车上飞机。

❶ 不要骑车去机场，我之前犯过这样的错误。出发前把车拆开，找块破布包好（足够大的破布在旅游区总能找到，在机场则很难），用松紧绳捆扎结实，装入机场巴士货仓。

❷ 到机场可咨询航空公司自行车的处理方式，一般会被当成体育器材免费运上飞机，但会要求包装，机场包装处的薄膜需要花钱购买。如果超重，尽量处理掉一些不重要的东西，国际航空包裹一般不能超过 30kg。

❸ 现在有专门的自行车托运包，可以用于包装昂贵车型，旅行无法携带。

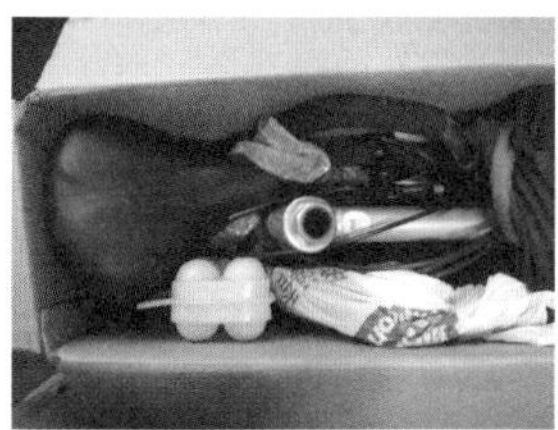

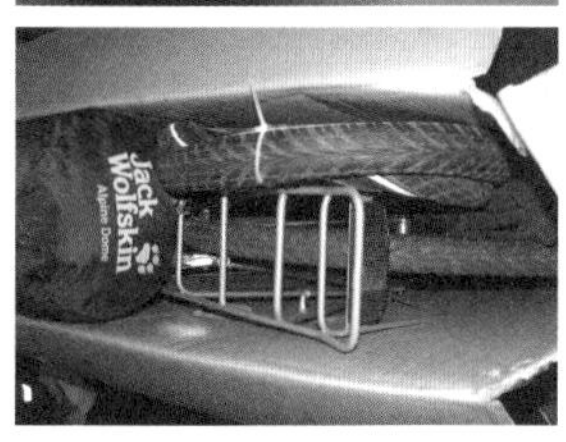

装箱发货

搭车

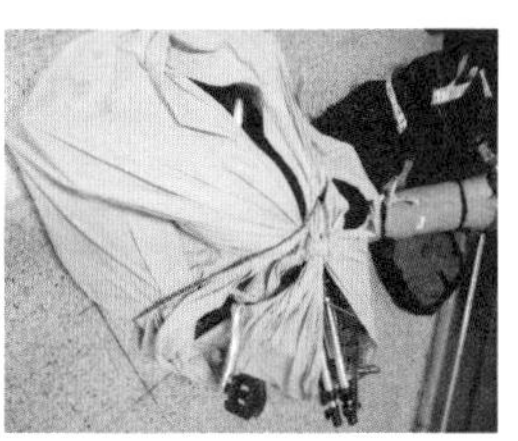

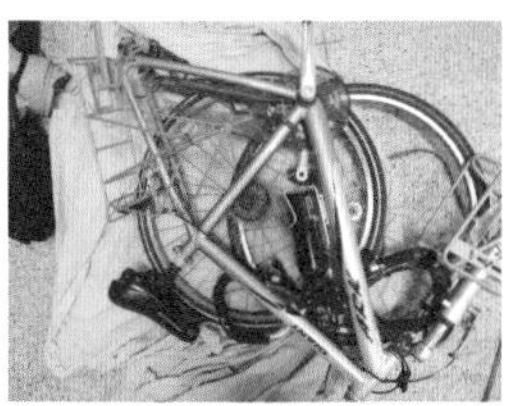

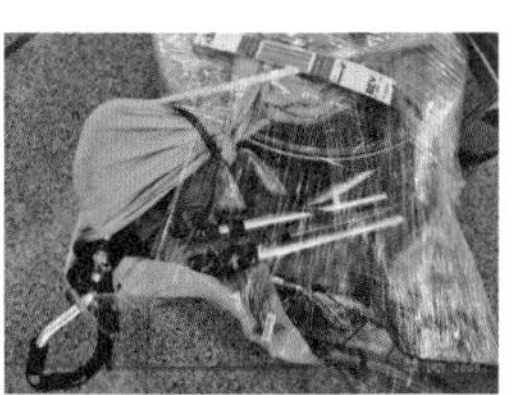
在机场打包

火车运输

THE UNION OF MYANMAR E.V.T.(I.I.T.)
IMMIGRATION DEPARTMENT
REPORT OF ARRIVAL
To be delivered to the Immigration Authorities on arrival in Myanmar.
NAME 名字 Male Female
NATIONALITY 国籍
Passport No. 护照号码 Place of issue 签发地 Date of issue 签发时间
Full address in Myanmar 写饭店的地址和名字，如果不知道就写 hotel
Name and address of Referee or Guarantor in Myanmar 推荐人或者担保人，没有就不用写
签名 签名字 Signature of Passport Holder
(For official use)
Visa No. Date 28 OCT 2003
Authority, if any
Second Secretary
Visa Issuing Officer, Bangkok
Date of arrival in Myanmar (抵达时间)
Date of expiry of stay (停留时间)
Immigration Inspector on duty

入境表

FORM 47
ZIMRA
DECLARATION
ZIMBABWE REVENUE AUTHORITY
SURNAME FORENAMES
PASSPORT DETAILS NO NATIONALITY
ADDRESS IN ZIMBABWE
STATUS OF TRAVELLER (Tick as appropriate) | RETURNING RESIDENT | VISITOR | IN TRANSIT | IMMIGRANT | DIPLOMAT
Before completing the rest of this form please read the instructions overleaf
QUANTITY VALUE FOR OFFICIAL USE
ALCOHOLIC BEVERAGES
liqueurs..........litres, spirits..........litres,
wine..........litres, beer..........litres
BOOKS
AUDIO VISUAL EQUIPMENT
e.g. TVs, videos etc., please specify)
OFFICE EQUIPMENT
e.g. typewriters, computers, telefax machines etc, please specify)
OTHER GOODS (Use general descriptions)
CURRENCY
Zimbabwe $.......... Foreign..........
(Please specify type and amount)
I have read the instructions overleaf and declare that the foregoing is a true and complete statement of the goods and currency being imported by myself and the (No.).......... members of my immediate family for whose goods I accept responsibility.
Signature.......... Date..........
JOYPRINT

报关表

5.1.5 入境和报关

不论从陆路还是国际机场进出一个国家，都要经过海关检查。

❶ 出入境表格内容为签证申请表格的简单版，包括名字、护照号码等护照信息，还有在当地国的住宿地址，填写有效酒店即可（可查孤独星球攻略），一些国家需填担保人，可空，其他不懂的问题，可空着或者请教空姐以及当地人。再有，抵达和停留时间，按照签证填写即可。最后签字。

❷ 排队盖章。有些国家比如美、英等，入境时签证官会盘问，一般两个问题：你来做什么？你有钱吗？如果你迟疑，问题会增多，你当地是否有亲戚朋友？住在哪里等，前者回答没有，后者展示给他地址即可。英文不好选择中文服务通道，并不会因为语言问题被拒绝入境。

❸ 出境时，官员会检查去往国的签证，合法即可放行，如果持空白护照出国去往免签国家，出关时很可能有麻烦。

❹ 报税。没听说过哪个国家自行车入境需报税，所以入境的物品可如实填写，有时海关工作人员会检查，多数时候则顺利通过。

❺ 几种东西入境时需要注意：大量现金（一些国家包括美国，超过一千美元必须申报）、食品、中药和种子、珍稀动物制品。千万别试图带小动物过境，会被控重罪。当年我在埃塞俄比亚买了一只小猴陪伴，入肯尼亚前放生。听说有游客从非洲携带变色龙回国在机场被抓，所以不要怀有侥幸心理。

5.1.6 第一天，离开机场，找到住宿

离开海关，终于踏入异国土地，激动亢奋是必然的，有时还会紧张，不管哪种情绪都会导致对周遭环境判断失误，所以一定要冷静下来，取到车后稍做休息，决定接下来的行程。首先要解决住宿问题，如果是在晚上抵达机场，最好在机场过夜，否则进入市区容易迷路或者不安全。我曾在埃塞俄比亚首都国际机场搭帐篷睡觉，程鹏也这样做过。

程鹏在旅行中转机

如果是从陆路入关，一般边境都会有小镇，但不建议在当地住宿，边境鱼龙混杂，尤其是在不发达国家，安全度非常低，所以会选择早上进入并迅速离开。

旅行第一天，最好小心对待，它是你之后旅行的信心保障，要小心翼翼地逐渐积累经验，要不了多长时间，就能驾轻就熟。

5.1.7 如何找旅馆住宿

路上的吃、住、行三件事，吃和行可以自己独立完成，住最麻烦。

每天下午三四点，去什么地方过夜就成了当务之急。对于单车旅行者，除去野营外，还可以住到当地人家里，在城市中就必须找旅馆。

抵达伦敦西斯罗机场，装好车，直接出发

一般而言，首都或者重要的旅游城市都有游客区。比如尼泊尔的泰米尔区，泰国的靠山路，新德里火车站对面的老巴刹大巴扎（Main Bazaar），爱丁堡的高街（High Street）等，这些地方往往在市区中心最繁华的地带，是城市老区所在地，非常具有当地特色，有各项提供给外国旅行者的服务，物价可能比当地其他地区稍贵，但可以用英文交流，方便、安全度高。游客区旅馆众多，有专门针对背包游客的多人间，价格便宜，是行者的不二选择。但骑车进入恐怕难度稍微有点儿高，可以在城市外围带车乘坐公共交通工具进入。

印度新德里的游客区

小地方和工业化城市的住宿难度比较高。少有游客光顾，交流困难，选择少，非常麻烦。记得在坦桑尼亚，从达累斯萨拉姆出来继续骑行时，经过一个不知名的小镇，等雨停了天色已晚，在当地小孩的帮助下好不容易找到一家旅馆，却是那种给官员和富人住的乡村俱乐部，要几十美元，而我每天在非洲的开销不过5美元而已。

还有一次在伊朗西部城市克尔曼，几家旅馆都拒绝外国人入住，这种情况在巴基斯坦也经常遇到，好不容易有一家接待，价格贵，老板不会英文，但也没办法，省钱和安全相比，后者永远为最高原则，尤其是在感觉处于不友好氛围的地方时。

在越南，曾在一号公路看到有HOTEL标志的路边旅馆，住进去才发现是妓院，而且入住要求扣押护照，在我力争的情况下得以脱身。其实路边住宿是很好的选择，往往有给卡车司机提供的饭馆和旅馆，价格低廉，比如印巴如此，东南亚也是。

每个国家的情况不同，需要摸索，比如在柬埔寨和泰国，住寺庙最方便，数量多且免费。如在欧洲，B&B（Bed and Breakfast，欧洲的小城市或者乡村郊外民居式的小客栈）往往不便宜，便宜的也要两三百元人民币一晚，主要是给大城市人周末度假用。选择当地的青年旅馆是个好主意，或者通过沙发客服务平台找免费住宿，虽然有时候未必那么及时。在英美国家，重要的单车线路都有客栈服务，相比当地旅馆要便宜。

对于中国骑行者而言，相比外国游客有自己的旅行优势。

❶ 在发达国家，有大量的华人，往往也有聚居区，比如伦敦、洛杉矶、纽约、巴黎和罗马等，可以找到私人专门为打工者开的旅馆，叫“搭铺”，非常便宜，往往几美元一晚，可通过当地华人报纸、商店信息栏和华人网站寻找。

❷ 在不发达国家，比如非洲、南美洲的一些国家有较多的中国基建公司在修路、修桥，非常容易遇到，可获

英国，约克市 YHA（青年旅舍联盟），有百年历史

印度北部公路边的饭馆

英国牛津的背包客旅馆

伊朗色拉子城的背包客旅馆，非常有丝绸之路的情调

叙利亚首都大马士革的背包客旅馆，非常有阿拉伯情调

尼泊尔博卡拉的私人旅馆，阳台可见鱼尾峰

得免费吃住，并不需要提前知晓，上路就自然会遇到。

虽然寻找住宿会耗费大量的精力和时间，却是进入当地最直接的方法，且每个人的操作方式不同，结果也不同，需要行者自己摸索。

5.1.8 在路上会遇到的危险

骑车旅行的风险比普通旅行高很多，走村串户深入外国人很少涉足的区域，这些地方究竟安全状况如何，普通的导游书是很难给出答案的。所以出发前尽量多找相关资料，包括近期新闻、旅行者的经历以及自己对当地的实际体会。如果发生重大的问题，如社会动荡、自然灾害等，新闻都会警告旅行者。

危险可能来自方方面面，骑行这些年，包括阅读其他人的游记和作品，大概总结了几类。

❶ 偷窃。一方面主要发生在人流密集的车站、景点等地方，有大量惯偷潜伏在游客周围，一个不小心行李就有可能会被偷。我的朋友在瓦拉纳西火车站候车，打了个瞌睡，登山包消失，而且护照在包里。另外单车行者最大的焦虑莫过于车被偷，有一位朋友在罗马车被推走，即使报警也没找回来。我的原则是：人不离车，离开时，哪怕车在视线内都要锁住，而且尽量固定在其他物体上，比如树、护栏等。

❷ 抢劫和暴力。这个没办法避免，比如在南非，朱志文在开普敦被人敲了一棍，歹徒仅为了抢一个几百元的廉价国产手机。钟思伟在智利被人当街抢劫，身上多处受伤。还有一些地方民族主义情绪严重，最好低调，也不要谈论政治问题，我曾在越南差点儿被攻击。总体而言，发生抢劫和暴力有特定的区域，只能提前小心。

那么是否需要携带武器？比如枪支，在大多数国家持枪都属于非法，即使在美国也并不是随便可以购买到枪支，况且中国人对枪械很陌生。刀具类可能有点儿作用，但出入境时也会很麻烦。再有歹徒一般不会是一个人，暴力对抗的后果不可预期。我的旅行从没用过任何武器，在路上也没有见到过背包客携带武器。如果非常缺乏安全感，可带一只登山用的冰镐，非武器，重量轻，长度合适，攻击力很强，还可用来防狗。

❸ 疾病，主要来自传染病，如痢疾和疟疾。痢疾多由于食物和水不干净导致，不喝当地的生水可以预防。疟疾主要出现在非洲，容易被蚊子传染，我和其他旅行者均得过。表现为发烧，晕阳光和水，国内有预防药，当地超市药店也有特效药品。同时注意预防艾滋病。

❹ 交通事故。对于单车骑行最大的危险来自于此。不同国家的交规不同，交通潜规则更不同，不了解的话，往往会造成灾难。我曾在泰国被摩托车撞，在印度差点儿被卡车撞，Vicky 和 Pinky 在澳洲出车祸，轱辘思思夫妻在美国出车祸。个人感觉在发达国家，车速快，一旦违规极容易出事，而发展中国家由于交通本身不太规范，所以司机往往也会有心理准备。不论如何，骑行者进入一个国家后，一定要先注意下当地交通，不能冒进。

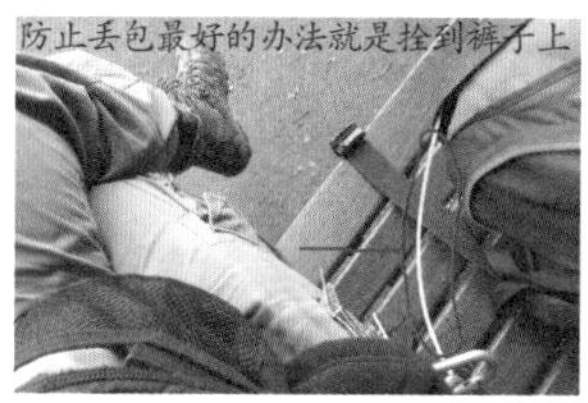

有序交通和混乱交通都会威胁到骑行者。
骑行者在马路上是“食物链”的最低端，重型卡车属于高级杀手。

除了处于战争状态的国家不建议旅行外，其他类的危险并不能阻碍行者，要提前准备，尽量规避。话说回来，骑车在任何国家和地区都属于比较危险的旅行方式，主要是因为不熟悉当地交通而造成安全隐患。

5.1.9 女性骑行

独自骑行的女性很少，反正我没遇到过。多数和男朋友搭档，如果你想独自在国外骑行，需要好好想一想自己是否有这个能力，就拿德乌拉・墨菲（Dervla Murphy）来说，曾在土耳其遭遇强奸，幸好她带了一把手枪，那是 20 世纪 60 年代的冷战时期。

2013 年，来自欧洲的骑行者夫妻在印度中央邦遭遇暴力攻击和强奸，2015 年日本女游客遭绑架强奸月余。所以你要计划独自骑行，选择旅游业发达、游客众多的国家，相对安全度要高，比如泰国和马来西亚、美国和澳大利亚、

欧洲等。而中东和中亚则不建议，多有女游客遭到侮辱和性骚扰。2015 年有个女孩计划独自从俄罗斯骑行欧洲，请教我经验，我告诉她最好别这么做，后来申根拒签她才作罢，我也松了一口气。

总之，除了国内，不建议女孩独自在国外骑车。

❶ 打扮尽量男性化，不露肢体。

❷ 对主动接触你的男人保持高度警惕，不接受非旅行者的任何邀请，尤其是当地人。

❸ 带短小的防身工具。

❹ 选择发达国家和大众化线路。

❺ 遭遇暴力性攻击，警告对方你有艾滋病。

❻ 不野营，选择住旅馆。

5.2 语言

对英语的过度看重会成为旅行的障碍。事实上逻辑反了，上路去学，而不是学会了再上路。应该到当地去学习语言，比如来中国学汉语，去非洲学斯瓦希里语，去南美洲学西班牙语。但就英语而言，我们几乎从小就开始学，一直学到大学，日常生活也几乎离不开，看电影，看美剧，即使听不懂，也不陌生，一旦上路，以前的学习累积会被激发出来，且很快就能熟悉日常用语。可以这么说，不是自己的英语有多差，而是日常没机会说，而学一门语言的基本前提不是语法和单词，而是直接说。

上路是学英语最好的办法。

另外，也许有人会问，那遇到不讲英语的地区怎么办呢？英语从两百年前开始普及世界，目前世界上大部分地区都有英语教育。再者旅游产业化，任何国家的首都，景点的从业人员很多，即使小贩和当地老百姓也都不至于听不懂日常英语。

如今，想找到不说英语地区可能比较困难，来自世界各地的旅行者，操着不同口音的英语交流。当然对于骑行者，也许会进入一些偏僻区域、部落和乡村，交流相对困难一些，但也不是彻底解决不了生活问题。比如当年我在越南的一个村庄中，就遇到沟通问题，想住宿，人家以为我牙痛，情形非常尴尬。后来找来一个小学生，会几个单词，也没能起到沟通作用，即使如此，通过手语他们最终还是明白了我要做什么。

在叙利亚北部杰布勒盐沼附近的村中，我寻找圆顶古代建筑，没人明白，后来村民请来了当地教师，带我去并且免费做我的导游。同样也是在叙利亚贝都因村落，一位好客的村民只会几个单词，但也都表明他喜欢中国的手机和摩托车，想到中国旅游。

相比不讲英语的地区，在英美等说英语的国家，交流起来也并不容易，因为当地人语速快，有口音，表达复杂，很多时候也听不懂。我在英国多次遇到这样的尴尬情况，第一次在达勒姆住家庭旅馆，人家不想让我拍摄，说得很委婉，结果我没听懂，闹得不欢而散。在爱丁堡，口音严重到让我觉得他们不是在说英语，旅馆的前台提醒我如果晚于十点回来，就要提前带大门钥匙，当然第二天被人家一通数落，要知道，他们可不在乎你是不是外国人，不会在说话时照顾你。另外这个前台小伙子提醒我，这里不是 England（英格兰），是 Scotland（苏格兰）。对于一个外国人而言，哪里能搞清楚地缘之间复杂的恩怨。

克服语言障碍没什么更好的办法，只能多走、多说，逐渐掌握。我从越南入关开始就会一句：I have no money（我没有钱），3 个月后到泰国，在机场就能帮中国人入境翻译。等到了肯尼亚，大概半年后，就已经可以和当地人用英语交流中国经济和基础建设问题。当然，走完世界你会发现，各个国家应用如此多样化，几乎不能说掌握英语好坏就能如何，即使英语是你的母语，见到 Chicken Without Sexual（童子鸡）、Two Ring Road（二环路），你也搞不明白状况。所以，Pico Iyer（著名的印裔英国旅行作家）的话最能表达行者在异国试图搞明白状况的心情，他说：看这些外语常用词手册，总不明白哪些是问题，哪些又是回答，总之，你就是“老外”。当然，多数时候这也是优势。

和印度修路工程师合影

和欧洲的骑行者在一起

路人父与子

5.2.1 使用英文的场景

个人感受，英文单词数量庞大，所谓好也要看你擅长哪个方面。有的人会文学翻译，有的人会口语沟通，有的人擅长科技英文。就行者来说，只掌握听说并不难，也能很快带来自信，而不是从单词和语法学起，或者找一本教材听说读写四管齐下，费力且功效甚微。我的爱人是博士学位，从幼儿园开始学英语，都依旧感觉掌握得不全面，临阵抱佛脚怎么可能快速掌握。

下面仅列举一些不同场景中行者们经常会看到的词汇。

签证

Family name（surname），姓
First name（given name），名
Gender，性别
Male/Female，男 / 女
Nationality，国籍
Passport number，护照号码
Expiry date，失效日期
Issue date，签发日期
Visa type，签证类型
Official use only，官方填写
Vistor，访客
Resident，居民
Guarantor，担保人
Date of arrival，抵达日期
Embassies，大使馆

出入境

Departure，出发
Foreigner，外国人
Local，本地
Currency exchange，货币兑换
Commission charge，手续费
Customs，海关
Customs declaration，物品申报
Duty free，免税
Exchange rate，汇率
Baggage claim，机场行李领取
Fill，填表
Valid，有效
Quarantine，检疫
Vaccination，预防
Certificate，证书
Occupation，职业
Port，口岸

交通和公路

Paved，铺过路面
Highway，主路干道（一般并非指高速公路）
Sealed roads，封闭道路
Steep，陡峭的路
Kilometers，千米
Route，线路
Dirt road，路况差
Narrow，狭窄陡峭
Directions，方向
Road works in progress，修路
Great condition，路况好
Killer hill，恐怖的山路
Tunnel，隧道
Roughly about，大约（时间和长度）
Snapshot，快照
Cab，出租车
Transporting，交通工具
Domestic departure，国内出发
Airport terminal，候机楼
Ferry，渡船
Favourite places，喜欢的地方
Entertainment，娱乐
Temperatures，温度

旅馆

Booking room，订房
Registration form，登记表
Check out，退房
Single bedroom，单人间
Shower，淋浴
Bathroom（Toilet，Restroom），厕所
Costs，花费
Accommodation，食宿
Air-con，空调
YMCA，青年旅馆
Guesthouse，旅馆
B&B，房间加早餐（旅馆）
DM（Dorm bed），多人间
Budget，廉价

日常消费

Breakfast，早餐
Snack，小吃
Restaurants，餐馆
Buffets，自助餐
Fried Rice，炒米饭
Available，可提供的
Free，免费
Discount，打折

多人间的上下床

印度拉贾斯坦邦湖区边的古典旅馆

印尼爪哇岛长途汽车站里的小吃店

英国约克市 B&B（房间加早餐）旅馆

FABULOUS
FISH
AND CHIPS

We take immense pride in a national dish that has long been a favourite in Britain. That's why we batter all our fish on site in our deliciously crisp famous beer batter. See our boards to find out which ale is used in today's batter.

POLLOCK STANDARD £5.95 LARGE £8.95
Sustainable pollock fillet fried in our crispy beer batter. Served with chips, mushy peas and tartare sauce.

HAKE STANDARD £6.95 LARGE £9.95
Fish fillet fried in a crispy beer batter. Served with chunky chips and mushy peas.

COD LOIN £7.95
Cod loin fish fillet fried in a crispy beer batter. Served with chunky chips and mushy peas. Our cod is from sustainable sources.

BREADED PLAICE £6.95
Two fillets of plaice in golden breadcrumbs, served with chips, mushy peas and tartare sauce.

YELLOW FIN SOLE FILLET £6.95
Coated in a lemon and rosemary flavoured crumb, served with chips, mushy peas and tartare sauce.

BREADED SCAMPI £6.95
Breaded scampi in a seasoned breadcrumb coating, served with chunky chips and a salad garnish.

FISH & CHIP PLATTER £9.95
Our banquet of battered and breaded fish including battered hake, breaded plaice, breaded scampi and battered pollock fillet. Served with chips, mushy peas and tartare sauce.

Add chip shop style curry sauce for £1.00

伦敦小酒馆的菜单

原汁原味椰漿飯	Nasi Lemak (Coconut rice, chicken curry, sambal anchovies & egg)	£6.0
燜雞飯	Chicken Rice with ginger	£5.8
客家炸豬肉飯	Hakka Deep Fried Pork with black fungus	£5.8
回鍋肉飯	Spicy Pork Sliced	£5.8
南乳炸肉飯	Crispy Pork with fermented bean curd	£5.8
鹹魚花腩飯	Salted Fish with sliced pork	£5.8
鹹魚肉粒炒飯	Salted Fish Pork Fried Rice	£5.8
咖喱肉片飯	Sliced Pork Curry	£5.8
什會飯	Mixed Meat Rice	£5.8
揚州炒飯	Yeung Chow Fried Rice	£5.8
姜葱雞飯	Chicken with ginger & spring onion	£5.8
姜葱牛飯	Beef with ginger & spring onion	£5.8
馬來香辣炒飯	Nasi Goreng (Malaysian style mixed meat spicy fried rice)	£5.8
咕嚕肉飯	Sweet & Sour Pork Rice	£5.8
咕嚕雞飯	Sweet & Sour Chicken Rice	£5.8
海南雞飯	Hai Nan Chicken Rice	£6.0
燒鴨飯	Chinese Roast Duck Rice	£6.8
咖哩牛腩飯	Beef Belly Curry Rice	£5.8
咖哩雞飯	Chicken Curry Rice	£5.8
叉燒飯	Char Siu Rice	£5.8
叉鴨飯	Char Siu & Chinese Roast Duck Rice	£6.8
叉雞飯	Char Siu & Smooth Chicken Rice	£6.8
雞鴨飯	Smooth Chicken & Chinese Roast Duck	£6.8
香辣雞炒椰飯	Spicy Chicken fried with Coconut Rice	£6.0

All serve with chicken, prawn, squid and fish cake unless it specify

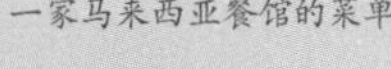

一家马来西亚餐馆的菜单

印度新德里火车站

骑行中尼公路

5.2.2 如何在路上学习英文

2003 年上路时，我带了文曲星，一路上帮了不少忙，尤其是在填写申请签证表格时。现在还记得当时的英文水平有多差，County of Birth（出生国家），单词明白，连起来就不太理解。现在有了智能手机和 iPad，单词甚至句子不懂都直接可以搜索翻译，不存在困难。你会发现，这种时候背诵单词的效率非常之高，见一次，基本上就能记住。所以我会尽量带英文导游书读，逐渐学会在路上遇到各种状况时的表达方式，尤其是关于生活方面的词汇。

还有一个方法，也是我现在学口语的主要方式，用录屏软件录制各种带双语字幕的美剧、电影或纪录片片段（要求没有背景音乐，对话清晰，非地方口音，难度不要太高），长度一分钟左右（不要太长），含有不同场景和内容，包括新闻、饮食、疾病、科学、历史等自己喜欢和上路需要的方方面面，累积几百个片段。先听写一遍，然后校对错误，知道自己哪些地方听不懂，进行总结。骑车时不断播放和朗读，随时应用，相信英文水平会提高很快。当年我就一边骑一边大声朗读英文，可惜 CD 机不争气，否则一路上光学习都不寂寞。

开始时先用短片段，不建议全篇听写，否则会丧失新鲜感和兴趣，如果能把下面的片子学熟，日常交流不会存在任何困难。另外，在哔哩哔哩上有很多双语生活趣味短片，涉及摄影技巧、器材评测和美食体验等，针对性强，更贴近日常。

Rick Steves：旅行纪录片系列，有大量行者需要的攻略讲解。

《美食、祈祷和恋爱》：关于旅行的电影。

《托斯卡尼艳阳下》：关于旅行的电影。

《山水中国》：关于中国的纪录片。

VICE：系列新闻纪录片。

美国的很多自动取款机上有中文显示

美国常见的银行

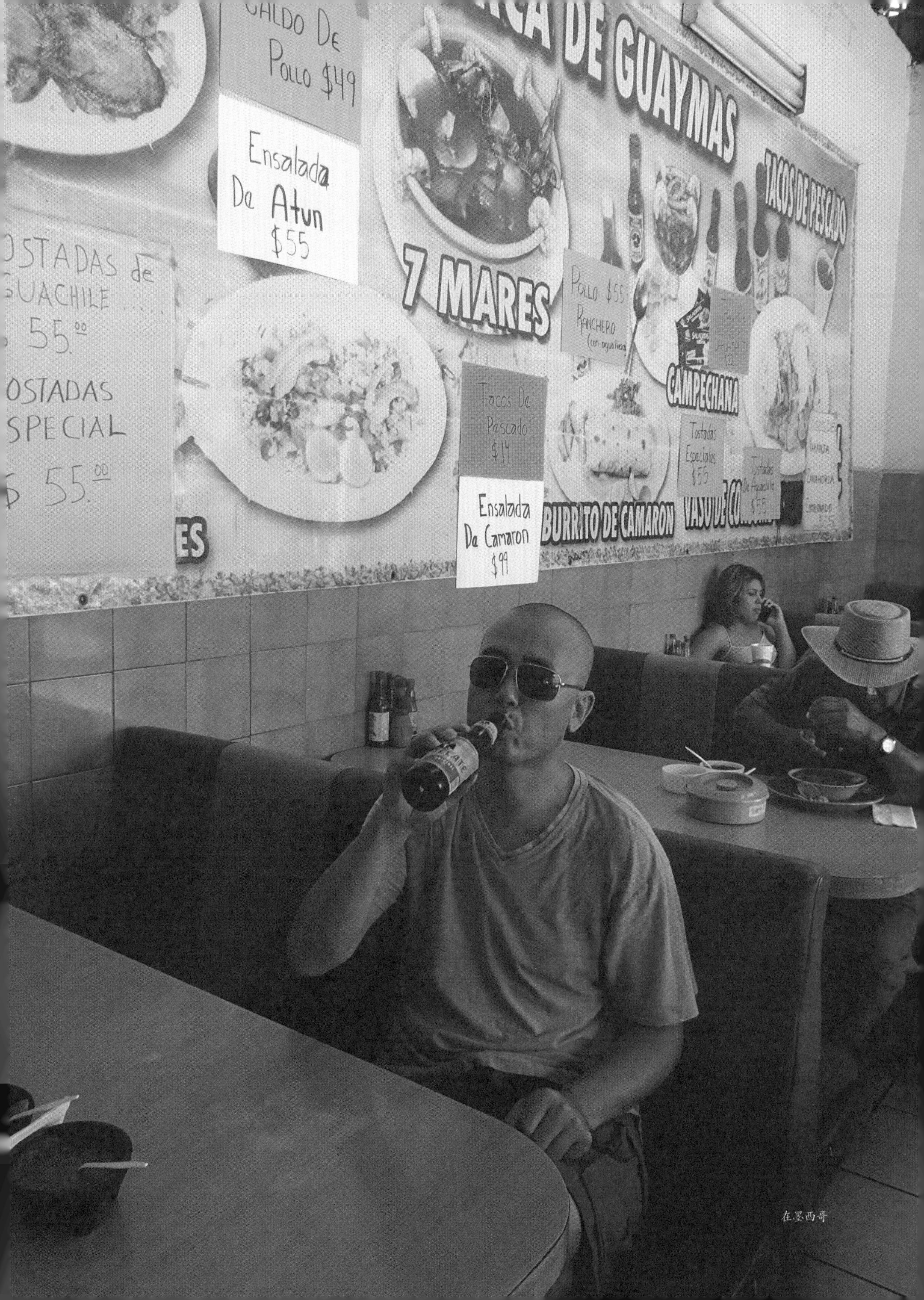
DE GUAYMAS
Caldo De Pollo $49
Ensalada De Atun $55
OSTADAS de GUACHILE 55.00
OSTADAS SPECIAL $ 55.00
7 MARES
TACOS DE PESCADO
Pollo $55 Ranchero
CAMPECHANA
Tacos De Pescado $14
Ensalada De Camaron $99
BURRITO DE CAMARON
Tostadas Especiales $55

在墨西哥

5.3 旅行就是生活，生活就是旅行

“旅行就是生活，生活就是旅行”，据说这句话是安徒生说的。这位丹麦作家一辈子潦倒，到英国狄更斯家里一住就是几个月，人家非常厌烦，他的旅行生活建立在别人的痛苦之上和他自己的童话世界里。有一段时间这句话在国内白领中流行，反映出了他们的渴望难以成为现实。

把旅行当职业可以，现在有不少人这么做，但把旅行当生活那就和流浪汉差不多了，最后变成无意义的游荡。一辈子不间断地旅行很自私，因为你只是在消费社会资源而不创造任何价值。

一段时间内，几个月或者一两年，行者们每天的任务就是前进，并且在路上解决全部的生存问题，旅行即生活是个现实问题。需要认真处理好，前提要安全、省钱，能体验和学习，并且最终完成自己的目标。

5.3.1 吃饱很重要

在路上，我大概不会把情感聚焦到风景上，置身其中兴奋劲很快就会消失，然后，就饿了。饿是一路上永恒的主题，基本上走一路吃一路。水果、糖果和花生是最爱，后来才知道为什么喜欢，长途骑行最消耗脂肪和糖类，身体会直接反映出来，需要补充。记得在埃塞俄比亚中部热带雨林地区，炎热潮湿，不断爬坡，整个人累得直晃悠，见到卖甘蔗的，之后在一大帮满头围着苍蝇的孩子的围观下，不顾颜面地坐在路边疯狂地啃甘蔗。还有一次在湖区，天天吃素食英加拉（埃塞俄比亚的主要食品），根本无法满足身体的需要，满脑子尽是肉，但就是买不到。可能你会说那可以少买点儿呀，问题是气炉从印度飞来时被迫扔掉，所以日常吃饭只能去饭馆。

吃不好会影响身体和心情，可以说在路上没有比这个更加重要的事情。

在国内旅行基本不存在这样的问题，到一家饭馆足可以吃好，但在国外就比较麻烦。首先，针对旅行者的饭馆食物比较国际化，量少价格贵。在当地小吃摊上，食物便宜，但未必合口，何况也许还会有卫生问题。记得在马拉维，我冒雨冲进一家颇有乡村风格的饭馆，要了碗牛肉汤，满心希望能满足下思乡之情的“牛杂”口味，结果味如泔水。在印尼，到处都有炸鱼和炸鸡，味道能接受，胃却无法消化，可能是其中的某种特殊调味品导致。刚到印度时也曾着实为吃饭发愁过，印度人以素食为主，只有到穆斯林饭馆才有羊肉，后来想出来一个便宜的解决办法，点饭馆里的煎蛋卷（Omelette）和牛奶，每次都要双份。

瑞士的一家面包店，看着真好，就是太贵

当地小吃不必专门品尝，骑行者有的是机会吃，平时要想符合自己的饮食习惯，就必须亲自做。主食可以当地解决，比如东南亚地区的米饭和面包，印度的囊（Naan）和薄煎饼（Chapati），非洲和南美洲地区的烤香蕉和土豆。自己买各种蔬菜混着炖，

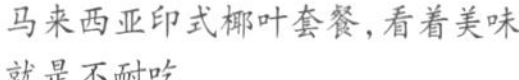
马来西亚印式椰叶套餐，看着美味，就是不耐吃

印度炒米饭，我就没发现放油，形容成爆米花也不为过

英国的廉价超市

欧洲的廉价超市

连汤带水，饱饱吃一顿，顿感骑行生活的美好。

欧美的物价比较高，可到廉价超市一次购买足够多的主食，如英国的 Poundland、美国的沃尔玛和 99Cent 等很多食品都比较便宜。有面包、方便面、豆类罐头、芝士和鸡腿等，非常划算，是补充日常消费品的最佳场所。

隔一段时间可以花点儿钱找当地的特色食品大吃一顿，顺便改善心情。比如在美国，螃蟹和龙虾在当地饭馆很便宜，几十元人民币就能吃两磅（大约 1 千克）。在意大利，一两欧元的比萨遍地都是，味道好还能吃饱。在法国等很多西方国家，每天晚上面包会半价销售，法棍面包（Baguette）总是我的最爱，又硬又干，不容易坏。

有人会说，那为何不吃中餐，听说中餐遍布世界。的确没错，在欧美，中餐不算太贵，但主要集中在大城市，一顿自助也许要七八美元，非常值得。有时中餐会比当地餐贵，例如在非洲、南美洲等，属于高档食品。如果可能，在一些小地方，沟通一下可免费吃住，在法国我和明朗就这样做过，老板让我们自己到厨房随便弄，还开了红酒。

5.3.2 路上省钱

吃，自己做；日常物品，在超市买；住，有帐篷和廉价旅馆。还能省钱的地方几乎再没有了。

签证费用和景点费用是必须要付出的，在城市中扎营会非常危险，吃住也是必需。再有比较大的开销，大概只有机票费用。如果想再省钱的话，可找当地人或者中国人帮助。

可以在当地人家免费吃住。特别是中国人，在世界各地都能遇到，对骑行者非常友好，觉得你为祖国争光，虽然真觉得这有点儿名不符实。遇到这种情况，可以休息下，多待几天，好好满足下食欲，有可能也会被带着到周边走走，尽情享受。与当地人交流要看情况，有的由于语言问题沟通不便，宁可自己扎营待着比较舒服，还有就是和年轻人多讲英文，在当地待一段时间感觉会非常好。杜风彦在印度基本上就是这么过的，帮人家操办冲浪节，很有意思。我在伊朗则多次被盛情邀请，挨家吃大餐，到周边游览。

相比吃喝省下的小钱，机票费用是一大项，差距动辄上百美元，在路上属巨额消费，所以要小心对待。记得 2008 年去印尼旅行，刚一个月，突然心情低落，几乎感觉自己要崩溃，必须立刻回国，回程飞机在雅加达起飞，往返才花了人民币 600 元，而印尼国内一程就花掉 800 元。还有 2011 年从英国飞北京仅为了申根签证，在法兰克福因为时差误机多花掉 200 欧元。长途骑行经常会遇到类似的情况，比如从希腊飞黎巴嫩，从叙利亚飞伊朗。如果提前订票，可以省下大笔钱。

我个人的一些经验如下。

❶ 不找旅行机票代理商，自己网上订票，刷卡购买。这类网站很多，比如亚航、Virgin Express（维京特快）、Tiger（虎航）和 Air Arabia（阿拉伯航空公司）等，著名网站有 Expedia（亿客行）、去哪儿等。

❷ 下载可购买廉价机票的 APP。

❸ 世界各地如欧洲、美国、东南亚和中东都有廉价航空，可提前预订，非常廉价。

❹ 需要注意廉价航空对行李重量限制严格且运费昂贵。

❺ 国内的国际机票网站票价往往比国外网站的贵，如果英文不好可选择中国香港的相关网站。

5.3.3 在路上打工

泰国靠山路的街头艺术家

爱丁堡街头的风笛表演者

打工走世界是很多人的梦想，是梦想，实现起来就困难。

几年前，有个骑行者邀请我一起走欧洲，他要带着吉他去骑行流浪，街头唱歌赚钱看世界，我拒绝了，因为不现实。虽然说在发达国家街头表演是可以赚到一些，但申根签证时间对持中国护照只有两三个月，光骑行的时间都不够，除非非法滞留。

英国签证半年，时间有，可尝试。在泰晤士河边我也见到不少表演者，有的扮演人物，有的演奏奇怪乐器，甚至干脆有朋克妹向你伸手要钱，但需知道大城市比如伦敦吃住消费也高，这种不稳定的收入是否能支撑下去是个问题。

我还在印尼巴厘岛遇到来自西方的游客在沙滩上表演弹唱赚钱，没见到有什么人给钱，可以理解，背包客都穷，但本地人不会这么认为，他们以为你在作乐。再有背着巨大的吉他骑车是否方便都属次要，表演水平是否很高是关键，我所见到的街头艺术家水平很高，大多属于专业级别。

打工赚钱实属被迫无奈之举，而不是旅行的可靠收入方式。我曾在肯尼亚遇到一位日本行者，走了几年靠在日本餐馆包寿司赚钱，而中国行者也可仿效，中餐遍及世界，刷盘子赚钱最快。英国刷盘子一周工资 200 英镑左右，美国一个月工资 2000 美元左右。在这两个国家我都刷过盘子，无需任何技术，直接找到当地华人区中介，花几十美元很轻松就能找到。但做这样的工作并不完全合法。

在发达国家打工，到发展中国家旅行，别无他法，其他边打工边旅行的故事均有谣言和传奇成分在里面。

亚非旅行时，我曾在印度一个中国人的公司里打工，吃住在他家里，帮忙干点儿日常工作，在非洲遇到的中国修路公司，也曾说要让我干活儿，但后来人家干脆直接资助现金（见《单车上路》）。杜风彦在路上也曾工作，但基本上都是非正式的打工，比如帮当地人做网站、拍摄视频等。郑盛在澳大利亚留学，有时在建筑工地打工，赚去美国骑行的费用。

美化打工者的多没有类似经验，很多干体力活儿也是没办法，在欧美等国家刷盘子，一天 12 个小时，不断被老板骂，也经常被同事欺负，那个日子和在地狱差不多，没有多少人可以坚持。

所以如果想走世界，一定要在国内准备好。浪漫归浪漫，现实归现实，浪漫属精神世界，诗词歌赋，风花雪月，骑车属体力活儿，汗流浃背，貌似“乞丐”。

5.3.4 在路上申请签证

此小节内容在之前有所涉及，这里主要探讨上路后申请签证的问题。

之前有人提出究竟是在国内一次申请好还是上路申请好，这不是个人选择问题，而是现实问题，要看你走哪一条线路。走俄罗斯加欧洲，横穿北美，几乎必须在国内申请，因为这些签证在其他国家要么很难获得，要么干脆无法申请。其他线路如东南亚、中东、非洲和南美，都可走一个国家申请一个，没必要也无法在国内一次获得。

所以，每到一个国家的首都，第一件事情就要处理签证问题，通过查导游书，找到申请国家的大使馆，准备好照片、护照和护照复印件等资料前往。抵达后先到咨询处，询问中国护照的申请条件，然后领取表格，填写，缴费（很多时候需要当地货币，折合约 30 美元左右），拿到收据，上面有取回护照的时间。如果大使馆收你的护照，除去一些发达国家，一般情况下不会拒签。如果拒收，只能放弃，去另外一个国家。

关于签证有效时间，一般情况下，使馆有 Tourist Visa（旅游签证）的规定（不同申请地也不一样），比如英国和印度都是半年，美国十年，有些国家则无论你写多长，都给你一个月，比如伊朗就只有 15 天。时间过短的签证很多时候可以入境后到当地执法部门缴费延期，一个月的时间基本能满足骑行需求。

申请旅游签证可选择多次和单次入境，一般情况下仅需要单次，如果线路设计中间有可能回来，就申请多次，但可能会增加费用。

有些南美洲和非洲国家，比如南非，对中国实行倒签政策，就是你从国外递交的申请需要发到申请国驻中国大使馆处理，时间会比较长，如果重要只能等待。

纵观线路和走过的行者，在环球各条主要线路上有几个值得注意的国家和地区，南非、美国、阿根廷、申根、英国和印度，签证有难度但必须获得，环球才是梦想，所以提前要准备。

以下为各位行者申请签证所在地表格，有很重要的参考价值。

东南亚

	越南	老挝	缅甸	柬埔寨	泰国	马来西亚
杜风彦	淘宝	国内	国内	陆路	国内	
刘文	云南	国内	国内	越南	机场落地签	国内
程鹏	国内	国内	国内			

中尼线尼泊尔和印度

	尼泊尔	印度	巴基斯坦
刘文	拉萨	泰国	印度
杜风彦	拉萨	泰国	
程鹏	拉萨	国内	
钟思伟	拉萨		

欧亚丝绸之路线北线国家

	蒙古	俄罗斯	哈萨克斯坦	拉脱维亚	吉尔吉斯斯坦	塔吉克斯坦	乌兹别克斯坦	土库曼斯坦	申根	英国
郑盛		国内	国内	国内					国内	法国
Lisalee					新疆	吉尔吉斯斯坦	塔吉克斯坦	塔吉克斯坦	国内	
刘文									国内	国内
杜风彦	国内									

欧亚丝绸中路南线国家

	巴基斯坦	伊朗	土耳其	亚美尼亚	格鲁吉亚	黎巴嫩	叙利亚	以色列	约旦	申根	英国
刘文	叙利亚		希腊无法获得			飞机落地签			陆路边境	国内	国内
Lisalee		通过代理旅行社	约旦（难）			陆路边境			开罗	国内	
程鹏		巴基斯坦拉合尔							机场落地签		巴黎
杜风彦		飞机落地	伊朗	伊朗	陆路落地签				飞机落地签		
钟思伟									飞机落地签		

东非洲线国家

	埃及	苏丹	埃塞俄比亚	乌干达	肯尼亚	坦桑尼亚	卢旺达	马拉维	赞比亚	莫桑比克	纳米比亚	津巴布韦	南非
杜风彦	约旦	埃及	埃及	陆路落地签	陆路落地签	陆路	电子签证	坦桑尼亚	坦桑尼亚		赞比亚		纳米比亚
刘文			机场落地签		印度新德里	埃塞俄比亚		肯尼亚		肯尼亚		肯尼亚	马拉维
杨怀玉						坦桑尼亚							坦桑尼亚
程鹏			埃及开罗	埃塞俄比亚	乌肯坦联合签证	乌肯坦联合签证							
Lisalee	埃塞俄比亚	埃及埃塞俄比亚	吉布提（困难）										
钟思伟	约旦	埃及	埃及	陆路落地签	陆路落地签	陆路落地签	电子签证	坦桑尼亚				赞比亚	赞比亚

美洲国家

	美国	巴西	阿根廷	智利	玻利维亚	墨西哥	危地马拉	玻利维亚	哥伦比亚
钟思伟			南非	阿根廷乌斯怀亚	智利安托法加斯塔				
明朗	国内								
刘文	国内								
网友陈掌柜	国内			墨西哥		持美国签证免签	墨西哥	墨西哥	墨西哥
郑盛	悉尼								

一些在第三国无法申请到的签证

在南非申请纳米比亚签证；

在英国申请申根签证；

在柬埔寨申请泰国签证；

在吉布提申请苏丹签证；

在索马里兰申请吉布提签证；

在埃塞俄比亚申请吉布提签证。

一些网友的申请签证经验

在尼泊尔申请印度签证，情况是说不准，有时可以有时不行；

在泰国申请马来西亚签证，只能飞机进入；

在巴西圣保罗能获得法属圭亚那签证，但在苏里南和委内瑞拉均难获得；

在法属圭亚那可获得苏里南签证；在哥伦比亚申请巴西签证，花费 90 天并多次往返。

5.3.5 与人交往

有时我真的非常羡慕那些善于与人打交道的旅行者，比如我的朋友明朗，一起骑行时在法国朗香经介绍住在当地一对老夫妇丹尼尔家里。他们第一次接待外国人，我们则第一次进入法国人家里，双方都有点儿紧张，最要命的是他们不讲英文，我们又一句法语都不会说。为了缓解气氛，我帮老妇人做饭，明朗和她丈夫在客厅待着，说聊天显然不合适，他们一起喝点儿葡萄酒，没过多长时间，就传来欢声笑语，等吃饭时，他们关系好得和多年不见的老朋友一样，推杯换盏，不亦乐乎。受气氛影响，还拿出了上好的臭芝士给我们品尝，按中国人的口味显然无法接受，惹得大家哄堂大笑。明朗靠微笑、手势加对方听不懂的英文，就能与陌生人融洽相处，而我就做不到，显然这需要一点儿人际关系处理技巧。

在瑞士巴塞尔附近找地方住宿时，遇到洛林先生，他热情邀请我们到家里做客。虽然觉得瑞士生活富裕，但对普通人生活究竟什么样子并不了解，那一天我真的很开眼界。洛林先生住联排公寓，结构和国内的两室一厅差不多，但面积却大得多，光厨房就有 30 平方米，衣帽间和浴室也超级大，这房子是花 3 万元人民币租的而不是买的。如今的瑞士人并不看重这个，他们老了会去乡间养老或者帮助别人。洛林先生说，他做餐馆点菜软件，年收入 80 万元人民币。如果我们每天骑车走过湖光山色，一片世外桃源的国度，也许对美丽的景色会印象深刻，却不能感受到这个国家人们的生活状态和美好的人际交往，而帮助别人也是生活的组成部分。

对于骑行者，结识当地人比结识背包客简单得多，有时只是一面之缘或者片言只语，有时却可以相处融洽，彼此之间会发生很多故事。不论如何，与人交往是旅行的艺术和精髓，只有跳出自己的小天地才能进入更加广阔的世界，体会这个星球上人类各种文明形态的丰富多彩，以及它们的重重矛盾，这是单车旅行的乐趣所在。

当然，旅行者不愿意接触当地人也有自身安全方面的考虑，比如遇到没有信用的小贩。

在印度这类小贩很多，有一次我从市场坐三轮车到火车站旁的游客区，说好 10 卢比，到了却改口 20 卢比，让人非常恼火。后来想，多 10 卢比也就相当于多两元人民币，对于自己没什么，对于他们而言差不多够一顿饭钱，这些车夫，很多连家都没有，晚上睡在车里，很可怜的。还有一次在瓦拉纳西恒河边，船夫漫天要价，好在后来大家相处得很好，我还请他看电影，要不是时间不够，我都会接受他的邀请到家里做客。

有时，游客区会有一些骗子，引诱你购买假货、毒品等，你永远不清楚他们的骗术，有时他们甚至和当地警察勾结，轻易相信的确会造成麻烦。这些就需要行者多加小心，走多了自然就能分辨，也并不能因此就拒绝全部当地人。

路上甚至会遇到一些奇怪的人，比如在巴基斯坦奎达，就有一位，孔武有力，身上缠绕着锁链，看着很吓人。直接过来邀请我吃饭，见到周围人群并无异样表现反而嬉笑哄闹，后来才知道，这人是一位修行者，只是为了表示友好而已。在印度还遇到另外一位修行者，聊了一会儿，当我打算在这里扎营时，他却轰我走，意思是今天不要在这里过夜，感觉很奇怪，不知道有什么地方做得不对，骑了十几千米才发现公路上有很多警车，本地有案件发生。

世界之大，无奇不有，这就是旅行的魅力所在。

旅行者之间，交往要轻松、愉快得多，大家都是路上的人，渴望探索世界，充满激情。不论在国内还是国外都

在瑞士洛林夫妇家

在伊朗西部

在巴基斯坦西部乡村，一个孩子举着玩具手枪对着我

在叙利亚古城阿勒颇，现在陷入战火，不知这个可爱的孩子现在怎么样了。他纯真、胆怯的眼神让人心动

巴基斯坦的修行者

在伊朗非常难见到西方游客，这两位英国骑行者很腼腆

是欢乐的源泉。这样的故事发生了太多太多，没有办法在这里一一讲出来，只要你上路，任何一个游客区的旅馆里都拥挤着来自世界各地的奇人，他们有着不同的成长经历和文化背景，对旅行和这个世界的体会也不同，和他们交流会有很多收获，和他们一起旅行，会有很多美好的回忆甚至是传奇经历。

不论如何，每当我想起路上的很多遗憾，就埋怨自己为什么不做好一点儿，多付出一点儿，让双方都留下美好回忆那才是旅行的价值所在，既不是赶路也不是看博物馆。这是我旅行十几年后才明白的道理。

5.3.6 找出旅行特殊兴趣点

相比在路上打工的激情想象，我更希望学点儿什么。旅行的目标是什么？看世界？寻找到自我的独特价值？那么很大程度上意味找到你的爱好并且发展它。

有些人发展以前的职业和爱好，另外一些，也许跳出行业重新找到新的爱好。不需要讲什么道理，我身边的很多朋友都这么做。

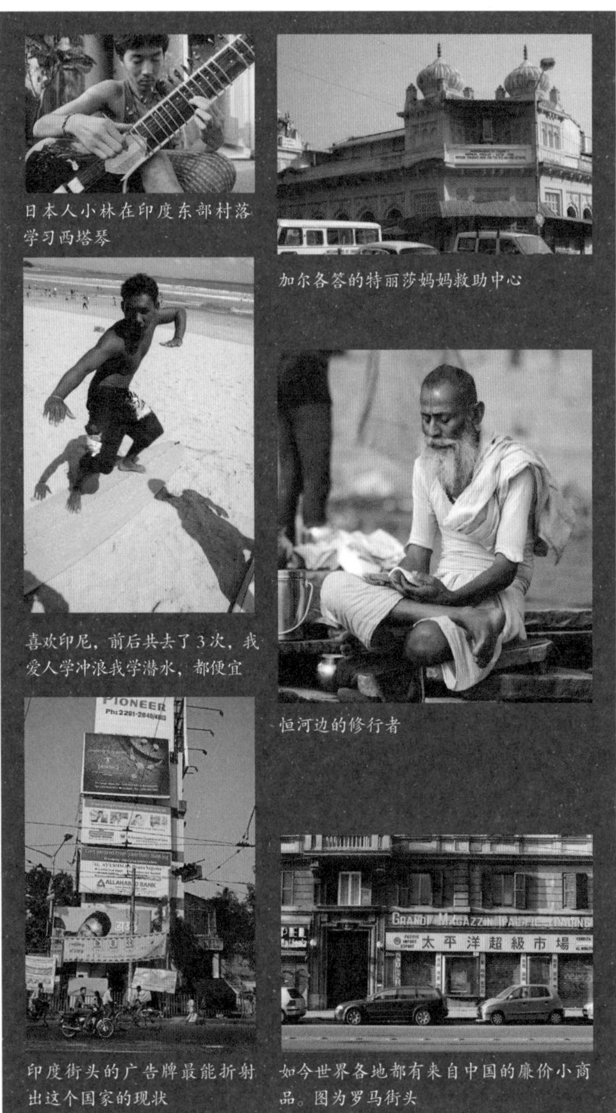

日本人小林在印度东部村落学习西塔琴

加尔各答的特丽莎妈妈救助中心

喜欢印尼，前后共去了3次，我爱人学冲浪我学潜水，都便宜

恒河边的修行者

印度街头的广告牌最能折射出这个国家的现状

如今世界各地都有来自中国的廉价小商品。图为罗马街头

明朗，本职建筑师，旅行之前工作不错，但更希望发展自己的才能，去世界各地看建筑。所以我们的欧洲线路设计有在法瑞边境参观“帆船教堂”，值得一提的是设计者勒·柯布西耶就是年轻时代通过旅行得到的灵感。有了欧洲建筑之旅的学习，明朗的才华得以展露。

余莹，本是广播学院毕业的记者，第一次旅行采访了很多实现梦想的人，在印度时找到了自己人生的价值归处：瑜伽和灵修。再次返印，随导师学习，后来她出版了新书《我走了很远的路，才找到家门》。

杜风彦，本职程序员，第一次骑车环球，发现自己的摄影才华。第二次和朋友们上路，拍摄尼罗河文明现状而不是骑车，就在我写书时，他发了新照片到微博，拍得很好。如果你全身心投入自己热爱的事业，可以超越技巧本身，这就是人类独特的地方。

就我而言，第一次旅行结束后，写了《单车上路》，头几年先发展自己的摄影技术，给杂志写稿子，而后进入纪录片拍摄，十年过去后发现，写作最适合自己的性格和能力。

也许有的朋友走之前没什么特殊想法，那就在路上去发现它，大千世界，总有你进入的方式，学会观察，感知它，迟早有一天会成为思考的主题。在这方面胡成是行者的榜样，他的作品《我已与一万亿株白桦相逢》，观察和抒情无出其右，值得带着上路。

行者们每到一个地方，多数时间都在骑车，等到了景点或者首都，时间多会宽松，这时完成了签证和其他准备工作后，开始逛景点，在游客区吃饭、放松，和家人朋友联系。建议腾出时间到一些和自己爱好相关的地方走访，安排这样的行程会让旅行更加深入和有意义。比如你对中国经济如何影响全球人们生活这样重大议题感兴趣，一路上就要多注意相关内容。如果你学艺术，博物馆肯定要去，如果你喜欢音乐，当地的民族和地下音乐都要找机会去听。比如在加尔各答可以去探访特丽莎妈妈救助中心，在瓦拉纳西学习瑜伽，在南美学习西班牙语。不论哪一种，都要提前寻找资讯，主动寻找才能有机会，有时间可以立刻进行，也可以之后再返回，给旅行创造更多的可能，而不是过分强调骑行的国家数量、路程等对自我修养提升意义不大的“壮举”。

如果没有什么特殊项目或并不想发展什么，只是到当地看看，那么就要跳出景点，广泛行走和观察。我们所见到的任何一个地方都深刻隐含着当地的现状。比如在叙利亚的帕米拉时，我看完罗马时代古迹，溜达到附近村落中，遇到贫困的当地人，住在一个破房子里看守果园，相比很有异国情调的椰枣村庄，当地人的生存现状更让我震惊。随后不久，这个国家爆发了革命，到现在都在进行。而在德黑兰遍布标语和领袖头像，就会理解当地人对外国人过度热情有着深层的含义。

5.3.7 控制节奏，享受旅行

走亚非时确实担心过自己的身体能否胜任长途骑车，为此特意锻炼身体，杜风彦出发前也在国内预先骑行了3000千米，后来就这个问题我们得出共同结论：没有必要。

锻炼要长期坚持才有效果，一蹴而就反而容易伤身体，头几年报道有白领女孩在沙漠徒步时突然死亡，原因就是出发前短时间内的高强度锻炼消耗了身体里储备的能量。而新手对体能是否充足这个问题的看重一方面是由于认知错误造成，多把单车旅行当做体育运动，另外还有胆怯和担忧的成分。

建议直接上路。慢走，让身体逐渐适应路上的节奏，每天可以根据自己的身体状况来安排。体力好就多走些，体力弱就慢些走，用不着逼自己，经过一个月的骑行，体力逐渐就可以得到提升。如果一次骑行5000～10000千米，那花上半年到一年的时间，以相对缓慢的方式前进就非常重要。如果开始过度兴奋和体力透支，往往无法坚持得更长，这个道理就如短跑和长跑的关系。

记得2006年走中尼，路上遇到从芬兰来的骑行者，他们参团中尼骑行，有物资车，每天行程固定，当他们风风火火地路过时对我说了句：这才是旅行。他说的没有错，我们走了同样的距离，他在锻炼身体，在世界上氧气少的地方做有氧运动。当他已经回到家里继续工作时，我正慢腾腾地穿过加德满都谷底，准备在安娜普尔纳徒步半个月，随后还要继续到印度西部塔尔沙漠骑骆驼和野营。

骑车的节奏是一天80千米左右，多数骑行者都如此。

早餐吃得舒舒服服，一天就靠它。8点多慢悠悠地上路，中午路边简餐顺便打个盹儿，下午四点多开始找住宿的地方，吃饱了，什么都不做，消化食物。最快一次从柬埔寨边境到泰国曼谷一天走了270千米，在津巴布韦，一天走了5千米，没坡、没风，路好得很，就是不想骑，心理疲劳，觉得天天这么走路没意义。

很多时候放弃并不是由于没有体力，而是胆怯，比如对翻山的恐惧，我第一次翻越昆仑山时，提前两天就开始担心了，当真正爬上去时感觉也没那么可怕，有时候也对目标遥远、距离过长等有压力，尤其穿越大陆时会有这样的心态，漫漫长路无尽头。所以有经验的骑行者会告诉新手，第一个星期最重要，开始可能会比较累，随后感受会改善许多，这话很有道理。

就国外骑车而言，太多新鲜事物的刺激会导致精神一直亢奋，持续时间一长就会身心疲惫。比如骑完东南亚三四千千米还可以，但穿印度可能就会感觉体力和精神不支。因为南亚更接近我国，文化熟悉，而印度则和中国差异大，了解少，且物质条件较落后。在国外旅行所遇到的不如意和意外远超国内，陌生的文化、对安全的担忧、不合口的食物、想家等，都容易让行者情绪低落，对事情丧失兴趣，甚至绝望和放弃。

这些心理变动几乎每个人都会遇到，并非个别现象，如果提前有所认识，就会给自己坚持下来找到正当的理由。

其实遇到心理困难，最好的办法是休息，适当享受，就会重拾旅行的乐趣。

在骑行线路的选择上，身体和心理处于疲劳时最好让接下来的行程难度小一些，会让人增加信心，而不是打击接连不断。2008 年在大理遇到一对西方骑行者，我想过去聊聊都被拒绝，显然从东南亚翻过横断山脉着实辛苦，心情好不了，如果再遇上纠缠你的小贩，骗你的商人，排挤你的司机，态度蛮横的官方人员，绝望时想坐在路边号啕大哭。

旅行心理学上有几点建议。

❶ 听天由命而不是对抗。愤怒和反抗会带来更加不利的后果，还会让自己心态封闭，比如我第二次去拉萨时由于和搭档关系不好，常处于这样的状态，还打算和几个建筑工打架，仅仅是因为人家开了几个不太好的玩笑。

❷ 学会理解和保持良好情绪。这两点是相关联的，情绪好你才能理解，不要试图去嘲笑讽刺一个国家的现状，比如人家的交通不好，公交车破烂，人们没有礼貌，对贫民窟加以评判等。这个世界任何地方表现出来的特征远非那样简单，有经济学家就对孟买市周边社会底层聚居对城市经济运作有良好作用持肯定态度，简单理解和情绪化判断是自我心理封闭的征兆。美国旅行作家皮克·耶尔（Pico Iyer）讲了个故事，一次在国际机场遇到了一位年轻漂亮女孩，是德国背包客，愉快地聊了半个小时，而剩下的 8 个小时等飞机时间，这位姑娘就那么静静地坐着，甚至都没有看书，浑身散发着由宁静带来的光芒和力量。耶尔说，我走遍世界，就是希望获得这一刻。

❸ 善待自己。骑车很苦，远非想象的那么浪漫，过于苛刻对待自己结果它会报复，你不是机器，不要忘记快乐也是旅行的收获之一。当然，极限户外穿越属于另外的领域。

人生并不复杂，走点儿路，看看远方，还想怎样。这个世界不会为你而改变，你也改变不了什么。

5.3.8 获得媒体报道

当然，让别人关注自己是这个时代的主旋律，谁都希望别人给自己行注目礼，更希望在别人的眼里成为传奇。但媒体报道更主要的作用是为签证申请和当地旅行带来便利，你可以带一份报道给签证官看，以证明自己，这远比说来的直接，我、杜风彦、钟思维和郑盛在路上都被当地媒体采访过。记得在南非，路过一家华人餐馆，老板娘居然问我是不是《南非华人报》上报道的那个旅行家，可见影响力之大。后来也因此在南非大使馆顺利换发护照。

METRO SHANGHAI

PEOPLE

Youth prepares to bike from Shanghai to London

DREAM CYCLER

GLOBAL TIMES METRO SHANGHAI

City's airport officials waive passport rules for those returning from Libya

Another 550 Chinese nationals 'finally home'

关于郑盛的报道

获得媒体报道的操作方法其实很简单，当地华人彼此都有联系，可经过介绍，或者自己打电话到编辑部。当然本地英文和当地语报纸最好，会为你申请下一个国家的签证带来很大方便，可通过在首都或者当地认识年轻人等来寻找机会，总之报道多多益善。

5.4 回家

想回家，那就回。

在国内简单，买张车票，托运行李，几十个小时后你就躺在舒适的家里了。在国外肯定要买机票，提前计划会比较便宜，如果突然中断旅行，而且身处航线较少的国家，比如非洲的莫桑比克，或者南美洲的秘鲁、玻利维亚，费用昂贵不说，还需要转机周折。这个世界主要的几个地区都有所谓的航空门户，多条国际航线交汇，比如东南亚的泰国曼谷，我们国内的香港、上海和北京，中东的阿联酋，非洲的南非和埃塞俄比亚首都，南美洲的哥伦比亚等。可以先到这些门户再继续，困难会小一些。

除去重要装备，修车工具、备胎和餐具等均可扔掉，甚至车也可以卖掉或者送当地朋友，骑完中尼后，我的捷安特在加德满都以 100 美元卖出，然后继续背包印度行。

相比结束旅行，回家本身并没有什么技术层面可言，包括《户外单车生存向导》等专门著作只关注两个问题：到家了，然后呢？需要重新找工作吗？

这两个问题的答案因人而异，其实问题背后涉及的是"如何处理你带来的转变"。

首先，不适应，你会掉入一种既不属于这儿也不属于那儿的尴尬的心理状态。从盼望已久的旅行结束，成功带来的喜悦和朋友们的赞许，你和周边也分享了很多路上的见闻，但很快，一切都归于平静。生活照旧，带给你安全、温情，你也渴望融入，但突然你会想起出发时的挣扎，以及以前的迷茫痛苦不正是这些东西带来的吗？这种警醒心和对理想生活方式的向往同样也存在于身体内。就如斯文·赫定说的，一闭上眼睛，那片广袤的亚洲风沙之地就向我召唤。何去何从已经是个麻烦？

如果回去，那么继续工作甚至返回以前的公司，一切会照旧，随着时间的消逝，那些旅行在你身上留下的记忆会逐渐暗淡，不会对生活有什么影响。

如果继续，钱从哪里来？如何养活自己？你的职业是什么呢？

身边不少朋友都选择了自己的道路，当然，这条路很辛苦。

有的，在拉萨开了单车酒吧；

有的，在大理开了旅馆；

有的，开始制造旅行车，打造自己的品牌；

有的，组建自己的工作室，代理单车品牌。

上面这些朋友或多或少都和单车有关系，但杜风彦选择摄影，我选择写作。需要提前知道的是，如果你选择的是独立道路，那么，你的学习能力和自我价值会有很大提高，但有可能很穷。再有，自我学习和探索是一条漫长的路，比环球骑行长多了，也许需要 5 年甚至 10 年。

不论你如何选择，就我个人而言，回家后的第一件事情就是要把游记写出来，不能是攻略，只有痛下决心把自己的经历和心理变化通过文字复述下来，才能解释从旅行开始我们就面临的一个问题：我为什么骑车去旅行。

这很痛苦，因为脱胎换骨，别无他途。

尼克·丹齐格（Nick Danziger）由中国香港坐货船回英国，亚洲旅行 14 个月后，身无分文的他回到了家，然后用了一年多时间，根据自己的笔记写出了游记《千里入禁地》，期间经历了巨大的心理低潮。他说，最艰难的旅程是把自己的所见和感受放到文字里……不久之后我发现，只有明白自己为什么这么做，才能描述我到底做了什么。

他的感受在我写《单车上路》时都经历过，我庆幸自己做到了，人生犹如登到顶峰，放眼望去，群峰延伸到天际，但路迹可循，再无徘徊。

我们为什么要骑车旅行？

第 6 章
单车户外生存

Whitby
Burniston
National Park
Scalby

2000 年 5 月，我买了平生第一套户外装备，Euro Hiker 225 帐篷，The North Face（北面）大红色冲锋衣裤。裤子有点儿大，老板说是外贸货，紧俏得很，结果穿着像个现代面料的灯笼裤一样，就这么得意扬扬走了一路。70 升绿色登山包，一双登山鞋，反正都是著名品牌，当时国内既没有这些品牌代理更没有仿冒货销售，整个北京户外商店不过那么两三家而已，时髦要付出点儿代价。一共花掉 2800 元，挺贵。

一夜间我从穿着军靴、蓄长发的摇滚青年转变成了户外汉子，回西安整装出发前往西宁时，在镜中看着被大红冲锋衣包裹着的自己，感觉一切都是新的，像重新开始了人生。我如火一般骑着一辆不起眼的杂牌 28 车就上了青藏公路。什么都不懂，既没目的也没精力去探讨，就想骑车去拉萨，口号足够热血。

虽然是 7 月的天，风却有点冷，阳光锐利，无处躲藏，几天后我有点儿绝望目前的处境，视力所及，脚下公路延伸到天际，隐没于群山之间，好像永远没有尽头。

在一个慢坡顶，下车，倒在地上，喘着气，勉强点燃一支烟，让自己专注而急躁的心放松下来。

天空犹如第一次才发现它的存在一样，距离如此之近，仿佛触手可及，又遥不可及，感觉自己就在它的包裹之中。空气中没有一点儿声响，放眼远方淡蓝色的群山，它们一成不变，却能感觉到存在，环顾四周，脚下这片荒凉的大地，空寂、亘古、沉默，拥有更宏伟的力量。

我专注于审视天空和远方，想看得比远方更远，却发现景物越来越宏大，自己越来越渺小，天地之间只存在一个鲜活的生命在跳动，在孤独中前行，那一刻，我被眼前的景象所感动，生平头一次获得自我存在的珍贵和所拥有的使命感。这种力量消解了我对旅行的担忧和恐惧，体察自己甚至发现从城市里带来的绝望和迷茫也没有了踪影，这一刻究竟带来的是什么，我至今都无法解释清楚，也并不知道远离尘嚣、进入荒野可以洗涤一个人的精神，这是约翰·缪尔的话。

当内心冰封解冻，欢乐的源泉喷涌而出，困难便不再是个问题。

翻过唐古拉山口抵达安多县，和一群正在卸货的藏族同胞打招呼，他们则惊讶地停下了手中的活儿。在当雄最快乐，和一位藏族青年徒步草甸，他带我去看山下的一座

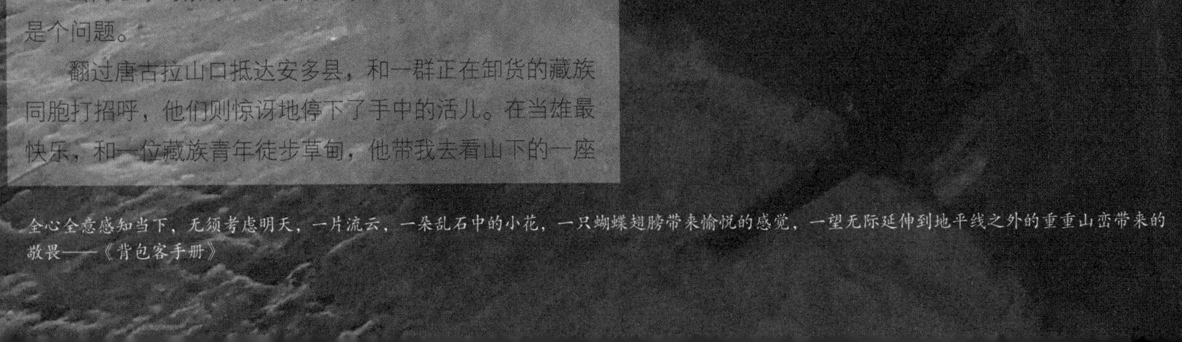

全心全意感知当下，无须考虑明天，一片流云，一朵乱石中的小花，一只蝴蝶翅膀带来愉悦的感觉，一望无际延伸到地平线之外的重重山峦带来的敬畏——《背包客手册》

湖，说颜色会变，我则被满目新绿的旖旎山丘所陶醉，感觉要融化在这片高原之中了。草甸中有很多小溪流入湖中，溪中有小鱼可抓，我都想回去取帐篷，在这里扎营，眼前的景象在出发时就梦想过。不过，这个愿望在到了拉萨之后得以实现，还遇到一位姑娘，两人一拍即合去亚当徒步，其实路并没有走多少，多数时间都在享受山野乐趣，帐篷扎在一条瀑布附近，有个水潭可以游泳，旁边是很大一片草地，绿草如茵，野花盛开，甚至采到了蘑菇，为此还和她争论究竟能不能吃，有欢乐的地方最美好，而野外的欢乐就是天堂。

自从我 7 岁离开农村到现在 30 岁，有多少年再也没有享受过一次在乡野土地中嬉戏的快乐，它仅在梦中短暂出现过，而现在明白需要什么——进入旷野。

旷野能安顿我们的身心。

以后十几年间，我进行了几次大旅行，穿过了亚美欧非，既见到了繁荣也亲历了贫困，深刻体会到世界之大和其复杂性，也不断学习各种事情，其中有一项一直没有断开，那就是对户外知识的探索，但怎么走出一条自然和人生相结合的道路呢？

好像朋友们一样，骑车的几乎都是环保者，或者至少口头上是。我知道索南达杰自然保护站由志愿者建立，而再次骑行青藏时，它已经是自然保护区，《志愿者服务原则》孤零零地挂在会客厅里。

从阅读角度也一样遇到麻烦，当你去阅读经典作品时，比如《寂静的春天》，顺此逻辑下去，就变成了科学，就如我的朋友梁旭昶，他在WCS（国际野生生物保护学会）从事保护工作，一方面要大量采集数据做科研，另一方面还要帮助和培训当地人，再比如珍妮·古道尔，把一生贡献给了刚果的大猩猩。他们都非常职业化，好像都不是我要走的路。

有没有一条既不是科学，但又和自然相关的学科呢？

头两年，当我开始对佛学感兴趣时，在终南山建了草堂，想跻身于山水，重归走拉萨时的快乐，面对这样的美好景象，我却依旧什么都不懂，山水花草至少我要叫得出它们的名字吧，于是我发现了一门学科，叫博物学。博物学由于牵涉心灵和人的存在价值等而脱离科学发展形成新的门类，自然保护区得以相继建立。

到这时才彻底明白，原来带给我身心解放和快乐的是这片大地，是这个星球，就像当年诗人海子第一次进入西部高原的感受一样，大地、身心、火、风是你

我存在的基本元素，也是最后的归处。

那时，读了大量的博物学著作，从宏观的《熊猫的拇指》《火烈鸟的微笑》，到观察和实践性很强的《夏日走过山间》《花的智慧》，相比我更喜欢美国博物学家作品《远行》《遥远的房屋》《低吟的荒野》和《岛居岁月》，从梭罗开始，利奥波德、巴勒斯、贝斯顿，生活在自然中的博物学理念，到法国单车行者泰松（Tesson）在西伯利亚森林中半年的生活。不是研究它，而是观察和用心感受它。甚至，连电影导演德雷克·贾曼都在得癌症时，回归田园，并写作了《现代自然》。

关于博物学，建议大家去读程虹的《美国自然文学三十讲》。

至此，我走出了一条曲折的道路，从摇滚青年到户外爱好者，再到跨国旅行者去看世界，然后转回内心去学习佛学，再到山间去修行体会，最终把户外旅行、看世界、自我成长和中国传统结合在了一起，顿觉成长，身心安顿。再也不需要任何行头学说装点自己，只需要和万物在一起，向万物学习，就拥有了万物的知识和智慧。

那也许就是喜悦的源头。

只有在自然中，才有机会体会万物相通的最高智慧

30岁时在西藏

40岁时在终南山

6.1 户外装备

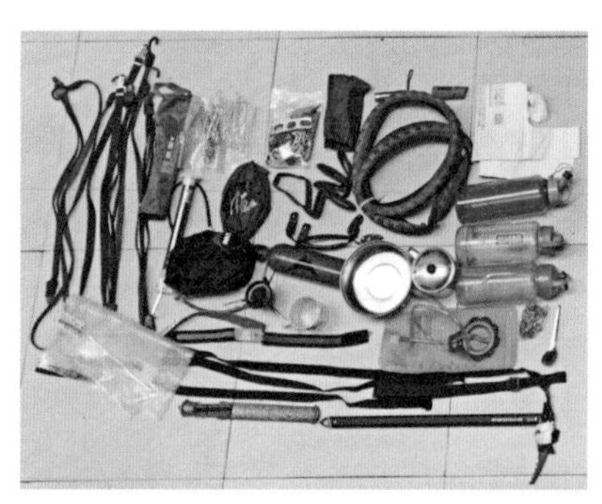

由于单车旅行主要走公路，补给上的难度不会太高，所以对野外装备需求并没有像徒步和登山那样苛刻，价格上可以松动很多。一次高强度严寒徒步，用 The North Face（北面）品牌抓绒、羽绒产品，和淘宝上一两百元的衣服相比肯定差距很大，但骑车除了极限穿越，在没钱的前提下基本可以忽略这种差距。从装载重量上说，单车要比徒步大得多，负重 30 千克对骑行者来说不算什么，这样就决定了没必要选择超轻产品，言外之意也意味着昂贵（比如钛金属餐具，耐用性好）。主要麻烦多会出现在廉价帐篷、衣物等的拉锁上。科技含量拿钱说话，基本上都是材质问题，比如 GORE-TEX（戈尔特斯）防水，便宜又高科技，“山寨”肯定还不如杂牌廉价货。

骑行对于户外装备的需求主要来自野营，包括 3 个方面。

睡眠系统：帐篷、睡袋、防潮垫。

烹调系统：炉子、餐具。

旅行系统：背包、鞋子、服装。

装备级别来自线路长度和强度。

级别 1：3000 千米内的长度，旅行时间为夏天，大约走八九十天。线路有环青海湖、海南岛，青藏、川藏线，东南亚等。对装备的要求很低，廉价即可，且补充容易。

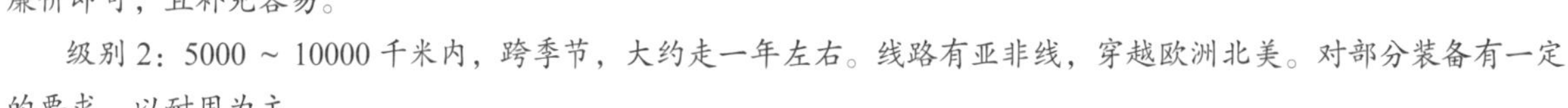

级别 2：5000 ~ 10000 千米内，跨季节，大约走一年左右。线路有亚非线，穿越欧洲北美。对部分装备有一定的要求，以耐用为主。

级别 3：极限户外穿越类，骑行无人区。线路有西藏大北线、羌塘线、巴塔哥尼亚线等。装备在苛刻的自然环境下使用，很难补充。

如今的世界能真正意义上冒险的地方已经非常少了，除了南北极外（也不是普通人可以前往的），北美洲人烟稀少的地域多为国家公园，进入需要排队申请许可，南美洲巴塔哥尼亚高原同样非常旅游业化，非洲有不少国家在政治上处于动荡，观看野生动物属昂贵消费。至于海岛也许大家熟悉“贝爷”系列冒险纪录片，但不要忘记那是仅用来观赏的电视秀而不是让你我去实践。

国内，西藏算是户外天堂，有雅鲁藏布江热带雨林，可可西里和藏北无人区，税晓杰、杨柳松和丁丁均做过探索，但目前全部对旅行者关闭。对着世界地图放眼望去，你会发现除了登雪山、无动力个人航海这样非常专业性的挑战外，我们没什么地方可去冒险，也不需要那样的冒险了。

就拿我 2014 年的单车穿越来说，计划走青藏线从可可西里入藏，北双湖特别行政区出，全程需要 80 天，过 3 个无人区，迄今没有人骑单车走过，对于热血男儿而言，足够功成名就。但那次冒险却失败了，原因很简单，偷入保护区。事实上我并没有被抓，而是快到卓乃湖时由于一个小疏忽主动退出。返回索南达杰保护站才知道工作人员冒雪开车找了我一整天，他们会为此担责任。

那时想，这么做的价值何在，由此推论得出以后不再做类似的冒险。徒步、野营等一般意义上的户外活动应该在更加规范化的环境下操作比较合适，本身也并不会妨碍体会自然，舆情山水，单车旅行更是如此。如果真想深入的话，就应该像徒步环保作家马修森那样，通过旅行探讨环境、人和自然等重大议题，或者加入一些公益组织，做一些身体力行的工作。

加入这么一段议论和感受，结论是：轻极限，重常规；轻装备，重旅行。

6.1.1 睡眠系统

对行者们而言，白天单车是搭档，夜晚，帐篷是家，睡袋是爱人。

如果没吃好，忍了，如果再没睡好，第二天还要顶风再走上 80 千米，人就会疯掉。睡和吃是最重要的补充体力的方式，一定要让自己舒服。迄今还记得《世界上最糟糕的旅行》的作者描述他们在南极零下 50℃低温环境下要钻入潮湿冰凉的睡袋中的恐怖感受，想起这个就直起鸡皮疙瘩，以至于后来选择线路时都在夏天或者去热带地区，我属于怕冷不怕热的类型，有些人则相反，所以选择装备也要考虑体感。

1. 帐篷

如果在二三十年前，对于东西方骑行者而言，帐篷都是少见而昂贵的装备，自从有了"中国制造"，价格从 2000 元跌到 200 元，任何人都能消费得起，且普通户外骑行时野营够用。

市面上常见的帐篷有两种类型，常见的为圆顶式（Dome），两根杆，十字支撑。分内外帐两层，里纱，外防风、防雨。

优点：廉价，两三百元人民币就可以买到，质量足可以应付一次长途骑行。帐篷高，活动空间大，不需要趴着，如果恶劣天气持续时间长，它就是房间。

缺点：2 千克左右，稍重。

另一种是船底类，多见于 The North Face（北面）等登山高端产品，少见骑车使用。

优点：轻，小。

缺点：贵，空间小。

目前市场上的产品非常成熟，国内也有一些自己的品牌，比如骆驼、牧高笛等，价格差距很大，来自多方面，各有其道理。对于骑行者只需要考虑到以下几个问题即可，没必要花冤枉钱。

（1）单人或者双人帐篷均可，主要问题不是重量，而是空间。我一直使用双人帐篷，在周边有人的情况下把车和所有行李都放进去。车放在外面会睡不踏实，在公路边、城郊等有人的地方尤其如此。

（2）材质。都是涤纶布面料，产品说明都有纺织密度和强度数字可以比较，具有一定的防水性，主要看缝隙压胶的处理。另外一点需要注意，如果在春、夏、冬三季旅行，结露问题不容忽视，虽然目前主流的帐篷内外帐分离，但温差太大依旧会导致睡袋和衣服被淋湿。总之，帐篷的防水要求应该比车包的要高。试想，包有点儿漏水可以加罩或者躲雨，帐篷在夜里漏水可就无处可去了。

（3）杆的材质以玻璃钢、铝、碳纤维为主，一般最低档的用玻璃钢，铝管常见，碳纤维高档。第一次亚非旅行时，用的是双人玻璃钢杆，较重，到后期开始老化。第二次欧洲骑行使用狼爪铝杆，稍轻，弹性比玻璃钢好，半年旅行基本没问题。

（4）最好带有门厅，下雨、刮风避免在帐内生火，一不小心就会烧毁东西，很危险。

（5）如果走藏北类极限线路，会选择进口大牌两三千元级别的产品，如果公路旅行且只要两三个月时间，普通的帐篷即可。

2. 睡袋

市面上主要以两种外观设计为主。

一种是信封式，填充化纤棉，或者用抓绒面料制作，非专业外形，淘宝上几十元就可以买到，走短途和热带国家足够用，如果能拉开当被子用最好。

优点：便宜，舒适度高，透气性好。

缺点：保温差，较重，压缩度差。

另一种是木乃伊式，外形专业，脚部可收缩，头部有兜帽，钻进去就像把人捆起来一样。保暖度高，但舒适度很差，但在低温环境下，前者显得更重要，填充物多为羽绒或者高级化纤棉。在和普通化纤棉同等重量的情况下，温标差异在 10℃以上。

优点：保温好，压缩性好。

缺点：舒适度和透气性差。

关于填充物

化纤棉非棉类，为中空纤维，种类繁多，睡袋用的多为四孔棉、七孔棉等多孔棉，七孔棉保暖度和蓬松度最好，这些材料也用于被子和枕头的制作，是市面上廉价睡袋最常见的填充物，品质和技术含量不一，所以价格从几十到几百元不等。合成材料的优点在于廉价，在潮湿情况下依旧有部分保暖能力，且可速干。有些商家为了降低成本，几十元的廉价睡袋多用纤维原料，自己用机器梳理，这么做其寿命肯定比定型类棉要短，性能也差，所以在国外多做一次性使用。

还有一种常见的填充物是羽绒。用很便宜的价格就可以买到羽绒睡袋，但羽绒质量无法得到保证。虽然我们可以从填充量来判断睡袋的温标，肯定越重越暖和，但绒的蓬松度和含绒量也同样重要，消费者却无法具体得知。含绒量甚至需要实验室检测才能得到，非常麻烦。

羽绒睡袋的优点是轻，和化纤类填充物同等重量下保温性好，容易压缩。缺点是不防水，不好打理，质量差的容易倒绒。

羽绒睡袋还是棉睡袋

在淘宝上看到一款骆驼冬季羽绒睡袋，填充 1.5 千克鸭绒，总重 2.2 千克，价格才 220 元，温标 -15℃，可信度多高不说，同类产品在美国买著名品牌价格要两三百美元以上。换个角度，就单车旅行来说，只要你不是横穿藏北或者在冬季严寒下骑行也足够，哪怕睡袋温标达不到那么低。走可可西里那次我用黑冰的 G1000，1200 元算国货里比较贵的，4 月在昆仑山口 -14℃室外温度，帐内 -1℃，没有感觉到冷。但和骆驼之间差价超 100 美元，如果是环球旅行，够多走一个国家。

所以笔者的建议是：

❶ 如果走夏季路线，夜晚温度不降到冰点，一款好点儿的三季棉睡袋足可，主要出于舒适度考虑，重量和价格都是其次。如果走我国西藏以及中亚、俄罗斯、巴塔哥尼亚等气温变化比较大的区域，则选择羽绒睡袋比较合适。

❷ 睡袋尺寸尽量要大一些，道理和车架一样。

❸ 从实用性角度考虑，除了极限需求，选择重量大而不是轻的睡袋。

❹ 羽绒主要出于轻量化和极限环境考虑，再有木乃伊式舒适度很差，如果面料透气不好，非常容易导致潮湿，让睡眠的保温和舒适度降低很多。

3. 防潮垫

防潮垫也应该和帐篷睡袋一样得到重视，防水、隔热，要想不受地气影响主要靠它，是睡好觉的重要保障，质量好坏对功效有很大影响。防潮垫分为两大类，一种为发泡垫，大概四五十元就能买到，另外一类为充气垫，大概要两三百元。这两类我都使用过，充气垫非常容易被扎破漏气，骑行时间长，难免出现问题，另外，低档充气垫填充物差，睡着后感觉很凉。所以笔者更倾向使用泡沫垫，但缺点是不能压缩占地方。

市面上有多种类型的发泡垫，可折叠、铝贴膜、蛋壳面，由不同聚乙烯材料制成。带贴膜可防水、保温、防烫，增加在户外使用的性能。

EPE 材料，俗称珍珠棉，就是快递箱里的白色泡沫，用于包装和装修行业，起到隔热、隔音、防震等作用。用此为原料制作的防潮垫价格低廉，弹性和耐用性一般，短程且温和天气一次性使用比较好。

XPE 或者 IXPE 材料比 EPE 好点儿，防滑，舒适性非常好，在低温下基本能保持物理特性，也比较轻。

EVA 材料制成的防潮垫柔软，有橡胶弹性，强度高，一般经常被用做瑜伽垫，较重。价格和其他两种材料差不多，也非常耐低温。

我用垫子的感受是：

❶ 不论是充气垫还是发泡垫，我都多带一块 XPE 的薄铝箔地垫，有很多用途，在尖锐地面比如树林中，放在帐篷下可防止帐篷地席被刺穿，失去防水作用，也保护充气垫。还可以当救生膜用，降温、风大时裹在身上，面积够大的话上飞机当做包车的材料都可以。

❷ 如果骑行时间长，尽量选 XPE 和 EVA 材料，厚且面积大点儿，重量增加，毕竟你要在上面度过几百个小时。

❸ 淘宝销售的蛋壳面双层 EVA 材料垫子三四十元，多为一种材料、不同密度合成。我第一次走非洲就使用的这类垫子。稍重但够结实，凹凸面不太舒服也不适合用羽绒睡袋。

4. 营地灯和头灯

不论骑行还是扎营，光源都很重要，在发达国家，如果夜行单车没有灯光属于违法，我在英国骑行就曾被警察检查，没有灯光的话风险很高。野营时无论帐篷内外活动都需要灯光支持，做饭、阅读、找东西等，在长途旅行时尤为重要。就我个人经验，至少需要两个光源，一个骑行时用，一个野营用。

目前市场上有 3 种类型的光源可供选择。

❶ 头灯。最常见的廉价户外照明设备，体积小，重量轻，可头戴，通常 3 ~ 5W 功率，采用 LED 灯泡，以 18650 电池或者 5 号电池供电，多为远光效果，骑行时可以用，但不好固定在头盔上，另外 18650 电池在一些地方未必能购买到，如使用充电电池，需要单独携带充电器，有点儿麻烦，除非你还有用相同电池的电器。

❷ 骑行手电。现在很流行用 18650 电池的铝合金筒防水手电，可固定在车把上，远射上百米，有些还有防爆频闪功能，价格在百元左右，值得选择，但依旧要充电设备。缺点是比较重。

❸ 营地灯，市面上也有很多，外形各异，大小不一，质量和价格差距很大。采用 LED 灯头，使用 18650 锂电池和 5 号电池的均有，在选择上要考虑电池性能的重要性，亮度对于野营倒不是很重要。另外要尽量轻和小，可以悬挂在帐篷顶部的挂钩上。营地灯还有一个重要功能，如果拍摄星空夜景下的营地，在帐篷内用营地灯照亮才能拍出辉煌的效果，亮度不够可用地席的锡箔面反光。

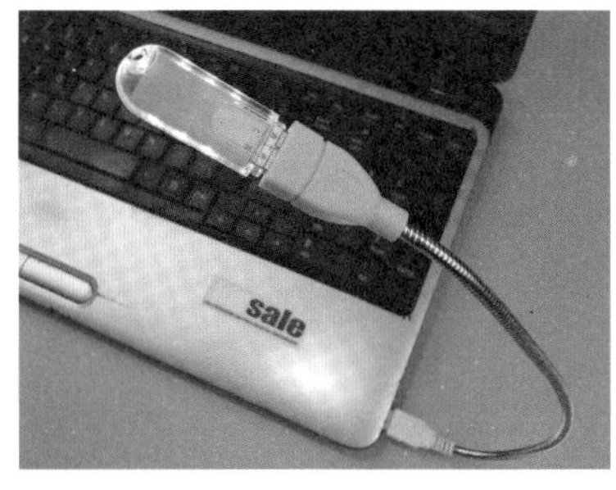

每天在帐篷内写日记，如果没有照明，看不到键盘会非常恼人

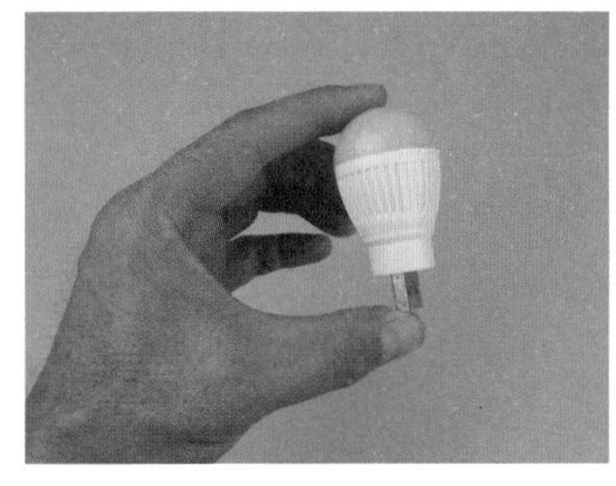

USB 散射灯泡

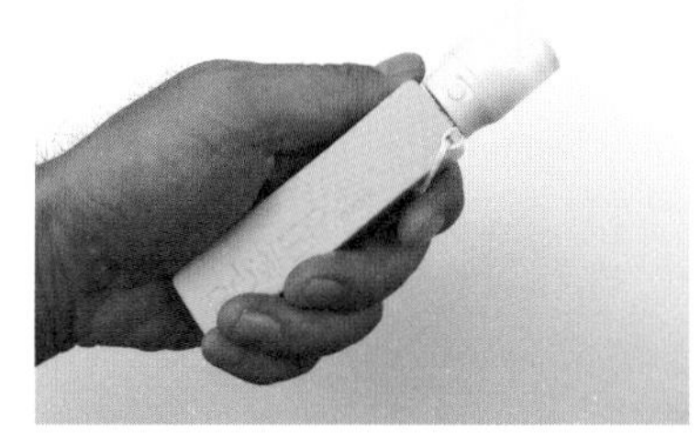

USB 聚光灯泡，大概能照射二三十米，亮度比廉价头灯高

另外还有使用气罐照明的灯头，有步林、火枫等品牌，价格在百元左右，体积很小，和炉头差不多大小，一罐气大约能使用四五个小时。我更看中它的取暖功能，对于寒冷区域的骑行很有必要。这类气罐在国内和欧美地区很容易在超市购买到，在非洲等地方就不容易补充。总之对于骑行而言，这属于比较奢侈的装备，取暖完全可以用汽油炉来替代。

我的方式是使用一款质量小的移动电源，在电子市场买两种 USB 接口的 LED 灯泡，一种为散光，用于野营照明，另外一种可远射，大概也就几元人民币一个。这么做的好处是可以控制电源质量，既可以给其他设备充电，也可以用来照明。

6.1.2 烹调系统

一想到吃，我脸上就荡漾起了笑容，对于骑行者而言，没什么比这更加迫切。扎营总要找一块最理想的环境，在林间或水边的隐秘角落，卸下车包，撑起帐篷，接下来就是做饭。取出炉子、餐具和食品，它们往往被放在一个包内。点火，先烧开水冲一杯热咖啡，一边暖暖身子，一边做饭。先加热小平底锅，煎鸡蛋和火腿，烤面包，夹成三明治。有时还要有点儿啤酒或者红酒，在法国和搭档明朗天天这么做，反正红酒既好又便宜。等享受得差不多了，用大不锈钢缸子泡一包方便面，加两个荷包蛋，放点儿蔬菜，连汤带水，才能让胃得到满足。

炉子有多种类型可供选择，酒精炉、户外柴火炉、气炉和油炉。其中最方便的是气炉和油炉。

1. 气炉

一个炉头加气罐一起使用，现在这类炉头很廉价，几十元就能买到，有导管式和直插式，前者长气和扁气罐都能用，后者只能用于扁气罐。气炉的好处是容易使用且稳定，热量利用率高，在恶劣环境下尤其好用，比如在高海拔地区，由于气体混合了丁烷和丙烷，在 -10℃下都可以正常工作。在低温下，气罐内的气体不多时，压力减小，使用前要进行预热，比如放在睡袋内等。

气炉的缺点之前说过，补充困难。在国内或其他发达国家骑行且不跨国比较合适，毕竟气罐无法搭飞机等交通工具。230 克的气罐十几元就可以买到，省着用可坚持三四天。在肯尼亚内罗毕超市，我曾买了一个炉头外加 7 罐气，走了 5 个国家，最后硬坚持到南非，这是迫于无奈，跨国长途骑行最好还是用油炉。

2. 油炉

我对油炉可谓爱恨交加，爱它是由于不必担心无法补充燃料，在世界任何地方都能让自己吃得很舒服。缺点是很不好伺候，比气炉难用得多，容易堵，噪声大，气味重。

我的第一个油炉是著名的 Primus（普里默斯）品牌，80 美元购于南非，压力式，需要预燃。先要打气十几次，然后松开油瓶阀门，让汽油少许喷出即关闭，然后点燃炉头，烧热气化管，汽油顺利气化，火焰变成蓝色，再次打开油阀，才能顺利点燃。虽然有点儿费油，耐用度很好，再有，堵气嘴的问题是用一根吉他弦解决的。Primus Omnilite Ti 也是非常好的选择，价格上千，不便宜。

MSR 牌油炉在国内比较常见，价格大概在七八百元左右，口碑好。在 2014 年去西藏时用过，总体还不错，高海拔地区 10 分钟内能将 1 升水烧开，燃料转换率也不错。MSR DragonFly 被评测为最有效的炉头之一，烧开 1 升水消耗 18 克燃料。不论哪一种，火量都不太好控制。不过对于骑行者来说，不进行极限探索，随时能补充燃料，本身倒也不存在问题。

国内现在也有独立品牌，比如 BRS-8（兄弟捷登）油气双用，为进口产品一半的价格，网友的评价还算不错。

还有一些需要注意的事项：

❶ 最近两年到西藏和新疆旅行，非机动车辆很难在加油站补充汽油。

❷ 由于安全因素，机场安检严格，气炉即使不装燃料，都有可能过不去安检。我的油炉在马来西亚机场被没收，所以在登机前一定要处理好。油瓶和炉头分开装，且瓶子最好洗净。

Primus（普里默斯）品牌的油炉　　MSR 品牌的油炉

❸ 不论哪一种油炉，买来一定要好好用一段时间再上路，否则一旦路上出了问题，犹如鸡肋。

❹ 油炉自带的油瓶容量小，一般在 500 毫升左右，不太够用，最好再配个 700 ~ 1000 毫升的大容量瓶，装满汽油够坚持一个星期。

❺ 普通户外铝制水壶不能用于存储汽油。

3. 柴火炉和酒精炉

酒精炉在国内并不普及，而几十元的合金柴火炉可替代两用。日常烧柴火，不好的天气用固体酒精，环保。柴火炉在西方历史长久，在人烟比较少的山野使用的确比较方便，可就地取材，虽然对于骑行者而言适用性没那么广泛，但肯定比酒精炉方便。近 400 克，稍重，但如果不考虑燃料重量，则很轻。后文提到华裔李先生骑行南美洲用的就是这种炉具。热爱野营，短途在少雨的地区骑行，柴火炉是非常好的选择。

4. 电热杯

也许户外用不到，但我个人认为长途骑行必备，经常会住旅馆可以自己简单做东西吃，而不必使用噪音和气味很大的油炉。在欧美地区的营地或者青年旅馆，以及华人搭铺旅馆都有厨房和灶具，但发展中国家几乎没有这样的服务，一个电热杯可以解决很多麻烦。2009 年去印尼旅行时自带油炉，为了不让旅馆老板发现，被迫蹲在厕所里做饭，此时电热杯就派上了用场。

5. 餐具

长途旅行至少需要一个小平底锅用来煎炒，还需要两个锅（一个烧水喝茶用，一个煮饭用），一大一小两个不锈钢杯子，一个盘子，两个水壶（一个用来装食用油），储水可用 1.5 升的可乐瓶。市面上有很多户外套锅组合，采用铝合金材料，大概不到 100 元人民币，有镀膜。迪卡侬户外店还有一种稍贵点儿的组合，锅底带有页状转热片，能增加烹饪效率。当然，更贵的选择是超轻的钛金属餐具，无异味，比不锈钢至少轻一半，导热比钢也好。我个人对此没有太多要求，选择普通的不锈钢餐具即可。如果折中选择，烧水锅用钛金属，其他的用普通的即可。

另外，由于金属杯子保温性差，喝咖啡和茶的杯子可用保温材料，否则冬天没喝完水都凉了，所以有些徒步者都带瓷杯，宁可重一些。

6.1.3 旅行系统

就骑行来说毕竟还是旅行，停留时会选择其他的方式出游，比如去周边爬山徒步或潜水，此时就需要一套背包客装备。

1. 背包、服装和鞋子

❶ 背包。带一个 60 升容积的登山包，骑行时架在后车架上，替代自行车驮包的后座包(后座包容量有限)，组合前后 4 个驮包，容量增加很多，足可环球。登山包可以用来装不常用的衣物、睡袋等大件物品，以及日常出行使用，比带单车包方便得多。从极限角度考虑，弃车后有很大的选择余地，可瞬间从单车行者转变成背包徒步者。

❷ 服装。从季节角度考虑，除去骑行服，日常需要至少一套外衣，最好有防雨功能，一套抓绒衣物用于在恶劣天气时保暖，一套轻薄快干服用于日常穿着。

❸ 鞋子。硬底低腰登山鞋一双，硬底沙滩凉鞋一双，用于涉水，推荐 TEVA 品牌。

总体而言，衣物和鞋子在世界任何地方都容易补充，哪怕在埃塞俄比亚南部的沙漠小镇都能买到且不贵，也不太会影响到骑行问题，所以出发前不需要带太多，根据自己的情况处理即可。

2. 救生用品及其他有意思的小装备

线锯，用于丛林冒险，可切割木头等物品

一款带有多种螺口的多功能卡片刀

GPS 设备，户外徒步旅行的首选和必备

救生膜，用于在身体失温后使用，展开有两平方米大小，重一百克左右

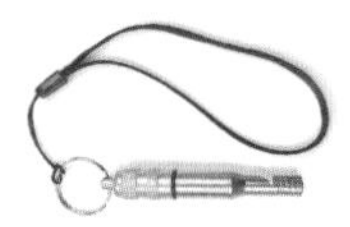

加个人信息防水仓的救生口哨

一款长 1.2 米，宽 30 厘米可折叠的柔性太阳能板，组合一万毫安移动电源，可供笔记本电脑使用，对于极限旅行非常有用

防水的手机套，可装在车把上，并带有触摸功能

大容量充电宝

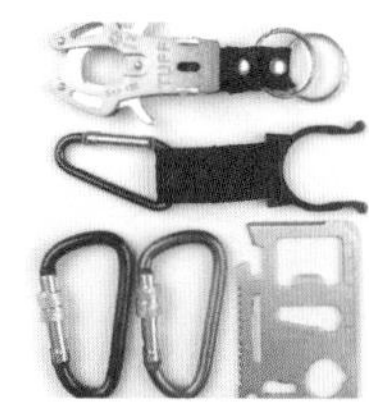

卡片刀和廉价的挂钩，用于日常骑行，非常实用

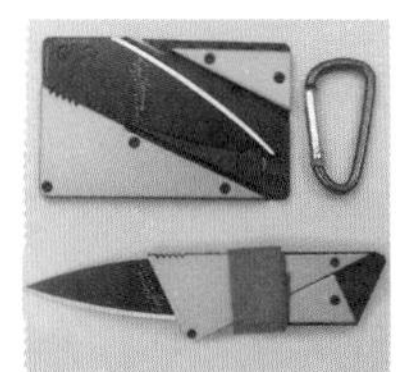

一款非常锋利的折叠卡片刀，超薄，很轻，用于冒险时切割柔韧性高的物品

6.2 户外单车生存技巧之野营篇

6.2.1 营地的选择

野营是户外活动最大的乐趣，也是危险之源，在什么地方扎营，要靠常识，也靠你的直觉判断。记得曾经和朋友去秦岭拉练为将来的跨国旅行做准备，找营地过夜。朋友建议在一处公路边山崖下或者干脆就在路面上，因为比较平整，不容易扎破帐底，山间地方太难找。而我总感觉不对，原因有三点：一是在公路上万一夜里过车怎么办；二是即使在路边，但在拐弯处，依旧处于司机的盲点；三是崖下貌似有安全感，但下雨的话可能会有落石。为此两人之间发生争吵，直到今天我都认为自己的选择没错。在国外第一次野营是在越南北部去往 Saba 州的路上，为了尽量隐蔽，选择距离公路两三百米的坡地凹陷处扎营，即使如此，天黑前都被骑摩托车路过的当地人发现，远远观望，我不能确定安全，被迫撤离，赶夜路外加搭车到州首府住旅馆。

刚开始骑行时我并没有多少经验，一路靠直觉和慢慢积累经验，扎营加旅馆走完了亚非。找营地困难是日常骑行的最大麻烦，发生过很多故事和事故。在泰国去曼谷的路上被迫在街头扎营，幸好一夜无事。在英国，有一次下雨，直到天黑都没找到合适的地方，被迫在一处公路环岛旁的草地过夜，有一帮从酒吧回来的小青年在我刚睡着时把帐篷掀翻，差点儿没被吓死。还有一次在南非约翰内斯堡，找华人区迷路，被迫在一个车库扎营，第二天早上被人用猎枪威胁。不好的地方时常有，当然也有让人非常享受的宿营点，在从法国去往瑞士，一路都是树林和大草坪，风光旖旎，躺在松软的绿草上晒太阳，非常幸福。

不论营地好坏，安全第一。

在国内，尤其是骑行热门的西部地区，有大量空旷开放的区域，宿营非常方便，不存在太大困难。而中东部地区旅馆费用不高，扎营的必要性并不大。

在西方，包括在北美洲、欧洲等多国，均有野营系统，且在网上均可查，收费 5 ~ 10 美元不等，提供洗澡处和厨房，如果路过可尽量选择，另外很多时候不能确定是否属于私人领地，私自过夜会冒很大的风险。东南亚的情况则不同，扎营可尽量找当地人帮助，印度也如此，比如在路边饭馆扎营。非洲相对荒蛮，多有自然保护区，遇到大型野生动物的概率较高，需要小心，公路边、商店、餐馆和土著村落都是不错的选择，而不是直接进入草原中。南美洲的巴塔哥尼亚开放、空旷，野外扎营并不存在太大困难。

总体而言，除了直觉外，还要有一些原则。

在城郊一带，人烟密集，被抢劫的风险最高。要么选择当地人家院落，要么找到公路附近尽量隐秘的区域扎营，比如墙后、垃圾场内或废弃建筑内等地方。在印度，刚出加尔各答，我在公路附近的工厂墙下过夜，第二天早上天刚亮，突然感觉外面不对，拉开帐子，居然发现两个流浪汉站在对面，惊得我一身冷汗。就我个人感觉，英国和意大利是扎营最不容易的两个国家，这一点明朗也有同感。城镇多，到处写着“私人领地，禁止入内”，非常麻烦。如果在城市内，建议最好住旅馆，实在不行可以到警察局附近，至少安全度会高点儿，我在南非就这么做过，虽然不让我入内，至少外墙边可以。在美国城市，市政厅一带，多有图书馆、小公园等公共区域，不少流浪汉扎营聚居，也是不错的选择。

在野外，个人感受比城郊安全度要高，常规上需要注意以下几点：

❶ 避风朝阳处，或者在采石、采砂等坑陷处，尽量不要显眼。

❷ 距离公路要有一定的距离，且周边有遮挡物。

❸ 如果需要靠近水源，最好不要离得太近，防止污染和干扰野生动物。

❹ 在树林中，注意不要在枯木旁，防止恶劣天气时被砸伤，在雷雨天的夏季，不要在树林间开阔地的中央或者制高点上，防止雷击。在荒漠和山谷，不要在河道上，因为可能会有季节性洪水。

我不到合适营地被迫在危险的公路边扎营

我会选择在当地人家院子中扎营，安全度很高，这是在对外人非常排斥的英国，遇雨无过夜地的选择

英国路牌上多有野营指示

扎营垃圾场

英国的一处户外营地

6.2.2 水的问题

腹泻可导致虚脱，尤其在国外时，抵抗力比在国内要差很多，所以喝水要非常小心。我曾有个美国朋友到西安来玩，带他去回民区品尝小吃，可能是吃了带有不洁水制作的冰镇饮料，当天晚上开始发烧、腹泻，去医院他也不敢，最后被迫中断旅行，连夜返回北京。那一次给我留下深刻的印象，之后在世界各地旅行，即使穷也会尽量喝瓶装水，所以一路上没发生因为水导致的疾病。

在卫生条件比较差的地区，比如东南亚、非洲和拉美等国家，炎热会导致脱水，需要大量补充水分。比如在炎热的非洲或东南亚骑行，一天至少需要喝三四升水，除了瓶装水，可以通过喝点儿饮料或吃点水果来补充水分。但餐馆提供的免费水为生水，尤其是在印度、印尼等国家，当地人具有免疫能力，而外国人喝的话一定会出问题，其中也包括食用生水洗过的水果和蔬菜。

在野外，即使见到清澈的山泉也无法断定其受污染程度，原虫、细菌和病毒都无法用肉眼看到。有一次在中国香港太平山山顶照相，喝了山上的水，虽然没腹泻，却导致恶心。所以最简单的办法是，先沉淀，然后烧开，可基本避免感染。

如果进行极限旅行，沿途需要长时间在自然环境中取水，可以考虑使用碘片来净化水。另外，目前还有户外用带有活性炭过滤装置的水杯可以选择。至于重力式手动过滤器，对于骑行者来说需求并不大。

在尼泊尔ABC徒步途中的一家饭馆里喝当地饮料

意大利托斯卡纳小镇上的水果摊

6.2.3 关于旅行和环保责任

对于骑行者，最直接表现在野营时的垃圾处理上，尤其是在我国西藏以及非洲等环境较为脆弱的地区，由于没有回收体系，垃圾处理的必要性非常大。做法很简单，把塑料袋一类的生活垃圾直接焚烧填埋，包括残余的食物。另外在保护区中，野生动物对人类食物非常敏感，例如猴子、熊、狼和野狗等杂食性动物，在欧美保护区野营，要求将食物吊在树上防熊，还要在离开时尽量恢复营地的自然状态，不留痕迹。

再有上厕所的问题，在野外很方便，但需要远离水源，排泄物暴露在空气中虽然更容易分解，但会污染空气，且会招来动物，掩埋是比较得体的做法。

关于珍稀动物制品，在非洲时，有当地人曾要赠送象牙筷子，我们应该拒绝购买和接受。

在肯尼亚公路上一只观望的斑马，在非洲骑行的路上经常会遇到动物，甚至包括狮子

在可可西里见到的藏羚羊头骨

2014年走大北线时，野营后烧掉的生活垃圾

在一些国家有非法销售珍稀动物制品，很廉价，带出关有可能被捕

6.3 户外单车生存技巧之骑行篇

6.3.1 户外着装理论

骑行遇到的恶劣天气主要包括多风、潮湿、炎热、下雨、严寒和暴晒，可谓是一种折磨，刚刚还晴空万里，晒得人头晕眼花，一会儿狂风大作，刚琢磨怎么办，冰雹接着倾泻而下，四周一马平川，别说建筑，连棵小树都没，这是在走青藏线时的状况。走双湖，刚出申扎县，在一个山谷突遇暴雪，应该说下的是冰屑，密集得让呼吸都困难，无处躲藏，只能用地席裹着身体蹲在单车后面。东南亚比较热，湿度很高，汗液蒸发不了，覆盖在皮肤上逐渐腐蚀掉表皮，几天下来，整个胳膊和大腿一片红肿，痒又不敢挠，痛苦得很。这样的情景在埃塞俄比亚中部热带雨林山区又一次重演，且更加严重，海拔高，晴空万里，日头毒得像刀子，恨不得直接刺穿脸颊，汗流得不把体液排干誓不罢休，而我渴得就像干尸一样。终于盼着走完了这一段进入肯尼亚，却又是广袤的沙漠和草原，除了海浪一样波澜起伏没有尽头的枯死灌木，就是脚下的沙土路，满脑子只有一个念头，找个阴凉地儿躺下等死，想起来还是东南亚好，至少还能有冰镇可乐喝啊！不过看钟思伟对玻利维亚的记录，在高海拔的玻利维亚盐湖中骑行，那个紫外线强得让人想起医院 X 射线底片，好吧，我看来还算幸运。

六月的英国，多雨、阴冷，我以薄绒内衣加冲锋衣，配宽松的休闲裤、凉鞋组合

肯尼亚北部的荒漠草原，干燥

爬阿尔卑斯山遇冷雨，不大，却不间断，时小时大，一下就是两天，又湖又冷，恨不得跳到炉子里

大北线，申扎县附近五月暴雪

非洲埃塞俄比亚中部去往肯尼亚热带山区，炎热潮湿，阳光强烈

骑行的快乐千千万万，我们尽量去享受，骑行的辛苦也千千万万，尤其是恶劣天气，想避免也不大可能，只能尽可能地保护和改善。除了找地方躲避，再就只能靠服装。当然有些技术派会说，没有所谓的坏天气，只有不合适的着装。我虽饱受折磨，但在路上基本上也就是个老实人，听之任之，听天由命。在《背包客手册》中，克里斯•唐森德（Chris Townsend）提出一套平衡身体和外界温度的分层理论。

人体恒温 37℃，冷热均不行，只能靠增减衣物来保持体温恒定。但对于大运动量的骑行者，在气温变化极端的环境中，情况就会变得非常复杂，所以要弄清楚人体和服装的关系。

人体散热有 4 种方式。

❶ 对流：空气在皮肤表面流动带走热量，骑车时可通过加速来获得，但在山区中，上坡时热得恨不得裸体，下坡时又冷得像是触电。

❷ 传导：通过和皮肤接触的衣物、空气和水分来完成，三者速率不同。衣物阻碍流通，空气保暖，水分快速传导，所以潮湿会冷。

❸ 蒸发：通过汗液气化来降低身体温度，通过衣物来调节蒸发时吸收热量的强度。

❹ 辐射：人体会通过红外线辐射释放热量，同时阳光辐射会感到温暖，编织密集的衣服可以阻挡辐射，但在炎热潮湿的天气就不能这么做。

矛盾来自于冷天需要保温，同时要降低厚重服装下运动带来的散热，而在晴朗、潮湿又炎热的天气中，不穿衣服受辐射，穿了又无法蒸发湿气。还有在多雨且低温的条件下，既要防水还要保温，山区及英国等北方靠海地区多有这样的天气。穿衣理论就是要在这样的状况下尽量找到平衡，让身体尽可能得到保护。

6.3.2 贴身层

贴身层主要为保暖内衣或者轻薄服，需要有排汗和保暖作用。户外活动，棉类容易吸水且无法形成保暖空气层，所以应避免使用，而我们常穿的棉质或者羊毛类内衣，是在冬天干燥不排汗的条件下才有效果。

户外内衣主要使用以下合成材料。

❶ 聚丙烯纤维（丙纶）。本身不吸水，排汗效果非常好，就是容易发臭，且体感硬度高，目前多做户外服装配料。

❷ 聚酯纤维，就是俗称的尼龙。具有弹性，本身排水一般，但经过处理后得以改善。目前市场上的骑行服多用这种材料制成。

❸ 氨纶纤维。用在服装上就是我们说的莱卡面料。具有弹性，是运动服装最重要的面料。骑行服装中往往组合尼龙和莱卡两种面料。

6.3.3 中间层

中间层主要起保温作用，且要能排出内衣层的汗液。中间层多样，也是调整体温变动最大的部分，薄的可以是背心、衬衣等，厚的可为抓绒、毛衣等，在寒冷、多风、多雨的条件下，配合外衣会有保暖效果。

有些人中间层会选择棉质或者羊毛类等常规意义上的保暖服装，但在户外条件下证明效果并不好，化纤材料的服装基本被放弃，抓绒成为主流。

抓绒的保温效果好，但必须在几乎紧身的状态下效果才好，否则，冷风从腰部进入，会形成鼓风机效应，所以最好选择收缩腰部和袖口款式。抓绒的缺点是防风性差，无法压缩。

6.3.4 外层

外层主要包括防风衣、冲锋衣和羽绒服。

防风衣的优点为轻、薄，可压缩度高，容易灵活调整体温，比如在春秋两季，可随时套在骑行服外面，起到保温作用。

冲锋衣多采用防水、透气材料制作，比较厚重，是在户外活动遇到恶劣天气时最重要的防护服装，有防雨、保暖和防风多重作用，配合抓绒和羽绒服，效果非常明显。也是骑行者最重要的服装，但虽然其有防水能力，也不能在雨中穿着长时间骑行。我在阿尔卑斯山小雨中骑行一天，虽能挡住雨水，但由于有汗，保温性降低得很严重。

6.3.5 水汽屏障理论

透气、排汗几乎是所有户外服装广告的宣传重点，因为潮湿会导致皮肤不舒适和体温降低。在常规意义上，这一点非常有道理。但在户外运动上，也有保持一定水分来达到平衡的着装理论。基本道理在于，过度排水会导致温度迅速降低，而保持一定的湿度反而会感觉更加暖和，那么就要在内衣部分通过不透气层来达到这个效果，成为水汽屏障。对于骑行者，主要在寒冷情况下野营，水汽屏障加抓绒效果非常好，如果是脚，一层干燥薄袜，加屏障层，比如塑料袋，再加上厚袜子，可以迅速暖和。目前国内还没见到相关产品，国外主要有 RBH Designs 品牌。

如果落水导致失温，可裸体并裹上救生毯，再套上睡袋，也符合这一理论。

我的骑行穿着经验：

在炎热天气下，头部长帽檐护住脑部，脖子部分裹上毛巾，且随时可以擦汗，上衣可以是轻薄的骑行服或者透气性很高的T恤，胳膊部分最容易被忽视，所以容易导致晒伤，可在出发前用旧薄裤子做成护袖，透气，效果非常好。夏天骑行者喜欢穿骑行短裤，大腿暴露，在热带国家这么做容易被蚊虫叮咬，可穿裤腿带拉锁的轻薄宽松的裤子来改善透气，绝不会感到热。

在寒冷天气下，头部戴抓绒帽、护耳帽加头盔，睡觉时也可以保温。脖子裹两个魔术头巾，一个护脖子，一个护脸。穿最强透气的内衣，外加抓绒和冲锋衣组合，不是在极寒天气下，由于运动体热，基本不会感到寒冷。腿部冷感低，一条透气紧身裤加冲锋裤足可，但如果多风，一定要在里面加护膝，晚上睡觉也同样这样防护，可防风湿和炎症。脚部可通过薄的透气尼龙袜加羊毛或多绒厚袜组合来实现保暖。如果在超低温环境中，可采取羽绒外套加冲锋衣的组合。所以，购买羽绒服时要注意小而贴身，冲锋衣则要稍大一些。

6.4 杜风彦的冬季骑行指南——装备、技巧和建议

天气越来越冷，北方的冬天已经来了，北京又迎来新一波的雨雪天气，对于骑行爱好者们来说，这不是一个好消息，有很多朋友会因为天气原因放弃骑行，确实，冬季骑行是一个比较严酷的事情，很多人认为在冬季骑行是勇士们的行为，对我来说也是，一想到在外面被冻得鼻涕和眼泪齐流的样子，就不太想选择骑车出行了。

我曾经在冬季骑行过，当年骑行川藏线，选择在 4 月份，前面 11 天中有 8 天都在下大雪，后来在非洲也遇到下雪。冬季骑行中我犯过很多错误，摔过无数次车，手、脚都被冻僵过，鼻子、耳朵、眼睛也都被冻过，甚至在城市骑行的时候因为衣服穿得不对，骑到后面，身上出的汗都结成了冰，贴在身上，那种感觉，一想起来就浑身打战。

在经历过很多次的错误之后，我找到了一点诀窍，后来，冬季的骑行已经不再是一种折磨，而是一种享受。

冬季骑行，我想大家更希望知道的是骑行服装的选择问题，为了保暖，我见到很多朋友穿着臃肿的服装骑行，那种感觉我知道，很不好受。下面，我来简单总结一下我的看法。

冬季气温比较低，人体热量消耗大，在着装上应首先考虑防风、保暖和透气 3 个原则。防风指的是有限降低外界冷空气直接接触身体，造成身体不适；保暖，就是要保持身体温度；透气是指人体自然排汗、排热后，热气和水汽不会滞留在服装内，较快排出。要基于这三方面来选择骑行服装。

其实，冬季骑行的话，当你开始骑行的时候，可能感觉有点冷，这个时候需要穿一件衣服，当你骑行一段时间后，会很快暖和起来，并不需要带太多的衣服，平常的骑行中你也可以通过加速或减速来调整你的体温。想热一些就骑快点，想凉快就骑慢点。

当然，上面只是一些简单的建议，详细的冬季装备还要看下面。

1. 头部

冬季骑行，戴骑行帽还是很有必要的，对头部来说，保温很重要，有数据显示，头部散热占身体散热的比重很大，但一般的骑行帽都会有很大的孔，这个时候，你可以戴一层针织帽、防风帽，然后再戴骑行帽，另外一种方法是，你可以在头上戴上泳帽之后再戴骑行帽，据说效果相当不错。

另外，如果温度比较低的话，可以戴巴拉克拉法帽，外面套上骑行帽。

总体来说，对于头部的保护，巴拉克拉法帽、针织帽、魔术头巾、围巾、口罩和骑行眼镜的不同组合是不错的选择。

2. 耳朵

冬季骑行，耳朵的保护也非常重要，如果耳朵冷，会很影响你的骑行，但戴大的护耳也会影响你的骑行，你可以选择用魔术头巾护住耳朵，戴巴拉克拉法帽或者护耳帽也是不错的选择。

3. 眼睛

冬季骑行，戴骑行眼镜是非常有必要的，在雪地骑行可以使用透明的黄色镜片，既防风又能护眼。为防止眼镜起雾，可以在眼镜上涂抹一层肥皂或牙膏后擦净。

4. 脖子

保护脖子可以穿一件翻领T恤，戴脖套或者围巾。巴拉克拉法帽或宽头带可以保持头盔下的热量，如果仍然感觉有大量热量损失，可以戴防风的头盔。

5. 上身

通常骑车服装搭配要根据骑行距离和强度而定，建议不要穿太大或者太厚的外套和裤子骑行，否则一方面会带来安全隐患，另外也会加大风阻，减少热损耗。

冬季骑行的要点是穿多层，原则上来讲，可以穿三层。

第一层是内衣层，接触皮肤，吸湿排汗，保持身体干爽，通常是尼龙或者是聚丙烯材料。如果没有速干内衣的话，也可以用骑行服代替。

第二层是透气较好的抓绒衣或羊毛衫，用来保暖。另外可以把从第一层排出的热气排到第二层以外。

第三层可以是带拉链的防风、透气的冲锋衣，外层最好能防风和雨雪。拉链的好处是，当你在骑行中感觉热的时候，可以拉低拉链，放进点冷空气；当感觉有点冷的时候，再把拉链拉上。

另外，穿着马甲和风衣可以避免让你在冷风中颤抖，不用的时候，可以放在你的运动衫或者车包里。

6. 手

骑行手套，要选择既可以保温，又不影响手的灵活性的。具有防滑和衬垫，以及腕部较长的手套，也是不错的选择。另外手套不要太厚，否则会大大降低手在操作时的灵活性。在气温特别低的时候，可以戴双层手套或者使用摩托车手套。

7. 腿部

腿部不需要很多层的保护，可以穿专业的骑行裤，最好选择前面防风，后面透气的面料。如果是抓绒的，尽量不要太厚。

冬季如果温度过低，一定要戴护膝或护腿，以防风湿病。寒冷天气中不要逞强穿短裤，否则你的膝盖和肌肉会受苦的。

8. 脚

冬季户外骑行，要保护好你的脚。可以买一双大一点的骑行鞋，以便能塞进厚厚的羊毛袜。在不太冷的天气里，可以使用鞋套，穿莱卡袜或短袜，天气冷的话，要穿防风和防水的袜子。

在鞋内套上塑料袋可以防风保暖，也可以选择戴鞋套骑行。

冬季尽量避免使用锁鞋，结冰后会比较麻烦，另外要换上大点的脚踏，以适应冬季的靴子。

9. 其他

如果感觉比较冷的话，可采取骑行和推车步行结合的方法，以促进和改善全身的血液循环。

冬季骑行还可准备一件雨披，除了能防雨外，还可防风。

冬季骑行时，如感觉皮肤发痒、麻木甚至发现红肿、起水泡时，要尽快用冻疮膏轻轻涂抹，并做好局部保温，切不可因发痒而使劲揉搓。

建议随身携带化学制热用品，比如一贴热或者暖宝宝，安全方便，另外也可以在紧急情况下使用。

如果涉及爬山运动的话，上坡的时候会出一身汗，在下坡的时候尽量换一套衣服，以保证下坡时身体干爽，否则下坡时衣服里进风会很冷，容易感冒。

6.5 上坡、下坡和夜骑

很多行者希望探讨所谓的上坡骑行技巧，言外之意，是如何更加省力和高效，我认为不存在这么好的事儿。

骑行这些年爬坡无数，唐古拉、岗巴拉、加错拉，海拔都在 5000 多米，短的坡二十多千米，长的坡三四十千米，不论哪一种都累得恨不得吐血，甚至在一些小山坡上如果遇到顶风和恶劣天气，一样也爬得让人绝望。

想省力气上去？路就在那儿，坡就在那儿，慢骑上去和推车上去结果一样，花费的精力也一样，唯一不同的是时间长短而已，如果说简单的办法，只有搭车。

这种提问从表面看是求解技巧，实质上是对爬山有恐惧心理。

我没遇到几个骑车不怕上山的，即使像丁丁这样的强人，以骑过藏北的道路和高海拔山口自豪，但也时常累得不想动弹。所以遇到山口，上即可，不用想太多。如果真有什么技巧，那只能是控制行进节奏。不要太过着急迫切，焦虑的心态也会浪费大量体力，一旦进入坡路，往往先是缓坡渐上，开始要慢，同时给自己制定一个区间目标，比如走多少米停下来喘口气，再走几千米休息一次，来强迫身体适应节奏。阶段性胜利能带来心理的满足并能克服恐惧感。后半段路通常会陡峭，要暗示自己即将到顶，渴望成功和征服，以及可以观赏到山口的壮丽风景，推着自己一鼓作气直到巅峰。

总之，上不去永远是心理问题大于身体问题。

二三十千米的山口最好一天征服，如果中间过夜，海拔上升后缺氧，身体更难恢复且体感会更累，再有山间天气变化很大，高海拔地区夜间气温很低，都会给旅行增加风险。所以，征服山口要提前计划，当做特殊任务对待，早出发，傍晚前完成。多准备一些方便食品，比如糖、巧克力和水果等，随走随吃，如果体力不支，可补充葡萄糖能量棒等可以让身体迅速吸收能量的液体食品，中午不要耽误时间生火做饭。

征服山口后容易得意忘形，下坡超速追求快感，以码表时速超过 50 千米为荣，结果人通常会做鸟状飞出去，这是很多新手容易犯的错误。我有一个朋友，女孩，本身力气就小，还驮着重装备，下山超速，控制不住，把门牙摔断。还有一个朋友在日本骑车也撞掉了门牙。我曾在埃塞俄比亚山区玩海盗船游戏，飘起降落，得意忘形，后来进入肯尼亚，为了躲开铺天盖地追击我的苍蝇，在土路上拐弯滑倒，大面积擦伤外加脱水，人都要枯萎，后被救助，在部落区的马萨比特小镇医院得到医治，但我拒绝打针输液，担心针头不洁，感染艾滋病毒。

所以道理和技巧很简单：下坡控制速度，在直路上时速 30 千米已经不慢，弯路应该比在直路上的速度还要慢，需要制动时一定前后刹一起控制，而且不能太狠，这是针对柏油路面。如果是土路，路面状况复杂，更容易发生滑倒或者翻车，速度应该更慢。

想起从聂拉木到樟木的大下坡，景色秀丽，郁郁葱葱，公路上到处都是瀑布飞溅，一反珠峰地区的荒凉干涸，这样的路你不忍走快，太美了，当时都有推车徒步走完的欲望。这段路面狭窄，多水，弯道众多，视线受阻，速度快了已经不是掉门牙的问题，而是直落下几百米的峡谷葬身，川藏线情况也类似，而且如果对面来车，双方避让，结果倒霉的也许不仅仅是自己，还有一车的乘客。

还有穿越塌方区。

头两年看到手机视频，一个行者在川藏线上被落石砸入江中，尸骨无存。所以遇到这种情况，一定要耐心等待山体稳定后再通过。穿过山区危险区域一定要干脆利落，不要犹豫，迅速冲到对面，而如果人在塌方区中央遇到落石，最好不要选择走回头路，而是选择弃车并以冲刺的速度跑到对面，遇难的那位行者就是因为站在中央犹豫不决而导致灾难后果。

关于夜骑，我想所有有经验的骑行者都会建议你，别这么做，尤其在国外，没有什么必须让你赶路的事情，如果有紧急情况，请搭车求助。

6.6 意外状况的解决

这一节内容参考了慕景强的骑车医疗专著，他的作品《前车之鉴》值得行者们参考。建议出发前按照类似本书的做法把应对措施按照条目简单抄写在本子上，万一出事可迅速查找应对措施。

意外状况在旅行中非常多，全部提前想到且有应对方案也不大现实，那样旅行将变成巨大的心理负担，走路怕摔跤，吃饭怕得病，上山怕海拔，遇人怕抢劫，不一而足，那就失去了旅行的乐趣。的确，这些状况会发生且也无法控制，但引用高晓松的那句话：人生不是故事，人生是事故，摸爬滚打才不辜负功名尘土。很对，兵来将挡，水来土掩，没什么大不了的，这才是走世界的心态，需要做的仅仅是发生了事情及时处理好即可。

6.6.1 轻度表面创伤的一般处理方法

骑车就会摔跤，这是常事，擦破点儿皮肉对于我们这些糙汉子问题不大，“拍拍身上的灰尘，振作疲惫的精神，远方也许尽是坎坷路，也许要孤孤单单走一程”，过几天也就结痂恢复了。但一些特殊情况就要小心对待，在东南亚和非洲等炎热的地区，伤口容易感染。另外，还要注意伤到脸可能会留疤痕，伤到手则无法骑车。

轻度表面创伤的解决办法如下：

❶ 用矿泉水清理创面（如有盐水的话更佳），用医用棉签尽量深入去掉所有异物。

❷ 涂红药水以及消炎喷剂。

❸ 轻伤口一定要裸露，保持在空气中干燥，不要使用创可贴等覆盖，反而容易感染。

❹ 腿部受伤的话不要穿裤子，防止布面摩擦伤口导致无法愈合，脸部受伤的话不要使用带颜色的药水，会留斑痕。

❺ 两三个小时清理一次伤口。

6.6.2 撕裂类严重伤口的一般处理方法

对于大型伤口，出血严重，紧急处理的方法是：用纱布或者毛巾压住伤口，千万不要用灰土等止血处理，会导致伤口感染化脓，也不能通过捆扎肢体方式控制，操作不当的话会让肢体坏死，可能导致截肢。到医院后一定要打破伤风针，如果在乡村医院，简单处理伤口后应该迅速到城市医院救治。

6.6.3 外伤加骨折的一般处理方法

对于外伤和骨折的一般处理方法如下：

❶ 对于外伤，可按照上一节的方法在等车时先进行救急处理，其次才固定骨折部分。

❷ 对于骨折的判断可参考三点：肢体外形改变；活动范围反常；有骨头异响。

❸ 临时固定可使用木板、竹子、折断登山杖、三脚架等，或者将杂志卷筒，然后使用单车捆绑带、裤腿松紧带等固定。对于上臂，可用头巾或毛巾组合固定在胸口；对于前臂，可类似上臂吊固于胸前，有条件的话可固定腕部和肘部关节；对于股骨（大腿部），可用长板子和三脚架等内外两侧都固定，如无条件，可将两条腿绑在一起；对于小腿，如大腿部一样内外侧固定伤肢。

❹ 肢体不易捆扎得太紧，保持血液畅通，处理后原地不动，等待救援。

6.6.4 被狗咬伤的一般处理方法

我在青海玉树附近的一个小镇等吃饭时到旁边逛，遇到野狗冲我狂吠，没在意，吓唬了它一下，惊走它后继续溜达。没想到一分钟内，陆续从周围聚集过来三四十条狗，瞬间将我包围，情况一下变得十分危急。手无寸铁的我捡起石头抵御，顾前不能顾后，只能边吓唬它们边向饭馆附近退，但包围圈越来越小，眼看就要扑到脚下，满眼都是白森森的狗牙，乱踢已经起不到抵御的作用，几乎绝望。就在快要摔倒的一刹那，听到周围有人大喝，群狗退却，回头一看，饭馆里的司机出来了，手里拎着铁锹帮我解了围。野狗欺生，仅对外地人。同样的情况也出现在叙利亚沙漠的贝都因人村落，不过那天仅有一条。如果在多狗区域，一定要随身携带工具，我一路上登山镐和藏刀不离身，就怕群狗围攻。

一旦被狗咬伤，落后地区的诊所和医院很难有狂犬病疫苗，先要进行救急处理。

❶ 马上彻底进行伤口清洗，并且消毒，不能延迟一秒。以最快的速度把沾染在伤口的异物冲洗掉。

❷ 狗咬伤口创面小，应反复挤压伤口，挤出毒素，尽可能扩张伤口，用高压水流冲洗，比如在矿泉水瓶上开个小孔，或者在自来水龙头上冲。

❸ 用肥皂清洗伤口，和自来水交替反复清洁伤口 15 分钟。

❹ 迅速到正规医院进行疫苗注射，注射前也要再次进行伤口清洗。

❺ 千万不要使用消炎药水涂抹后包扎伤口。也不要在等待去大医院的时候不清理伤口，听之任之。

❻ 处理伤口后立刻在当地报警，并求助当地人得知狗的主人等信息。

❼ 注射疫苗后不能喝酒、茶、可乐和咖啡，不能吃大蒜、辣椒和葱等刺激性食物。

6.6.5 高原反应的一般处理方法

2006 年骑行青藏线，在格尔木感冒，担心上高原会有高原反应，等了一个星期打点滴彻底好了才出发。

高原反应的症状有头痛、失眠、恶心、呕吐、呼吸急促、胸闷、心跳加快、严重呼吸困难、意识模糊等。

2007 年从拉萨坐车返回，到唐古拉山口停车休息，有一位河南姑娘乐嘻嘻地从车门台阶跳到地上，想马上享受山口风光，结果一声尖叫，瞬间倒地，晕死过去。

对于骑行者，上高原的过程中海拔增加得缓慢，一般不会有反应，但如果太高，依旧会出事。有一年，我在珠峰大本营喝白酒，一晚上头痛欲裂，后来才知道是高原反应。并不一定非要在海拔 5000 米以上才会有高原反应，有一年爬海拔 3700 多米的太白山，到山顶反应也非常大，头痛、恶心，体力顿失。

高原反应会诱发身体隐性疾病，如冠心病、哮喘和动脉瘤等，有这些病的行者最好提前检查。

在高原地区感冒时要小心对待，很多年轻人对此麻痹大意，不把感冒当病，以为像在平原地区那样可以抗过去，往往因此诱发肺水肿和脑水肿，造成严重后果。

❶ 遇到紧急情况，吸氧，并要迅速下撤到低海拔地区。

❷ 如果感冒，一定要撤回。

❸ 轻微的高原反应症状，可做冷静判断，吸氧休息，不做剧烈运动，得到缓解再骑行。如果进入高海拔地区前心率已经表现异常，比如静息心率超过 100 次 / 分钟，就要非常小心了。

❹ 很多行者服用红景天，还有当地司机建议喝藿香正气水，均有效果，也许其中有心理因素，身心放松不容易有高原反应。

6.6.6 预防中暑的方法

在炎热地区骑行最容易发生中暑，在东非骑行时几乎天天处于中暑和脱水状态，到了下午就轻度发烧，过夜就会转好。

中暑的症状有头痛、脉搏快且有力、体温升高、脸红热，严重时会失去意识。

夏天在高热暴晒环境下长时间骑车，身体热量无法靠汗液散出，容易导致中暑。

❶ 多喝水，补充电解质，使用藿香正气水、人丹或清凉油。

❷ 半坐在阴凉处，用水浸湿外衣，用过水毛巾擦拭身体，扇风降温，喝凉白开水。

6.6.7 腹泻和食物中毒的一般处理方法

遇到腹泻和食物中毒时，可采用以下方法解决。

❶ 遇到食物中毒，要想办法催吐，尽快排掉中毒物质。

❷ 若腹泻，一般情况下服用氟哌酸胶囊。

❸ 喝生理盐水或藿香正气水。

6.6.8 晒伤的一般处理方法

在阳光直射下，紫外线对皮肤的伤害很大，汗液也会腐蚀皮肤，两者相互作用，会导致蜕皮、皮肤红肿，如果长期这样，有患皮肤癌的风险。几乎没什么太多办法来避免，防晒霜行者不喜欢，天天用也不现实，紫外线也能穿透普通厚度的服装，防晒服不见得有多大效果。况且穿得厚了也热，出汗更加难受。笔者总结一些防护和晒伤后的处理方法。

❶ 不在烈日下尤其是不在下午两三点钟时长时间骑行，尽量遮盖防护。

❷ 充足的维生素和矿物质可修复皮肤，可食用水果、蔬菜以及复合营养片。

❸ 轻度晒伤后可多喝水，但要慢喝。不要在受伤的皮肤上涂凡士林类油脂，这样会阻碍组织恢复，加重症状。

❹ 严重晒伤后可用冰敷或冷水冲晒伤部位，不要擦任何护肤品。

❺ 过敏后起的疱疹不要弄破，需找医生处理。

❻ 刚开始骑行，遇到暴晒天气，走一段时间就要用冷水处理下皮肤表面，而不是等到红肿以后再处理。

6.6.9 医药以及救急设备

无论如何，长途骑行都要准备一个医疗救急包，备有常用外伤药品和用品，用于在就医前做紧急伤口处理。类似产品可在网上购买，大概四五十元一盒，主要包括纱布片、纱布卷、绷带、止血带、胶布、消毒湿纸巾、酒精包、大片创可贴、小片创可贴等。

也可以根据自己的情况在药店购买组合，比如购买小瓶装酒精、双氧水等消毒剂。

除此之外，还需根据个人的健康状况携带急需药品，我个人一般会带藿香正气水、过敏药、腹泻药、阿司匹林，以及一定数量的消炎、退烧和止痛药，可治疗骑行时最容易出现的症状，一定要携带两三个疗程的药量。如果人在国外，购买药品困难，主要是因为不认识药品英文名称，可保留国内药物英文说明，以备不时之需。

如果去非洲，还需要在国内办理黄卡（Yellow Fever），并且在国内购买一定数量的防疟疾药品，做好防蚊准备非常有必要。

第7章

单车环球攻略（国外篇）

7.1 东南亚线

对于国人而言，以“新马泰（新加坡、泰国、马来西亚）”为代表的东南亚旅游再熟悉不过了，不就是去泰国的芭堤雅、沙美岛、大皇宫、卧佛寺，在新加坡逛街、购物，住个星级酒店就算完成了。东南亚真是这样吗？且不说这一地区有 11 个国家：越南、老挝、柬埔寨、泰国、缅甸、马来西亚、新加坡、印度尼西亚、文莱、菲律宾、东帝汶，都值得一走，单就“新马泰”，如果骑在单车上看，感受绝对不同。

越南北部的沙巴州有多彩的部落和凉爽的天气，下龙湾有山水相间的美景，古城顺化的中式皇宫建筑；柬埔寨不好走的路，吴哥窟的宏大精美；泰国曼谷靠山路的背包游客，清迈的清新舒适，南部海湾的椰林大道；老挝和缅甸“多少楼台烟雨中”的寺庙、雨林。有多少游客曾体会到，更何况每个国家的民风文化也非常多样化，北越激进，南越混杂，柬埔寨闲适，泰国开放，老挝淳朴，而这些只有单车旅行才能深入体会到。

东南亚距离我们这么近，签证这么便利，但比起欧美，单车行者仍然很少。一方面有太多人把骑行拉萨作为骄傲，却从没意识到西藏之外还有更广阔的世界，另外一些则开口闭口只提美国、欧洲，却从来不打算瞧一眼身边的国家。我从 2003 年完成这条线路，过了 5 年，才听说国内有人走了东南亚。骑车旅行从 2000 年开始逐渐热起来，而现在西藏骑行已经泛滥，走国外的依旧凤毛麟角。要知道旅行是寻找独特，而不是跟风。

我接触过的单车牛人，多数都先走越南、柬埔寨和泰国。原因在于文化熟悉，华人多，饮食和交通习惯上差异小，社会治安好，游客多。既有大海、椰林、火山和岛屿，也有多彩的部落和璀璨的城市，是享受骑行乐趣的最佳线路。就旅行风险（交通安全和疾病）而言，相比澳大利亚和美洲线路也低。

如果要实现伟大的环球旅行梦想，不要骑完西藏就想欧洲和美国，请脚踏实地从东南亚开始，其实西方人也是这么做的。

下表为笔者个人对于每个国家的感受，三星为一般，五星为最好。

国家	签证	路况	交通状况	安全度	友好度	景色
越南	★★★★★	★★★★★	★★★★	★★★★	★★★★	★★★★
老挝	★★★★★	★★★	★★★★	★★★★★	★★★★★	★★★★
柬埔寨	★★★★★	★★★★	★★★★	★★★★★	★★★★★	★★★★
泰国	★★★★	★★★★★	★★★★★	★★★★★	★★★★★	★★★
马来西亚	★★★★	★★★★★	★★★★★	★★★★★	★★★★	★★★
印度尼西亚	★★★★★	★★★★	★★★★	★★★★★	★★★★★	★★★★★

1. 线路安排

主流骑行以越南、柬埔寨和泰国这三个国家为核心，有几条线路可以选择。

❶ 从广西下龙湾或者凭祥入境，走越南一号公路，到西贡，过境柬埔寨到金边。之后去泰国有北线和南线，经洞里萨湖到吴哥窟，边境到曼谷不足 300 千米。主要骑行范围在越南和柬埔寨。另外也可从云南河口走越南北部，缺点是这个关口很远，除非你从云南出发，优点为路过沙巴州，游客少。

走过的行者：杜风彦、笔者（红河关口）、望月者、徐林正和好哥 a。

❷ 从广西入越南，到河内，穿过红河三角洲，过 Na Meo（那苗）口岸入老挝，一路向东到琅布拉帮，南下万象过境泰国到曼谷。这条线路的优点：路经琅布拉邦和雨林村落，并穿过泰国北部；缺点是行程中没有越南那种漫长美丽的海岸和历史文化遗产吴哥窟，另外山路多，难度高。

走过的行者：程鹏。

2. 延伸线路

中外单车旅行者都把曼谷作为中转站，有机场，签证便利。

笔者、杜风彦、郑盛、程鹏均在此申请印度签证，西去中亚和非洲。如果想只走东南亚，有两个选择：一是先抵达目的地，反骑回国，目前还没见到有谁这么走过；二是南下马来西亚和新加坡，结束后飞回国，机票廉价，梁杰走过。另外可继续走印度尼西亚，从槟城坐船到棉兰，由西向东走苏门答腊岛和爪哇岛，从巴厘岛回国。印度尼西亚我背包旅行过两次，论景色和人文，都非常不错，目前还没有见到有骑友走过。可能有人觉得岛屿多，不方便骑车，但苏门答腊岛骑完全程要 2000 千米，爪哇岛加巴厘岛都超 1200 千米，足够施展。另外，岛屿间轮渡发达，载车载人廉价、方便。

关于澳大利亚：从印度尼西亚到澳大利亚虽然距离近，但并不见得是一个好选择，持中国护照申请签证会申请很难，除非在国内已经获得。澳大利亚作为一块大陆，应该和新西兰一起单独安排旅行更加合适。

3. 何时前往

东南亚地处热带，气候炎热、潮湿，越南、柬埔寨、泰国和老挝比较相似，雨季为 6 ~ 10 月，旱季为 11 月到次年 3 月，高温期为 3 ~ 5 月，不论哪个季节，高温和下雨是最常见的，每个国家具体情况也不相同，偶尔还会有极端天气。

就骑行而言，7 ~ 12 月之间出发比较合适，以东南亚旅行 3 个月计算，基本上不会赶在高温期骑行。就我个人骑行感受，高温有时比雨更可怕。我 10 月开始骑越南，每天一场雨，时间不长，能带来凉爽，12 月左右到泰国，一路雨很少。程鹏 7 月出发，越南和老挝北部潮湿，南下后渐好。

4. 预算

不论走哪条线，以泰国为终点，需两个半到三个月。东南亚物价整体比国内便宜，可扎营或者住当地人家，在城市中住小旅馆，再加上自己做饭的话，平均一天 10 ~ 15 美元的开销，孤独星球指南上的预算大约 20 ~ 30 美元。我和杜风彦的总体开销都控制在 500 美元左右。

5. 签证

越南签证可在国内申请，柬埔寨和老挝签证可在所在国办理，注意，持中国护照在柬埔寨或者老挝很难获得泰国签证，无数旅行者因此搭飞机，“新马泰”所谓的落地签指的是航空，而不是陆路口岸，所以，必须出发前申请。

网友 laowanglaole 的经验：淘宝上找旅行社签老挝、泰国和越南，柬埔寨通过电子签证官网签，有些签证有效期从签发时即算起。

印度签证在国内办理手续也挺复杂，有效期为 1 ~ 3 个月，在泰国申请能获得半年，但有时也未必成功，只能看当时的政治环境。

缅甸和印度尼西亚签证都可在泰国申请。

6. 装备清单

❶ 现金和信用卡：不要希望找到国内驻外银行通用银联卡，而是要带 Visa 或者 Master 标信用卡，可在 ATM 或者柜台取现以及购买机票，如果和支付宝一类的网上支付 APP 连通，可在线自己转钱操作，确保将丢失卡后的损失减到最少。

笔者的经验：为降低丢失和被抢劫的风险，随身只带四五百美元现金即可，其中 1 美元和 5 美元零钞总共 100 美元，用于零用，20 美元若干，百元大钞并不建议携带，如果污损不好兑换。

网友千般寻觅和好哥 a：小面额美元兑换当地钱的汇率较低，大额旧钞比新的兑换率低。

❷ 服装：如果你打算只走东南亚，装备上以轻简为主即可，做好防雨、防水准备。如果要去印度，抵达时很可能是在冬天，北印冷要有御寒装备。

❸ 帐篷：帐篷并非必备，基本上不会遇到骑行一天没有村落的情况，扎营更多出于省钱和乐趣的考虑，而线路最长的越南扎营并不方便。

❹ 药品类：户外急救药品、个人特殊药品、爽身粉、清凉油、藿香正气水和抗过敏药等。

❺ 电力和数码设备：越南、柬埔寨和泰国均 220V 电压，带一个多功能旅行插头即可，如果电器多，有电脑、相机等，最好有小型插线板供同时充电用。

❻ 地图：可用手机谷歌地图，也有网友建议使用奥维互动地图。

印度尼西亚巴厘岛

7.1.1 越南

最佳骑行时间：10 月到次年 4 月
旅行时间：骑行需一个月
预算费用：250 美元
货币：越南盾（VND）
首都：河内
语言：越南语
国家代码：84

1. 线路综述

越南地形狭长，犹如丝瓜，长度超过 2000 千米，窄处几十千米。接壤老挝和柬埔寨，靠中国一侧为山区，中部有零星丘陵地带，整体平缓。骑行分 3 个部分。北部，从凭祥入境到河内大约 170 千米，最短；从东兴入大约 330 千米，好处是可以到下龙湾看海景；从云南的河口入大约 300 千米，比较偏僻。对于第一次出国的行者，新鲜、亢奋，迫不及待地骑行，这时候需要非常小心。尤其是进入河内市区后，道路交错，人多车多，晕头转向，易出事故，不要急躁，慢走，坚持到还剑湖，积累经验对于旅行之初的行者而言非常有必要。

在河内休整后，接下来到顺化走 1 号公路，大约 800 千米，这一段在红河三角洲部分，属于工业物流地带，交通繁忙，村镇密集，吃住在路边均可解决，偶见水田和喀斯特地貌，气氛宁静，再无特色，天气炎热，骑行枯燥，需要耗时 10 天左右。如果持一个月签证，可选择绕过此部分从南姆坎（Nam Can）关口走老挝，到琅勃拉邦（Luang Prabang），或者搭车越过。

顺化到胡志明为越南骑行的精华部分，有古城、富有当地特色的村落和海滩，全程 1100 千米，建议走 1 号公路，临海，景色绝美。如果加上游览当地，至少需要 15 天时间，越南一个月签证时间不太够，建议到顺化之前的路程适当搭车。

越南路况良好，除岘港（Da Nang）和大叻（Dalat）有些小山起伏外，均为平路，不存在骑行困难。中部和南部比北部开放，游客多，安全度高，可尝试住宿当地人家，虽然语言沟通有难度，但体验不同。

2. 消费

平均住宿费每天 10 美元。公路沿线均有家庭小旅馆，住宿并不困难，需要注意有些旅馆为色情场所，入住前要先观察。河内游客区在还剑湖，胡志明游客区在范老五区，有多家廉价旅馆可供选择，可以提前在网上预定。

3. 出入境

对自行车出入境并无管制，填表出关即可。从胡志明市去柬埔寨有 3 个关口，距离胡志明市最短的为木牌（Moc Bai），大约 60 千米，另外一个为朱笃（Chau Doc），大约 250 千米。

4. 签证

在河内和胡志明有柬埔寨、泰国和老挝使领馆，申请泰国签证可能有困难，最好在国内办理。

5. 交通规则和状况

和我国一样，机动车为右侧行驶，但并不代表着当地其他规则也和我们一样。单车道上，要注意左拐机动车经常过线左拐，大型车辆经常以高速会车，占满路面，要提前应对。在小城镇和村落，摩托车速度快，不太遵守交通规则，容易相撞。公路上，骑行者要永远把自己当做“食物链”的最底端，小心、慢行，尤其是刚出国的行者，要观察学习当地行路方式。

6. 自行车维修

自行车是当地人的主要交通工具，在城镇中维修并不困难，沿路也有摩托车修理铺，但高级配件，比如刀闸等补充困难。

7. 景点

北部山区：沙巴（Sapa）小镇，凉爽，法国特色的度假山区，有村寨部落，类似国内苗瑶，与去河内不在一条路上，需爬山，建议住在老街，搭车前往。

河内：混合了中国传统风格，充满了矛盾和象征，艺术家们很喜欢。胡志明陵墓群、还剑湖老区、文庙、越南民族博物馆都值得一看。

顺化：皇城遗址。

惠安：古镇、占婆遗址以及当地小吃，感受历史上的越南。

芽庄：海滩、潜水、酒吧，游客多，但未必符合中国人的审美。

胡志明：开放、嘈杂、朝气蓬勃，你会身处摩托车洪流中，热浪混着尾气扑面而来，无法呼吸，范老五区夜市中，海鲜、啤酒、各国游客，让人流连忘返。统一宫和圣母大教堂，气势恢宏。

网友千般寻觅对越南感受：越南是我个人觉得4个国家中最浪漫、最小资的一个国家，连绵的海岸线，城市里欧式的建筑，随处可见的咖啡厅。而到了村镇，则是花园小院子、石凳、鲜花。在西贡时，要当心抢包的，特别是女生。越南的咖啡蛮不错，折合两元人民币一杯。美奈渔村必去。

车友深白2012年的旅行经验：岘港海边的海鲜大排档，吃到撑才20多元钱，住宿稍贵，30元人民币，不过是海景房。在越南大叻去了著名的疯屋子（Crazy house），置身其中犹如爱丽丝梦游仙境，由越南女建筑师邓越娥所设计。

7.1.2 老挝

旅行时间：最少 15 天，最佳一个月
预算费用：100 美元
货币：老挝基普（LAK）
首都：万象
语言：老挝语
国家代码：856

1. 线路综述

老挝国土呈榔头状，接壤中国、泰国、缅甸和柬埔寨，70% 的国土为山地和高原，北部崎岖，南部平缓，山川河流，热带雨林，一望无际的苍茫绿色，为行者的第一感受。5 ~ 10 月为雨季，11 月到次年 4 月为旱季，3 ~ 5 月最热。线路可划分为两个主要部分。从磨憨口岸到琅勃拉邦线，由 3 号和 1 号公路组成，大约 290 千米，一路翻山越岭，在雨林和村落中穿行，由于到首都万象的路十分好走，加之天气热，湿度大，至少要 5 天，慢点儿骑比较合适。网友“千般寻觅”描述到：从磨憨进入老挝开始就意味着在大山里骑行，上坡较多，但是不长，一般就 10 千米左右。勐赛到帕勐几乎全程烂路，长达几十千米。另外一段从琅勃拉邦走 13 号线到万象，大约 350 千米，走 4 号线 440 千米，为孤独星球攻略推荐的骑行线路，需要 5 天左右。Muang 到 Kasi 是一段山路，比较辛苦，需要一天才能完成，其他部分基本没难度，路面良好。

去老挝有两条路可以选择，直接从首都南下经过 Brigde（桥）和 Buddhas Circuit（布达）小环线（孤独星球攻略推荐）入老挝。骑友“好哥 a”从琅勃拉邦线选择坐船沿着湄公河北上到 Huay Xai（会晒），走泰国清迈线路。

2. 消费

住宿方面，琅勃拉邦在 Phu si（老城普西），万象在市中心的 Nam Phu（南姆普）周围，要 10 ~ 15 美元一晚，不便宜。在乡村和小镇家庭旅馆，5 ~ 10 美元可以搞定。刚从国内入境老挝时，可选择入住当地人竹脚屋，有车友形容当地人热情得让人头皮发麻，如果扎营，物质条件差（水果多），最好在国内带三五天的方便面等野营食品。山间要注意防火。老挝经济落后，多需进口，物价往往会贵，一餐 2 ~ 3 美元，所以孤独星球攻略给背包客预计的费用在 20 美元一天。

3. 景点

琅勃拉邦：湄公河两岸，一望无际的丘陵覆盖大树和椰林，金色的佛塔和公馆式别墅点缀其间，大河肃穆，烟雨朦胧，典雅而隐秘，有着世外桃源般的气质。喜欢摄影的行者一定要上普西山，日落时市区全景非常壮观。Wat xieng Thong（仙洞窟）和 Wat Wisunalat（维素那拉特窟）为最重要的两座寺庙。

万象：没有胡志明市的嘈杂，一切都是老的，像被遗忘一般。市区主要景点为 Pha That Luang（浦特朗）和 Wat Si Saket（西寺）寺庙。

4. 签证

老挝签证陆路入境只有 15 天时效，对于骑行而言比较短，最好在国内或者周边国家申请一个月的有效签证。

5. 出入境

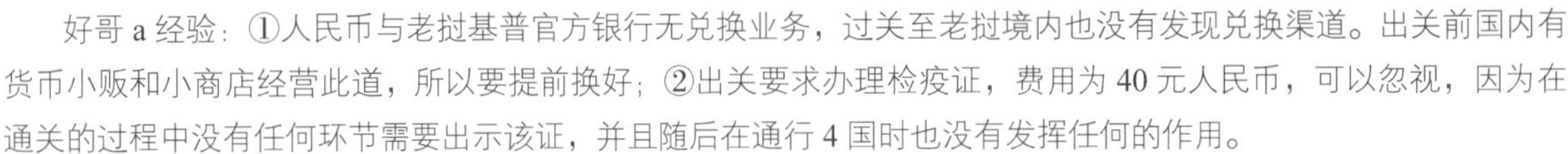

好哥 a 经验：①人民币与老挝基普官方银行无兑换业务，过关至老挝境内也没有发现兑换渠道。出关前国内有货币小贩和小商店经营此道，所以要提前换好；②出关要求办理检疫证，费用为 40 元人民币，可以忽视，因为在通关的过程中没有任何环节需要出示该证，并且随后在通行 4 国时也没有发挥任何的作用。

车友深白 2012 年的经验：从云南磨憨口岸进入老挝，一切顺利，不出所料，遇到老挝海关人员的索贿，要价 2 万老挝基普，相当于 16 元人民币。

车友程鹏的感受：❶ 一路上看到的房子几乎都是木板搭建的，消费却很高，小卖部的很多食品都是从中国进口的；❷ 我喜欢在远离城市的路边小店吃饭，安静，无比享受，虽然只是粉，备了两根法棍当干粮；❸ 北部几乎全是山路，地图上放大看就是折折弯弯，上坡出汗，下坡发抖，骑不死也得推死。

7.1.3 柬埔寨

最佳骑行时间：全年
旅行时间：15 天
预算费用：150 美元
货币：通用美元（USD）
首都：金边
语言：高棉语、汉语、英语
国家代码：855

1. 线路综述

柬埔寨外形类似忙果，南北宽不过五六百千米而已，周围环山，中部为平原。由于面积小，线路上也没什么选择，只有终极目的地吴哥窟，在去泰国的路上。从金边走 6 号公路到暹粒，经过磅同（Kompong Thom），大约 320 千米，4 ~ 5 天即可骑完，也可绕经磅湛（Kompong Cham），观赏 80 千米的湄公河景色。5 号公路不经暹粒。不论哪一条，都能体验典型的柬埔寨乡间风光，大片稻田一直延伸到天际，水面倒映着大树和村庄，宁静而甜美，和越南不同，寺庙在路边，村寨都远离主路。

去柬埔寨，从暹粒出发，经过诗梳风（Sisophon），到边境波贝（Poipet）大约 150 千米。从越南木牌（Moc Bai）入境，走 1 号公路经 180 千米到金边。如果体力够、时间多，可从金边走 3 号公路到海边，终点是西哈努克市（Sihanoukville），为孤独星球攻略推荐的骑行线路。

2. 消费

车友“千般寻觅”经验：柬埔寨相较其他几个国家比较脏乱。物价仅低于老挝，一份饭差不多 12 元人民币左右，饮料 4 元左右，住宿价格为 15 ~ 50 元人民币。

3. 景点

洞里萨湖：东南亚最大的淡水湖，水上落日、星空和空巴鲁浮村必看，从暹粒参团坐船前往。

吴哥窟：去宏大的吴哥窟需要做好功课，一天很难看完，骑车不失为一个好办法，从市区出发，绕一圈要 40 千米，还有 New Wats（新窟）和 Old Wats（老窟）线，大约 23 千米。Backwaters（背水）到 Baray（巴瑞）大约 33 千米，Calm Roads（冷路）到 Quiet Temples（静寺）大约 6 千米。乘坐热气球和巴肯山日落不可错过。

4. 签证

有车友在暹粒找旅行社办理泰国签证成功，大约花费 40 美元。

5. 修车

金边有专业单车商店。

❶ **车友“千般寻觅”的感受：**柬埔寨属于平原，几乎无起伏，除了金边那边有段烂路，其他均是好路面。柬埔寨经济落后，近年物价并不低，对待游客的态度谈不上非常友善。柬埔寨的商店会狠宰游客，买东西时注意还价。如果要搭帐篷，请选择学校或乡镇角落。

❷ **笔者的感受：**为看吴哥窟，单独骑一次柬埔寨也值得。直飞金边的机票可能稍贵，可飞泰国，从曼谷骑车或者坐车（280 千米）到 Krong PoiPet（波贝）边境入柬，骑到金边，飞机返回。另外，寺庙也承担教育和村落公共服务，可住宿。

7.1.4 泰国

最佳骑行时间：10 月到次年 3 月
旅行时间：15 ~ 30 天
预算费用：100 ~ 300 美元
货币：泰铢（THB）
首都：曼谷
语言：泰语
国家代码：66

1. 线路综述

泰国国土像朵盛开的花儿，北部为崎岖的山区，中部为人口密集的稻米平原，南部为狭长半岛。地处热带，全年炎热，平均气温 25℃，6 ~ 10 月为雨季，曼谷周边 4 月最热。不论对西方还是东方旅行者，泰国都是亚洲旅行门户和集散地。旅行线路可辐射接壤国家，申请第三国签证便利，旅游业发达，游客众多。泰国为典型的南亚风光，北部有素可泰、清迈世界级文化遗产，南部有梦幻般的海岛、海岸，对于第一次出国旅行者来说，风景最佳，旅行难度最小，犹如中国后院。

泰国线路分为两部分，北部以清迈和素可泰为目的地，骑 1 号干线为主，从老挝会晒口岸到曼谷约 900 千米，加上绕行清迈，约 1000 千米，整个行程超过 15 天。最辛苦的路段是到南邦府的一线山区，约有 300 千米山路要爬，车友"好哥 a"从会晒到清迈用了 5 天时间。曼谷到清迈大约 800 千米路程，按照车友"Mrpumpy"（气筒先生）的说法：路宽、平滑、安全，路况良好，沿路食宿方便，有古迹，公路有点儿繁忙。

另外一部分可称为海岸线，从曼谷出发南下，贯穿整个半岛到达马来西亚边境的哥达巴鲁（Kota Bharu），全程 1300 千米的柏油公路，虽有丘陵起伏，一天骑行 100 千米问题不大，花费 3 ~ 4 个星期是因为沿路有无数美丽的海岸和隐藏于密林中的小镇，天气炎热，为了补偿自己的辛苦骑行，可到海边扎营游泳。当然，沿线经过著名的苏梅岛、象岛和甲米，潜水、探访渔村，在海滩上喝冰镇啤酒放松，更不应该错过。享受骑行，更要享受人生。

2. 景点

曼谷：含有东南亚所有的文化象征元素，开放、热情、繁华、拥挤和有异国情调。考山路、大皇宫、水上市场等为世界人民耳熟能详。对于中国游客，不论是各种小吃，还是街道景色，其中有中文也有曲绕的泰文，一切既熟悉又陌生。还有多得让人惊讶的各国游客，每个人的身上都有说不完的旅行经历，从这个角度讲，这里是嬉皮之后年轻人的圣地，从这里可以看到电影《海滩》一般的新人生。曼谷是单车行者的成年礼，从此可以展望世界，放飞梦想。

清迈：泰国的第二大城市，古都，建于1296年，遍布古老寺庙，山水相依，繁花似锦，气候凉爽，泰国旅行终极目的地之一，就如印度尼西亚的巴厘岛、尼泊尔的博卡拉一样。很多旅行者由于喜欢清迈，定居此地，歌手邓丽君也迷恋此地并且客死在这里。经过几天艰苦的山路骑行，可以在此好好放松一下身心。

素可泰：素可泰新老城相距12千米，往返里程42千米。景区庞杂，首选中心城区，门票100泰铢，骑程15千米，耗3个小时才能游遍，犹未尽兴。

苏梅岛和龟岛：苏梅岛为旅游团目的地，人多嘈杂，但有漂亮的海滩和辉煌的落日，是放松的好地方。对于独立旅行，龟岛是一个更好的选择，有丰富的珊瑚和海洋生物，推荐待几天潜水或者花1000多元考个潜水执照。

甲米和普吉岛：要到甲米省，要从东海岸转到西海岸，也就是苏梅岛斜对面，可从41号公路转44号公路过去。普吉岛和皮皮岛的大名就不用细说了，它们的美丽有目共睹，路过不要错过。

3. 消费

除了靠山路或者热门的旅游目的地，整体而言泰国物价不贵，对于骑行，日常开销尚可。

4. 签证

泰国签证：再一次说明，持中国护照到泰国免签，只能飞入，在机场办理，陆路不可以，车友一定要在国内申请，这样最简单。

马来西亚签证：在泰国申请要求机票和预定的酒店，所以也要在国内申请。

印度签证：可尝试请考山路的旅行社代理。

印度尼西亚签证：2015年6月后，持中国护照可以航空落地签，部分国际水路码头可获30天签证，所以行者最好在泰国或者马来西亚申请。

5. 出入境

从柬埔寨入：关口在Krong Poi Pet，大约走280千米到曼谷。

从老挝入有两个关口：一是老挝北部的会晒；二是在万象南面20千米处的廊开。

去马来西亚关口：哥达巴鲁。

车友感受：除了进入泰国开始，清孔到清盛有大幅度的陡上坡以外，其余地方几乎无大坡，全程好路，只是某些地方会出现小小的陡坡，坡度非常大，不是川藏线上的坡能比的，清迈一带有山脉。

7.1.5 马来西亚

最佳骑行时间：10 月到次年 3 月
旅行时间：20 天
预算费用：300 美元
货币：林吉特（MYR）
首都：吉隆坡
语言：马来语、汉语、英语
国家代码：66

1. 线路综述

马来西亚外形如被咬了一口的木瓜，挂在东南亚马来半岛最南段。头上是新加坡，北接泰国南部，三面临海，与印度尼西亚的苏门答腊岛海峡相隔，也就是著名的马六甲海峡。马来西亚属热带海洋气候，全年炎热多雨，半岛北半部分为覆盖着雨林的多山区，靠近西侧为著名的塔曼尼加拉国家公园，西部近海为平原。

对于骑行而言，马来西亚的吸引力并不是特别大，对于西方行者也是如此，除非走澳大利亚线才会经过，而中国行者目前多选择在泰国西去印度，放弃南下岛国印度尼西亚确有其道理。在东南亚骑行密集度上排在泰国、老挝、柬埔寨和越南之后。从旅游资源上来说，特色也不是特别突出，海岛度假北有泰国，南有印度尼西亚，优势不大。文化上的特殊点为浓烈的早期南亚华人文化，商铺、会馆、传统庭院，比我们在内地所见更具有历史感和生活气息，是行者回顾过去非常好的体验。当然，马来西亚以独特的自然资源著称，物种多样化，光是开花植物就有近万种，动物也很多，所以才有了华莱士的巨著《马来群岛自然考察记》，值得行者阅读。沿着西海岸前进，造访岛屿村落，会经常见到当地人养鸟，不是我们那种八哥和金丝雀，而是犀鸟，由于特殊的穆斯林部落文化，有一种非常特殊的与自然依存关系，这一点和印度尼西亚相同，值得赞赏。再有，马来西亚经济比较发达，路况很好，当地人也很友好，即使是乡村对外国人来说也是见怪不怪，汉语通行度高，除了热，基本没什么旅行困难。

路线上，西方行者多选择走半岛西海岸线，从泰国边境黑木山（Bukit Kayu Hitam）走 AH2 号国家公路，到新加坡约 1000 千米，优点是路平坦，市镇多，缺点是不经过塔曼尼加拉国家公园。整个路程大约耗时 15 天。

2. 景点

塔曼尼加拉国家公园：马来半岛上最大的保护区，4000 多平方千米的原始雨林，苍翠碧绿，有大量的动植物，如果你对植被和博物学感兴趣，犹如身处天堂。但对猎奇者而言，飞鼠在夜间活动，不太容易见到。大多数游客来此徒步，有长短不一的线路和观兽点可供选择。Kuala Tahan（库拉塔汗）是参观保护区的起点和大本营，有旅馆。

马六甲唐人街：犹如重归旧日时光，漫步于那些昔日华人富商建造的大厦中，满目繁体牌匾，更会让行者感怀过去，这里发生了太多曲折而惊心动魄的人生故事。聪明、坚强的中国人在另外一片土地上创造出自己的新家园，其曲折和豪迈绝不亚于清教徒在美洲建立新国家。JI Hang Jebat（基巴特）街为核心区域，有大量的古董店和宗族祠堂，还有雕刻华丽、装饰色彩靓丽的寺庙，富有地方生活气息，一反内地宗教的庄严避世。

3. 消费

相比泰国，马来西亚消费要高，啤酒很容易买到，大约 3 美元左右，至少比印度尼西亚便宜和容易。住宿要 25 美元，一天开销大概需要 30 美元。非常容易买到 3G 或 4G 的手机卡，无线网络也很普遍。

4. 签证

马来西亚对中国游客免签，但必须是在两人团签的基础上，不包括个人行，需要注意。再有旅行者从泰国申请签证遭拒，为保险起见还是提前申请好，可电子签，一个月足可。如果途经新加坡情况也类似，都需要提前准备。

西方网友经验：海岸公路骑行随处可见美丽的鸟儿和野生动物。6 月非常热，常有大雨。

5. 出入境

与北部泰国有两个关口，分别在岛屿两端，西部在黑木山，游客多选择此地。

马来西亚和苏门答腊岛之间有许多渡轮往来。槟城和棉兰的 Belawan（勿拉湾）快艇服务是目前使用量最多的。马六甲和苏门答腊的 Dumai（杜迈）也有客轮。总之，各岛屿之间海运线路众多，无需担心交通问题。

犀鸟

吉隆坡街头

亚航是旅行者的最爱

7.1.6 印度尼西亚

最佳骑行时间：10 月到次年 3 月
旅行时间：30 天
预算费用：200 美元
货币：印度尼西亚盾（IDR）
首都：雅加达
语言：印度尼西亚语
国家代码：62

1. 线路综述

印度尼西亚之大，面积排世界第 15 位，人口数量排世界第 4，是名副其实的大国，国人印象多与东南亚几个小国并列，在旅行上也并不重视，仅知道巴厘岛，实在有点冤枉这个国家。我曾去过印度尼西亚 3 次，也就是蜻蜓点水，但也已经非常喜爱，梦中天堂都以印度尼西亚海岛为版本。它不是千岛之国，而是万岛之国，地处赤道，横亘东西 7000 千米，岛屿星罗棋布，如果行者们期待所谓的无人隔世荒岛，恐怕也只有在印度尼西亚才能找得到。20 世纪 90 年代，日本有一本畅销书，写一个退休公司员工，攒钱在此购买了一座小岛，建立了自己的世外桃源，风靡一时，吸引了无数人前往。印度尼西亚人口主要集中在苏门答腊、爪哇和加里曼丹 3 个大岛上，面积加起来超过越南、柬埔寨、泰国和老挝 4 国。孤独星球攻略有语评价：更像大陆而不是一个国家，巨大的文化差异和多样性成为这个世界上最值得探索的地区。主要民族信仰以伊斯兰教为主体，但也有巴厘岛这样保存着独特的印度教文化传统，爪哇岛有婆罗浮屠和布兰班南两处人类文化遗产佛教神庙。遥远的东部巴布亚部落地区则为原始拜物教，那里有著名的徒步线路 Baliem（巴列姆山谷）。世界级旅行资源有隆隆冒烟的人间奇观 Bromo（布罗莫）火山。巴厘岛最早从嬉皮圣地发展成笙歌燕舞的度假天堂，但独特的文化依旧值得行者徜徉其间。苏门答腊的红毛猩猩和大熊猫一样珍贵，却不需要在动物园远观。当然还有无数潜水胜地，比如苏拉威西的 Togean（托金）群岛，以及龙目岛附近世外桃源一般的吉利群岛，任何一处，都让你倍感这个星球的繁茂多样，同时心生珍惜感。在气候上，虽然地处热带，却并没有东南亚的溽热难忍，随便找一处椰林就能享受习习海风。

如果全程横越印度尼西亚，至少要骑行 3000 千米的路程。

最长的部分在苏门答腊岛，如果从马来西亚坐船到棉兰，沿着岛屿东部干线到爪哇岛雅加达要走 2000 千米。广袤、青翠欲滴，让人神往，几乎由 Barisan（巴里）山脉隆起造成的大陆，最高峰达 3800 米，和太白山高度相近，蔓延 1600 千米到海平面，东部为陡峭的高山和密林，西部为村落和田野。线路设计从棉兰出发去雅加达，走岛上唯一的一条主干道。景点主要在棉兰附近，一个是出发不久即经过的多巴湖，另一个是位于 Bukit Lawang（巴拉望）的红毛猩猩保护区。

爪哇岛狭长如一条爬行在海滩上的毛毛虫，雅加达在最东，苏腊巴亚在最西，骑行线路在两者之间。虽然连接这两个重要城市主干道的距离最短约 1000 千米，但骑行时完全可以避开，走村串户，体验独特的印度尼西亚文化。线路串接人类文化遗产婆罗浮屠和布罗莫火山，还有爪哇人文化古城日惹，最后过海抵达巴厘岛，在拥挤的库塔海滩上喝冰镇汽水。

就我个人感受，不论你从马来西亚接着走印度尼西亚，还是直接飞到棉兰（亚航非常便宜）或者从巴厘岛反向走东南亚半岛，都非常方便。总体而言由于印度尼西亚广大，3 个月的时间也一点儿都不算长，有太多的地方需要探索。

2. 景点

巴厘岛：大名鼎鼎的巴厘岛，早年是天堂的代名词，现在则是繁华的游客中心，既有品牌店，也有麦当劳，Kuta（库塔）海滩依旧大浪滚滚，帆板飞舞，对于行者可能有点儿不习惯人多，那么可以随时"逃亡"到北面的 Ubud（乌布），凉爽而又有乡村风格，住在迷人的印度教庭院，欣赏极具情调的 Barong（巴龙）舞蹈和宗教祭祀，空闲时骑车欣赏稻田并观看云雾缭绕的阿贡火山，已经不虚此行了。

吉利群岛：在巴厘岛东，如果你想找个清静的地方，独享海滩，沉思人生，这里是最佳选择，由 3 个珍珠般的小岛构成，最适合浮潜。

红毛猩猩保护区：要先到 Bukit Lawang（武吉拉旺），红毛猩猩保护区所在地，有专门的观赏平台，可以见到猩猩，当然能在 Taman（塔曼）保护区做两天的徒步旅行最好，大概每人要花 400 元人民币左右的向导费用，虽然有点儿贵但绝对值得。Bukit Lawang（武吉拉旺）是一个青山绿水的山区小村，有河可以游泳，空气好，有很多非常漂亮的旅馆，是休养的好地方。

婆罗浮屠：在日惹西北40千米，遗址周围有旅馆。与吴哥一样，是隐秘于热带雨林中的大型火山石宗教建筑，如巴别塔盘旋而上，直达中心，墙体上有雕刻和大量的佛像，1000年前被火山喷发淹没，1814年被发现。婆罗浮屠的美在早上，所以一定要扎营过夜，能拍到雾气缭绕、金光四射下的遗址。

布罗莫火山：印度尼西亚旅行的终极目的地之一，能在地球上看到的非地球景观，这样的地方走遍世界也不多，而且没有被圈起来收天价门票。头一天可徒步火山灰沙漠地带，并且登上冒烟的火山口，欣赏地球恐怖的伤口，第二天搭摩托车到观日点从另外一个角度领略。去布罗莫火山的道路十分崎岖，要翻山，且空气中灰尘很大，最好在小村 Probolinggo（普罗布林哥）住宿存车，搭车前往。

3. 签证

印度尼西亚可免签一个月，没有延期，以机场入境为主，在巴淡岛水路进入也可获得，对于行者而言，一个月可能有点儿短，那就要提前在马来西亚或者新加坡申请签证。

4. 消费

除了含酒精的饮料比较贵外，吃住在大部分区域都很便宜，可以说是东南亚消费最低的国家。即使在吉利群岛这样的潜水地，双人间也不过100元人民币，旺季的巴厘岛库塔海滩一带可能有点儿贵，且不好找地方住宿，大多数地方三五十元人民币足够，吃饭都是几元人民币而已，相当于国内县城的物价水准，赶紧趁机好好享受。整体可控制在10美元一天，另外，印度尼西亚人很热情，在乡村吃住的话开销会很小。

国宝红毛猩猩

吉利岛上夜色

巴厘岛的特色商店

印尼的部落区域

婆罗浮屠

印尼是群岛国家

7.2 印度和尼泊尔

7.2.1 印度

最佳骑行时间：9月到次年3月

旅行时间：3个月

预算：1000美元

货币：印度卢比（INR）

首都：新德里

语言：印度语、英语

国家代码：91

1. 线路综述

没有哪个国家像印度这样对旅行者具有如此冲击力，而且立场分明。讨厌者深恶痛绝，喜欢者爱如恋人，几乎见不到居中者说“一般而已”。对于中国游客而言，这种分歧更加明显，因为在我们的潜意识中，这个和中国半个世纪没有任何民间交往的国家，和中国一样历史悠久，和中国一样有着灿烂的文明，和中国一样人口众多，和中国一样在发展，太多的相似被媒体炒作并以龙与象做比较，这更让我有一丝期待，但在抵达的那一刻我的想法彻底被改变。就如我当年从泰国飞抵加尔各答，连机场都没出，已经开始震撼。一个国家最大城市的国际机场，居然外观破旧得像中国20世纪80年代县城的长途汽车站，一出门一堆人力三轮车夫很快包围你，让人瞬间不知所措，当然，更让人惊讶的还有漫天飞舞的乌鸦，感觉自己走错了地方。不可思议的景象将伴随整个旅行，它的贫穷落后，让人心惊肉跳，它的拥挤和混乱让人无法忍受，它的古老遗存犹如时空倒转，置身其中仿佛回到古典时期，它的英文让人崩溃却造就出伟大的像奈保尔这样的英文作家，它的非暴力和宗教传统影响世界，却抢劫、强奸游客的事件频发，它的矛盾如此深刻和独特，让任何一位行者都会目瞪口呆，它的文明如此悠久却徘徊不前，让学者们百思不解。总之要去亲自体验，任何解说都显得苍白无力。

印度面积较大，北靠喜马拉雅山脉，南到太平洋，外形如三角，气候属热带季风类型，6～9月为夏季，降雨很多，冬季干旱，从恒河平原到首都一路向西北气温会逐渐降到零摄氏度，温差大。从德里到最南端约3000千米，从东面的加尔各答到西端孟买约2000千米。从旅游资源上来说，印度可谓泱泱大国，有世界文化遗产32处，单就看古典遗迹泰姬陵、胡马雍墓和红堡等就足够让人眼花缭乱，当然还有大量的保存完好的古城如瓦拉纳西、粉红之城等，足能体验印度文明不同时期的精华。印度对于学习宗教者更是圣地，这里是世界灵修中心，而对于佛教徒，菩提伽耶（Bodhgaya）这样的佛祖成道圣地一定要前往。

印度单车旅行线路的选择有多种，不论怎么走都很精彩，且无大山和崎岖路，除了热，人多点儿，难度很小。笔者、杜风彦、好哥a和深白等都骑行过。

第一种选择，恒河线，如果你第一次到印度，这条北部线路难度最小，最能领略古老的印度文明。多数行者从泰国曼谷飞到印度加尔各答（机票比较便宜），一路沿着GTR-AH1公路，经菩提伽耶、瓦拉纳西、泰姬陵所在地阿格拉，最后抵达首都新德里。全程1500千米，无山路可爬，路况良好，速度快的话20天就能骑完，但建议用时一个月，沿路景点太值得好好看看了。

第二种选择是从尼泊尔到瓦拉纳西再到新德里，共1200千米，接下来的线路可以选择绕拉贾斯坦邦到巴基斯坦，或者西去孟买。

第三种选择，绕印度次大陆，这是西方很多行者的选择，国内的杜风彦也这么走。从加尔各答出发沿孟加拉湾南下，骑行 1000 千米，然后横穿特伦甘纳到果阿，再北上到孟买。这条线路的优势是可以领略海景和印度南部独有的热带情调，但距离很长，需要有至少半年的印度签证。

2. 消费

印度的消费并不高，可以说很低，多数行者，包括我和杜风彦待半年也就花了四五百美元，当然我们都干了其他事情（详见《单车上路》）。普通饭馆吃套餐也就 30 卢比，多为素食，吃肉要到穆斯林饭馆，乡间很少。大瓶纯净水也就十几卢比，折合人民币两三元而已，住宿在新德里、瓦拉纳西这样的地方不需要多人间，一两百卢比可住一夜。在路上可以住在主路旁的卡车饭馆，吃饭和住宿不收费，提供绳床，可在里面扎营，早上让服务员做好早点，吃了再出发。

3. 出入境

多数情况下只能乘飞机前往，很多人选择从尼泊尔出入境。

如果西去巴基斯坦，可从金庙附近过境，边境开关仪式也是著名一景。

4. 签证

就目前的情况，并不容易获得印度签证。国内申请需要公司证明、存款证明和旅行计划书等，手续颇为复杂。网友的经验为交给中介，虽然会花掉几百元，但省事。

在尼泊尔申请的话以前办理简单，我在几年前就成功获得过半年签证，最近多有被拒，看来这条通道已行不通。泰国曼谷以前也是最佳申请地，目前有成功也有失败案例。

斯里兰卡好像是目前最容易的申请地，可以飞过去落地免签，获得印度签证还需要再飞一次，代价很高。

5. 景点

菩提伽耶：在 AH1（亚洲公路 1 号线）附近 20 千米处，佛祖成道地，玄奘曾到过，后人根据他的游记在 100 年前考古发掘成功，2002 年被列为世界文化遗产。遗址处在小城中心，为一个公园，中有主塔，内供金身佛像。塔后有那棵著名的菩提树的后代。公园周边有世界各个国家和组织捐建的各种寺庙和雕像，有大量的游客。

瓦拉纳西：看完佛祖，再骑 250 千米，就到了这条路的中转休息地——恒河边的古城瓦拉纳西，历史特别悠久，现在看到的沿河古堡，短的都有几百年的历史。古城既是放松的好地方，也有大量的活儿要干：①这座城市是印度教徒圣城，每年都有自己的宗教仪式（河边祭祀），一定要看；②一定要住在老城中心，也就是 Ghat（河阶）内的游客旅馆，出门走几步就能到恒河，日常可以在迷宫一样的小巷中穿梭，体会古老社会的百态；③荡舟恒河，看日出；④不要错过佛教圣地鹿野苑。

泰姬陵：世界上最著名的景点和最著名的坟墓。一座纯白色大理石建筑，被形容为莫活儿皇帝和妃子之间纯洁爱情的见证。对我而言，更觉得他是一位建筑天才，就如我们的李后主是绘画和写诗天才一样。另外要说这座建筑需要从 3 个角度看：①买票入园，最重要的正面角度，一定不要着急跑到建筑前，而是在水道对面，好好体会它的几何结构形成的一种类似海市蜃楼的视觉效果，除此之外，你在世界任何地方都不能感受到；②阿格拉有带顶楼的旅馆可见泰姬陵，值得选择；

③要搭三轮车到泰姬陵背面亚穆那河边，从另外一个角度感受，《国家地理》中的很多照片就是从这个角度拍摄的。

德里：一座巨大而凌乱的城市，由老城和新城两部分组成，新城为蛛网结构，以 CP 市场（Connaught Place，康诺特广场）为核心排列了大量带有莫活儿和西方风格的新建筑，例如总统府和印度门。老德里在城市北面，红堡对面，星期五清真寺（Grand FriMosque）后面。游客可住在新德里火车站对面的 Main Bazar（大巴扎）路。首都值得探索的地方很多：①漫步老区，既会被迷宫小巷搞得晕头转向，但也是领略莫活儿王朝时代遗产的最好方式，当然包括经典的星期五清真寺和红堡；②漫步新城，主要在印度门和 CP 市场附近，最能集中体现现代印度风格的地方；③市区周边的景点很多，包括莲花寺、古达明塔和胡马雍陵。

❶ 如果有时间，拉贾斯坦邦有很多英属印度时期留下的各色城堡，非常值得骑车环绕。我曾旅行一个月，骑骆驼入沙漠，比骑车的舒适度差远了，所以骑车走很好，可以深入吉卜赛人部落。

❷ 印度人好奇心很强，容易围观，但还不至于偷抢，不必紧张。流浪汉很多，荒野扎营有时安全度不高，需要注意。

❸ 印度不论野外还是城市，对外国人来说上厕所的难度很高，手纸也不太好买。

❹ 绝不喝当地饭馆提供的生水，包括他们街头果汁摊提供的冰镇饮料，冰块也不洁。

❺ Masala Tea（玛莎拉茶）遍及城乡，几个卢比一杯，用纯牛奶加姜、糖、茶粉做成，热量高，行者一定要多喝。

❻ 印度普通饭馆最接近中餐口味的食物一是摊鸡蛋，另一个是炒面。

❼ 小镇上其实有很多旅馆，很便宜，累了可住几次，以缓解身心疲劳。

❽ 印度有教养的人士可通过着装一眼看出，尤其是乡绅阶层，多好客，讲英文，可接受邀请或者主动寻找，体会各有不同。

❾ 要非常小心印度卡车司机的野蛮驾驶，绝不可夜骑。

❿ 在印度买酒很困难，需要在大城镇的专门酒类商店购买，不太好找，啤酒比国内贵，但本地产的威士忌很便宜。

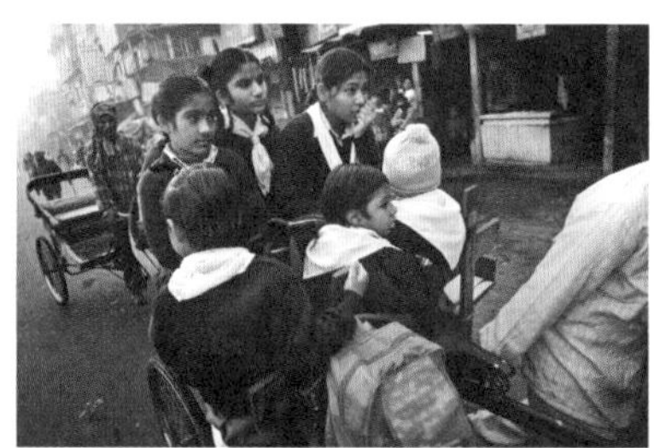

7.2.2 尼泊尔

最佳骑行时间：9 月到次年 3 月
旅行时间：1 个月
预算：200 美元
货币：尼泊尔卢比（NPR）
首都：加德满都
语言：尼泊尔语
国家代码：977

1. 综述

尼泊尔算行者们最熟悉的国家了吧，早年，有骑行者走中尼公路到了樟木，由于没有护照签证，在关口遥望对面陌生的异国，心怀期待却只能返回，现在的骑行者可以毫无困难地一路下坡冲到加德满都，完成人生第一个跨国旅行。

尼泊尔的美是世界级的，这个喜马拉雅山坡上的小国在背包旅行运动开始之初就成为全世界年轻人向往的圣地，是新丝绸之路旅行从欧洲到亚洲的终点。包括现在知名的加德满都 Thamel（泰米尔）游客区和嬉皮之城博卡拉（现在有点儿衰落），都是那场风潮下的结果。北有熠熠生辉的雪峰，谷地是色彩斑斓的古城。

到尼泊尔就需要做两件事。第一，喜马拉雅山区徒步；第二，在 3 座古城之中徜徉，晒太阳，在温润的但污染严重的空气中休养生息。对于单车行者，接下来的路非常明确，去印度。从加德满都出发，一路向西南，经过 Chitwan（奇旺）国家公园（别忘记骑大象），再到蓝毗尼拜祭完佛祖，到嘈杂拥挤的边境口岸 Bhairahawa（巴哈哈瓦）进入印度，沿着 29 号公路曲折向前到古城瓦拉纳西。尼泊尔境内长度不超过 300 千米，但要翻山无数，坡陡路急，天气炎热，绝对辛苦。

2. 消费

尼泊尔消费较低，甚至比印度都低，吃饭 10 元人民币足够。主要的开销有两个部分：一是徒步，一天要 100 元人民币的开销，主要有向导开销（必须要），可通过多人分摊来降低；二是在加德满都住宿，现在多有中国人开的多人间旅馆，有 10 ~ 20 元的床位，单人间一晚四五十元人民币左右。网络上关于尼泊尔的攻略非常多，并且很详细，可以参考。

3. 签证

非常容易申请，需要护照和照片，填表即可。在北京、拉萨均可自己申请，即使在樟木，也可通过代理公司申请，但需要等一个星期。注意，尼泊尔落地签为空港，而非陆路。

4. 出入境

由于 2015 年 4 月的大地震，樟木口岸到目前一直处于关闭状态，临时口岸在吉隆县，行前请查。

5. 景点

安娜普纳峰大本营徒步：也被称为“徒步 ABC”，来回需要 15 天左右，去程经过布恩山看日出，沿途既有尼

泊尔山区村落，也有浓密的雨林区域，最后抵达群峰环绕的大本营。沿途均有旅馆和餐馆，服务设施非常成熟，不需要带太多户外装备。在博卡拉办理手续比较方便，需要导游费和入山费用，不论哪一条线路，平均一天 10 美元足够。

巴德岗、帕坦和杜巴广场：都在首都旁，距离很近，巴德岗最远也不过一个小时公交车车程而已，杜巴广场就在泰米尔旁，步行可到。如何赞美古镇都不为过，石建王宫，木建的印度教寺庙，混在古老的居民区中，非常具有中世纪情调。可惜的是，2015 年的地震，不少建筑受损甚至被彻底毁掉，尤以杜巴广场最为严重，就如伊朗的古城 Bam（巴姆），所以世界要赶快看，尤其是古典建筑。

猴庙和佛祖诞生地：尼泊尔的两处佛教遗迹，一个在加德满都旁的小山上，另外一个在靠近印度边境的蓝毗尼，不应该错过。

7.3 巴基斯坦和中东

7.3.1 关于巴基斯坦及丝绸之路

按说，从欧洲出来走土耳其、伊朗、巴基斯坦到印度、尼泊尔是最经典的一条旅行和骑行线路，可现在由于地缘政治的巨大变化而衰落了。从冷战集团对抗到恐怖主义猖獗，巴基斯坦处于核心，作为这条线路上至关重要的通道被堵死。再有，伊朗对抗西方，签证难获，导致只留下孤零零的土耳其，这条线路彻底被堵死。所以，我没有单独写这几个国家的骑行攻略。

如今大量的西方游客选择从土耳其走北线，经土库曼斯坦、乌兹别克斯坦等国，进入我国新疆地区。对于国人而言这条线路可行，但陌生，难度也不小。2012 年，郑盛从哈萨克斯坦、俄罗斯入欧洲也是被迫无奈，线路长，签证时间短，让旅行变得非常仓促。而之前安定的乌克兰，现在却处于战火中，整个欧洲处于中东难民的包围中，边境关闭。巴基斯坦和中国的喀喇昆仑公路较为危险，建议行者们放弃。

7.3.2 关于中东

丝绸之路本可以顺便走中东，但由于伊拉克和叙利亚战火依旧，波及周边的黎巴嫩、约旦，让这些古老的文明区域成为旅行者的禁区，就目前的状况来看，短期内难以恢复正常，让人遗憾的是这次战争导致两国大量遗迹被毁坏，比如叙利亚的帕尔米拉古城、大马士革古城和阿勒颇古城，伊拉克的尼姆鲁德和哈特拉古城。这些灿烂的人类古老居住地历经两千年，却在我们的时代被毁掉，想起 2012 年在叙利亚旅行时的景象就觉得难过。

世界处于巨大的变动之中，这是旅行的价值所在，但也增加了难度和风险。

7.3.3 约旦

最佳骑行时间：3 ~ 4 月以及 10 ~ 11 月
骑行时间：一个月
预算：200 美元
货币：第纳尔（JOD）
首都：安曼
语言：阿拉伯语
国家代码：962

1. 综述

目前约旦还算安定，是从伊朗过来进入埃及的跳板（以前为黎巴嫩），目前国内行者多飞抵安曼，南下骑行西奈半岛。

约旦地处中东沙漠地带的边缘，境内基本平坦，就我从安曼坐车到佩特拉古城的感受，没什么特色，比起古迹众多的邻国叙利亚来说，差很远，当然为了佩特拉古城也值得走一趟。按照导游书的说法，在约旦骑行，一方面会有孩子们用石头攻击你，这一点我在叙利亚也曾遇到过，再有南部的强风能把人吹倒，很辛苦。

安曼北部有不少希腊遗址，山路较多，佩特拉古城附近的山比较陡，月亮谷沙漠路段多是旅游区，天气炎热，骑行困难。

线路方面，仅沿着 15 号公路从首都安曼一路南下到亚喀巴，大约 350 千米路程。中间会经过佩特拉古城所在地瓦迪穆萨，距离主路大约三四十千米，不过要翻山，骑过去的必要性不大，可在当地村落存车后搭车前往，因为逛佩特拉古城要爬山，需要足够多的体力。安曼其实还不错，建在山坡上，满眼都是低矮的房子，一直铺到天际，十分壮观，可走路到市区北面的小山，上面有罗马时代的古迹，可拍摄全景。

约旦虽然骑行意义不大，但在中东探险文化上意义非凡，可以看一下劳伦斯的大作《智慧七柱》图书，以及哈里森 • 福特主演的《夺宝奇兵》和妮可 • 基德曼主演的《沙漠女王》，均以此地为背景。

2. 消费

相比非洲各国，约旦的消费比较高，即使和叙利亚相比，也高一个档次，主要表现在吃和日常开销上，水很贵，住宿多人间倒还可以，大概需要 10 美元左右。

3. 签证

我在 2012 年从叙利亚到约旦陆路口岸可以获得一个月的签证，包括其后的很多中国骑行者，都利用这一便利进入非洲，但 2015 年，约旦取消了对中国公民的落地签证，网传飞入依旧可以获得签证，笔者没有证实过。可在国内或印度提前申请，国内申请条件简单，但在印度申请，目前还没有记录。

4. 出入境

坐船去埃及，地点在约旦的亚喀巴，过海到努韦巴口岸，买票出境即可。

5. 景点

佩特拉古城给人的感觉非常奇怪，对中国人而言这种在石上开凿房间的做法一般用做墓室，事实上这里是古代城市，隐秘于一片低矮的山间。进入需要通过极其狭窄的通道，据说是为了防止被攻击。现在看来把城市建在这么干涸荒凉的山丘上，劳师动众开凿山体，也许出于宗教和政治目的，却更像一处以抢劫通往大马士革商队为生的盗匪建成的豪华社区。事实上这里自从有人类以来就被开发利用，并成为首都和宗教中心。山石为红色，摄影时的色温非常难控制，如果在里面扎营过夜，感觉应该非常不错。另外，带足水，不好补充，上下山非常热和累，整个区域也非常大，走完需要将近一天。附近的小佩特拉风景也不错，不要门票，不过需要注意附近的贝都因人部落。

7.4 非洲

1. 综述

如果你真牛，骑行非洲来看看。

茫茫非洲大陆是一部气势恢宏的歌剧，只有单车行者才能体会其波澜壮阔。

从最北面的古文明源头埃及出发，沿着尼罗河溯源而上，穿过炎热干涸的沙漠地区，进入依旧动荡不安的苏丹，从传统意义上讲，这片应该属中东阿拉伯区域，即使继续南下进入埃塞俄比亚，依旧不是传统意义上的非洲。但旅行并不枯燥，文化的古老和多样性可以追溯到史前人类，无论谜一般的金字塔，还是圣经时代的基督文明，都让行者大开眼界，撒哈拉热风吹裂了行者的嘴唇，却被这片古老土地上的精神丰富了灵魂。

随后，历经艰辛，越过埃塞俄比亚的热带雨林山区和肯尼亚北部无尽的灌木地带，非洲逐渐呈现在眼前，当你第一次在小镇马萨比特遇到身着火红色披风的马赛人打着台球，骑着单车四处乱逛时，预示着全新的旅行开始了。也许印象中的非洲开始消失，但真实的非洲大幕才徐徐拉开。从此开始，多刺的相思树陪伴行者一路直到大陆尽头，草原上的土著草房星星点点，充满了原始情调，你能听到嘹亮的吆喝，那是畜牧部落桑布鲁人赶着牛羊从这里经过。当你才刚刚还在为眼前的景象惊讶和欣喜时，它却又瞬间消失，取而代之的是肯尼亚首都内罗毕密集的高楼大厦和身穿西服的白领，犹如突然从灌木丛的兔子洞中跌入了曼哈顿街头，让人恍如隔世。

漫漫非洲大草原在你的车轮下展开，眼前默默矗立的面包树，稀疏叶片难以遮挡着金光四射的落日，大地安静得仿佛只能听见自己的呼吸。开阔之地，目光直抵远方，夕阳下一望无际的草原，灿烂得好像要燃烧起来一样，波浪起伏，数不清的斑马和长颈鹿。眼前景象如果没有脚下这条柏油马路，你会觉得回到了恐龙时代。停车，享受这非凡一刻。这不就是心目中的非洲吗，犹如追寻了一路的恋人在骑行了4000千米才羞涩地答应了你，这一刻的惊喜，这一刻对这个星球的爱瞬间涌向心头，化作泪水，这一刻，你不再感到辛劳，不绝望，也不奢望和想象，只是安静地坐在红色的土地上，展开自己，融入万物轮回之中。

随后，行者将延续和追逐着这样的召唤进入坦桑尼亚大平原。百年以前人类的探险队在此刻车轮下的这片土地上艰难跋涉，饱受炎热、疟疾和食物短缺的折磨，抵达传说中的冒烟湖泊——维多利亚大湖，为解决尼罗河源头之谜，利文斯顿最终把生命献给了这里。当然现在不再有不友好的土著举着长矛偷袭冒险者，沿路上尽是坦桑尼亚爽朗的农民大妈，在玉米地里冲你招呼：Jumbo（你好），你也会心情愉悦地回答：Jumbo（你好）。当你在溽热的公交车站停下来，希望有一场雨来洗刷自己油腻高温的身体时，头顶中国制造的塑料桶的姑娘们咯咯笑着经过，满脸趴着苍蝇的孩子们则不依不饶地围着你，直到目送你骑向大陆无尽的远方。

穿过了无数的国家公园，遭遇大惊小怪的狒狒，一惊一乍的野猪，还有公路边上无所事事的变色龙，希望满足它搭个顺风车看看世界的愿望。我们一起挥汗如雨爬上山区，在浓雾笼罩的山顶大嚼甘蔗和烤玉米，蓄积足够的体力一路下坡冲入非洲内陆。不论走遗世的马拉维，还是早在几十年前就被国人资助铁路建设的赞比亚，都充斥着中国制造的用品，以及无所事事的年轻人和你击掌问好。

让人冒烟的大陆随着行者进入南部非洲逐渐凉爽，平坦的大陆灌木丛生，一直铺到海岸线。不过日日晴朗的天空紫外线很强烈，也许可以选择抵达津巴布韦的首都阳光之城哈拉雷，寻找画着天文数字的纸币或者在遍布铁皮房子的卢萨卡喝冰镇啤

酒，好好休息下。

回望这片大陆，已经完成了 7 个国家，即将抵达终点南非，而接下来一马平川，没有任何难度，唯一要做的就是享受成功的喜悦。一旦到达约翰内斯堡，也许几天后你就会回到祖国，躺在家中舒服的床上，觉得一切都那么不可思议，衣服上还能抖搂出来自非洲大陆的沙粒或者灌木刺，都曾让你吃尽苦头而现在却弥足珍贵。

非洲不仅是一出气势恢宏的歌剧，而更像一部精彩的好莱坞 3D 奇幻电影，只有南北一千米一千米地骑完它，才能有如此丰富和细腻的感受。

其实你一点不孤独，笔者、杜风彦、朱志文、程鹏、翟二喜等都曾走过。

非洲线路在现实意义上只有一条，南北贯通。

不论你从经过西奈半岛的约旦入埃及，还是飞到东非的任何一个国家，比如埃塞俄比亚或者肯尼亚，如果真要走一趟大陆之行，恐怕只有以东非为主的旅行。当你看着非洲地图，国家密密麻麻，有 56 个之多，东西走、南北走还是绕海岸走，如何开始？当年我从孟买飞往埃塞俄比亚时就面临这个问题，幸亏遇到一位在非洲工作多年的中国工程师，刘朝阳先生给我分析最可能的线路。

北部非洲，也就是近地中海的撒哈拉沙漠一带，包括东面埃及和西面的毛里塔尼亚，大约有七八个国家，地缘政治复杂，既有阿拉伯国家，也有之前法国、英国的殖民地，局势动荡，对于欧美旅行者没什么问题，但中国公民比较难获得签证。

我曾见过西方骑行者走西非线路，从西班牙过海峡，进入传统旅游国家摩洛哥，一路沿着海岸经过无数密集的小国，如塞内加尔、几内亚等，经刚果、安哥拉、纳米比亚到南非。这条线路绝对壮丽，政治上也还算稳定，但对中国人而言签证难度不确定性很高，其中有一些比如贝宁、尼日利亚等可获得，但安哥拉等就很麻烦。几年前，我有一位朋友曾试图徒步走西非，最后失败。就现在，不是不可以尝试，成功需要很大的运气。

至于东西穿越，由于距离上不是很长，目前很少见到骑行者这么做，除非单独环绕地中海沿岸国家。这条线路非常经典，美国著名旅行作家保尔・梭罗克斯曾有大部头的游记《环地中海》介绍此线。

留下的就只有东非线，如果你想贯穿大陆，这条线最安全，签证对中国人来说最简单，成功率高。途经均为比较知名的非洲国家——肯尼亚和坦桑尼亚，能领略到最著名的景色，如乞力马扎罗山、马赛大平原和维多利亚瀑布等。如果从埃及开始到南非结束，十个国家，长度大约近万千米，这个距离除了在美洲，其他地方很难找到，足够行者展示毅力与非凡的冒险精神。就我个人感受，比骑行欧洲要过瘾得多，没有什么规则，车少、人少，足够满足你对荒野的热爱，撒开走即可，不需要担心任何事情。这条线外国单车行者其实走得并不多，主要集中在摩洛哥，另外，这条线路有点像泛美公路，只是“泛非公路”没那么成熟，但依旧有人开汽车贯穿，比如法国摄影家 Uwe Ommer（奥美尔），好莱坞大明星伊万・麦格雷戈骑宝马摩托也走过，值得国人尝试。

2. 何时前往

很多人都觉得非洲很热，非洲的季节划分确实不太明显，以旱季和雨季划分似乎更合适，当然，非洲的热是有限度的，北部撒哈拉的干热，还是中部热带雨林的湿热，抑或南部非洲常年晴空下的超强紫外线，行者都将饱受炎热的折磨。而如果遇到高山，就变成了凉爽，非洲有时候也会下雪，骑行的时候，也要做好相应的保暖措施。大陆平均气温 20 摄氏度以上，因为旅行时间和距离超长，基本不用考虑季节问题。

3. 预算

总体而言，线路所涉及的 11 个国家，除了南非消费稍贵外，其他国家基本差不多，且多数时间需要扎营，骑行每天 10 美元足够。在一些大城市，比如一些国家的首都，旅馆大约 10 美元一夜，在小地方，3 ~ 5 美元也能搞定。在吃的方面，非洲可选择的余地非常少，蔬菜种类也不多，无非土豆、西红柿，但物价很便宜。对于骑行而言，非洲可以说是最便宜的大陆。

就消费而言，如果你是作为旅游去的话，那消费会相当高，在大草原上也有各种国际标准的奢华酒店，在吃的方面，大城市也有豪华酒店和餐厅。如果你只是一个旅行者，每天寻找免费的宿营地，我相信你会省下很多钱，且更能接触到现实。在一些偏远地段，你需要准备好足够的食粮，当然，不够的时候，可以去非洲人家里购买一些食物，价格比市场上的还便宜，非洲的肉食一般来说相对便宜，多吃些高能量的食物一扫旅途的疲惫吧。

如果你有心情去一些著名的旅游区，要做好高消费的准备，路费是要有的，也不算太贵，但一般的景区门票都要四五十美元，另在景区的食宿消费也非常昂贵，还是要提前做好金钱的准备。

4. 户外装备

根据季节和要前往的地方带好足够的装备，有些高山区域晚上气温会在 10 摄氏度以下，做好保暖。

❶ 防蚊措施要做好，多数疾病通过蚊子传染。在帐篷内睡觉可以防蚊，路上如果有严重的感冒发烧症状，建议当做疟疾来治疗。

❷ 备好单车配件。非洲国家，也只有在埃及、纳米比亚和南非的首都能找到专业的自行车配件，像肯尼亚和坦桑尼亚，你可能会找到二手单车装备或高级装备，但价格非常昂贵，车内胎要带足，非洲北部路况不好，爆胎是常事，不过东非坦桑尼亚、马拉维等国乡村的修车摊非常多。

❸ 一顶帐篷，一个油炉，足可纵横大陆。

❹ 带上足够的水。非洲不少国家的水质并不好，野外有可能你喝到的水是浑浊的水，当地人就是这么饮用，如果有条件的话，带上一个过滤器，或者尽量喝瓶装水。

❺ 油炉和帐篷配件。

❻ 药品。

❼ 衣物。

5. 签证

除南非需要资金证明，等候时间长，难度稍大外，其他 10 国包括埃及、苏丹、埃塞俄比亚、肯尼亚、乌干达、坦桑尼亚、马拉维、莫桑比克、赞比亚和津巴布韦均可以在邻国获得 1 ~ 3 个月的旅行签证。成功申请地请参考签证章节中其他行者的记录。如果从第三国，比如印度去非洲，肯尼亚机场落地可获签，埃塞俄比亚在 2015 年后签证有所收紧（去工作的人太多），也可以飞机落地获得签证。埃及在 2015 年由于政局不稳，取消飞机落地签证。所以，在周边国家正式申请比较保险。

❶www.chineseinafrica.com 和 www.all-africa.net 两个网站为非洲华侨生活与生意交流网站，有大量的生活经验、当地新闻和各个国家的签证要求等，可供学习借鉴。

❷ 去非洲旅行最好在行前做一个全身检查，得到《国际健康证》，必备的药物有防止蚊虫叮咬、皮肤溃烂、过敏和预防疟疾，以及疫苗。

❸ 可在外交部网站（www.fmprc.gov.cn）或者中国驻当地国大使馆首页查阅当地的政治现状和游客建议。

❹ 绝对不要携带动物和象牙制品回国。

❺ 尊重少数民族风俗和部落风俗。

6. 关于非洲的书籍和电影

跟非洲相关的部分图书如下。

《走进非洲》：葛雷克•派克（美）著，内容为作者在坦桑尼亚中部保护区研究狮子的过程，有学术价值，也有在当地生活的记录。

《非洲人》：一本 20 世纪 80 年代引进的社会学著作，探讨非洲的政治和文化，是一本非常好的用于了解非洲文化的书籍。

《非洲探险——黑色大陆的秘密》是目前国内少有的一本关于非洲探险历史的专著，图文并茂的小书。

其他值得阅读的还有《亨利 · 斯坦利和探索非洲的欧洲探险家》《非洲政府与政治》《风之家族：非洲内陆的最后长征》（非常经典的非洲旅行著作）《青白尼罗河》等。

跟非洲相关的部分电影如下。

《黑鹰坠落》：关于非洲之角索马里的战争故事。

《血钻》：好莱坞大片，发生在西非塞拉利昂关于钻石交易的故事。

《遮蔽的天空》：意大利导演贝托鲁齐以撒哈拉沙漠为背景的电影，讲述美国二战期间一对美国夫妻的传奇经历。

《情陷撒哈拉》：一个女背包客在撒哈拉受困的经历。

《走出非洲》：关于殖民时期非洲的经典电影。

《非洲黑奴》：讲述一个白人在西非的传奇经历。

《雾锁危情》：改编自女动物学家黛安•霍赛的生平故事，描写她在毫无经验的状况下于 1967 年前往非洲进行研究及保护野生猩猩的经历。

《上帝也疯狂》：反应非洲现实状况的喜剧电影。

《白色马赛人》：讲述一个西方白人妇女游客在东非草原旅行中爱上一个马赛部落男子的故事。

《非洲之梦》：一部现代移民非洲的故事。

《尼罗河之旅》：讲述伯顿和斯皮克在尼罗河源头（月亮山脉）的探险经历，重现探险历史上最著名的纷争。

7.4.1 埃及

最佳骑行时间：避开 6 ~ 8 月让人崩溃的高温
骑行时间：一个半月
预算：300 美元
货币：埃及镑（EGP）
首都：开罗
语言：阿拉伯语
国家代码：20

1. 综述

当年很遗憾，没能从埃及贯穿整个非洲大陆，没这么选择是由于缺乏资讯，不知道埃及、苏丹和埃塞俄比亚之间有路连接，其实是有机会获得苏丹签证的（2003 年获得苏丹签证并不容易）。后被迫选择埃塞俄比亚导致我迄今都没机会再去看金字塔，之后的翟二喜、杜风彦、程鹏、马彪等行者开辟了道路，只要追随他们即可。

埃及处于非洲大陆最北端，文化上属于中东区，所以和叙利亚、约旦放在一起更合适。在旅游资源上，埃及大名鼎鼎，为人类古老文明的象征，尼罗河两岸在公元前发展起来的法老王朝，在沙漠中建造了迄今都无法研究清楚的金字塔建筑，达到了当时的技术顶峰。不论行者走过多少地方，如果没有瞻仰过它的芳容，恐怕会是人生最大的遗憾。就如我一样，迄今都在幻想能推车到这座巨大的建筑前合影留念，让风沙吹着我已经爆皮的脸颊，在星空下扎营，遥想千年，弹指瞬间，星河霄汉，人类文明，潮起潮落，最终去往何方，无人可知。也许，只有这些古老的依存最终能见证。

线路安排上分为两部分，如果从约旦入，要走一部分西奈半岛。从 Dahab（达哈布）开始，横穿半岛公路，大约 500 千米，或者绕行半岛到开罗大约不到 700 千米，路线变长，但有海景可欣赏。第二部分为开罗到阿斯旺，这条线路沿着尼罗河，集中了埃及旅行精华，卢克索以北线多有行者选择走海边，以南则相同。全程大约 900 千米。

2. 消费

埃及是著名的旅游国家，旅游业非常发达，在大城市，便宜的小旅馆很多。开罗的主要集中在 Sharia Talaat Harb（达特哈珀）大街一带。埃及的消费普遍不高，但小贩有时候会多要钱，另外街上年轻的流氓和骗子较多，女性去埃及要防止被骚扰。

3. 签证

2015 年埃及停止给中国个人旅行者发放落地签证，也就是说从约旦海陆入境也需要单独申请（未验证）。目前要么在国内申请，要么在约旦申请，别无他法。埃及是非洲周边国家最好的签证申请地，游览前先递交苏丹和埃塞俄比亚签证申请。据说可以团体落地签，但回来必须销签。

4. 出入境

行者如要南去苏丹瓦迪哈勒法，在阿斯旺每周有两次渡船服务。目前可以从阿斯旺乘坐大巴到瓦迪哈勒法，乘大巴到阿布辛贝也需要坐船，过湖后为埃及边境，再入苏丹边境，苏丹商贩较多，可能需要一天时间，不过比乘坐渡船的两天一夜要节省很多，费用也节省至少一半。

5. 景点

开罗：这个世界上有两个独特的城市，成为人类历史上最闪耀的明星，它们都地处大陆之间的过渡地带，面向大海，背靠肥沃平原，因此孕育出最为独特的文化，也是人类伟大艺术的源流之地，那就是地处非洲大陆顶端的开罗和位于欧亚大陆之间的伊斯坦布尔。开罗甚至比后者有着更为深厚的文化积淀，行者将体会到阿拉伯老城区悠扬却带悲伤的穆斯林叫拜，拥挤隐秘的小巷，人们的生活方式百年没有变过。法国作家福楼拜当年一边诅咒着法国，一边为埃及的异国情调癫狂不已。行者虽然没必要像这位伟大的作家那样，但至少可以像获诺贝尔奖作家马哈福兹那样享受水烟和味道独特的阿拉伯咖啡，漫步哈利利市场。等心满意足后，再以不屈不挠的心态攀爬埃及博物馆和金字塔这座人类文明大厦。埃及即开罗，开罗即埃及，它折射了整个人类文明的长河，既能迷失于法老时代，也能赞叹辉煌的穆斯林中兴，还有殖民时代的文化混合，甚至集权时代的苍白。开罗是本大书，读不完，只需要展开、体会和倾听即可。

卢克索：人类文明最古老的遗址，有众多辉煌的历史建筑，在城中漫步即可欣赏到卢克索神庙、狮身人面像和凯尔耐克神庙。尼罗河西岸还有古老村庄和遗迹。

7.4.2 苏丹

最佳骑行时间：9 月到次年 4 月
旅行时间：一个月
预算：200 美元
货币：苏丹镑（SDP）
首都：喀土穆
语言：阿拉伯语和英语
国家代码：249

1. 综述

从 1999 年开始，苏丹北部和南部逐步分裂，随后在中非和埃塞俄比亚之间形成了新国家——南苏丹。就旅行而言，虽然该地区一直处于动荡，但之前有大量行者从埃及过境成功穿过这个国家抵达埃塞俄比亚。苏丹北部和埃及差不多，属热带沙漠气候，南部为热带雨林，不过行者恐怕没机会体会就进入了埃塞俄比亚高原，总体来说，依旧是热，苏丹可是世界上最热的国家之一。

旱季天气炎热，但骑起来会有风，在阴凉处也还凉爽。

线路上，虽然行者会被努比亚沙漠中的烂沙土路折磨，但从埃及入境后一直到 1200 千米间，古迹、古城不断，建议行者绕道尼罗河沿岸，进入首都。

另外一段路是从喀土穆到埃塞俄比亚边境，大约 550 千米路程。

从瓦迪哈尔法到喀土穆的路都是柏油路，非常好走，可以充分享受沙漠骑行。

喀土穆到埃塞俄比亚边境也是公路，稍微差一点。

2. 消费

喀土穆消费比较高，住宿费在 2015 年已涨价百分之二三十，现在大约要 300 苏丹镑。在 Sayed Abdul Rahman Ave（撒雅阿布度大街）和 Al Hurriya Ave（阿哈里雅大街）路口有便宜旅馆。如果要改善生活，烤鸡 17 苏丹镑，烤羊肉 19 苏丹镑。

3. 签证

可在埃及首都开罗或边境阿斯旺领事馆申请，费用 50 美元，无特殊条件。开罗申请 100 美元，为一个月或者两个月的签证，当天或者隔天取。进入苏丹后需要 3 天内在警察局注册，费用 30 美元左右，否则在出境时可能会被罚款。

4. 出入境

去往埃塞俄比亚边境的口岸在 Gallabat（吉拉吧特）和 Metema（米塔玛），是这个国家少有的陆路关口之一。

5. 景点

Begrawiya Meroe sites（比哥维雅莫洛）金字塔：虽然比不上埃及金字塔那样气势雄伟，但苏丹沙漠中这些俏丽的小型金字塔周围游客很少，为公元前 592 年开始兴盛的麦罗埃法老王朝建立，遗址散落，Shendi（深地）南还有 Naga（娜迦）和 Musawarat（穆萨瓦拉特）两处。建议扎营过夜，拍摄星空和日出。

Wadi Halfa（瓦迪哈法）到 Dongola（东沟拉）沿线：从埃及一进入苏丹，就是一座古城，估计走遍世界也不会遇到第二次。小城有旅馆。从此开始的尼罗河 400 千米，就如埃及一般，沿岸排列着数目众多的古迹和古老村落，成为苏丹旅行的核心所在。其中包括：Abri（阿布里）附近的尼罗河岛中古迹群落，有神庙和中世纪教堂。Soleb（索里布）是建立于公元前 14 世纪的法老王朝遗址，保存完好。Kerma（科玛）古老的贸易中心，有建筑风格独特的泥砖庙宇。当然还有遍布棕榈园的 Dongola（东沟拉）小镇，其中有不错的旅馆和餐饮。

7.4.3 埃塞俄比亚

最佳骑行时间：全年

旅行时间：一个半月

预算：200 美元

货币：埃塞俄比亚比尔（ETB）

首都：亚的斯亚贝巴

语言：阿姆哈拉语

国家代码：251

1. 综述

从苏丹进入埃塞俄比亚，行者即将展开非洲最为艰苦的一段旅程。

埃塞俄比亚地形崎岖，整个国土中央被顶起的山脉覆盖，首都在国土正中央。北面的山地极其崎岖，海拔为 2000 ~ 4000 米，干旱少雨，为重要的咖啡产区（咖啡原产于埃塞俄比亚）。

首都南部一直到肯尼亚边境为农业区域，目力所及，到处都是起伏的赤红色土地，还有大量的湖泊，从宏观上看非洲地形，这里属于非洲大裂谷顶端，水系会断断续续一直在大陆内部延伸，继续往南到中部非洲的其他国家，湖泊与偶尔耸起的高山相互作用，形成动物们的世外桃源。所以，一路走来，行者会见到大量的水鸟，从呆头呆脑的巨型鹈鹕到华丽的皇冠鸟，各种鸟类多到铺天盖地，所以埃塞俄比亚被称为“观鸟者的天堂”，行者们最好准备好长焦镜头。

线路分为两个部分，抵达首都前的北部山区，全程为 1200 千米的艰辛旅程，在炎热中不断爬上爬下，这一部分主要在 2 号公路上。多有西方行者选择走西面的 30 号和 3 号公路，经塔纳湖，路程稍长，难度小一些。缺点是不经过拉利贝拉，可先集中线路看完古迹后再转 22 号公路西去，避开山区。

首都南部到肯尼亚只有一条路，经大湖阿瓦萨，随即翻越 Mendebo（门德布）山脉热带雨林，一路下坡进入南部干旱的半沙漠灌木区域，全程大约 800 千米。和北部比起来，这段路不能算太难，适合慢走，景色很好。

2. 消费

埃塞俄比亚算是非洲消费比较低的国家，城市的物价和在国内中等城市差不多，住宿 5 ~ 6 美元，吃饭 1 ~ 2 美元的意大利面或者英甲拉（一种当地的食品）。啤酒、牛羊肉和水果都很便宜。

3. 安全和健康

总体来说治安良好，在市区要小心扒手。医疗条件比较差，药品短缺，多有艾滋病患者。所以要提前准备，如果有急病，可以求助当地的中国公司。

4. 签证

2015 年后，埃塞俄比亚对中国人的签证有所收紧，太多中国人过去做生意，但总体而言从周边国家申请旅行签证应该困难不大，请参阅之前走过的行者记录。当年我是从印度飞到埃塞俄比亚的首都机场落地获得一个月签证。

5. 出入境

从苏丹入埃塞俄比亚，边境口岸在默特马，距离古城贡德尔大约 180 千米。去肯尼亚在莫亚莱。

行者经验：在肯尼亚边境莫亚莱一定要补充足够的水和食品，接下来的 300 千米路程人烟稀少。

6. 摄影创作推荐

迄今为止，埃塞俄比亚少有中国游客（其他游客也是少之又少），从拍摄人文到动物，都有空间。北部有古迹，古城贡德尔，世界文化遗产所在地阿克苏姆，拉里贝拉岩石教堂。南部以沙漠和湖泊为主，鸟类众多，也有当地的游牧部落值得拍摄。当然，最有价值的还是到东部的奥莫河谷地区和保护区，那里有色彩缤纷的部落，至今还保持着古老的习俗。注意，当地不好补充电力，如果长期拍摄，最好带太阳能电池板，埃塞俄比亚阳光充足。

行者经验：在公路边和土著生活区域照相会被高价索费，要提前协商。

7. 景点

拉利贝拉：世界文化遗产，最伟大的基督教建筑遗址，建在红色的火山岩上，有古老宏伟的中世纪教堂，蘑菇状的石房，隐秘的岩洞，非常具有隐修的神秘气质。位置在埃塞俄比亚北部山区，夹在 30 号和 2 号公路之间。

阿克苏姆：世界文化遗产，阿克苏姆王国兴起于公元前 400 年，为非洲大陆最鼎盛的王朝，目前考古发掘依旧没有完成，到处是断壁残垣，传说中的十戒（和圣杯一样重要）据说存于此。从苏丹过来到贡德尔后，如果要去位于厄立特里亚边境的阿克苏姆，至少要走 350 千米且要翻山，可搭车前往。

拉利贝拉、阿克苏姆和贡德尔 3 座古城线路呈三角状，所以在选择上会有点儿困难，不过，要想想，进入埃塞俄比亚后一直到南非，只有津巴布韦有一处古文明人类文化遗产，所以这三个古城还是值得前往的。

7.4.4 肯尼亚

最佳骑行时间：全年
旅行时间：一个半月
预算：200 美元
货币：肯尼亚先令（KES）
首都：内罗毕
语言：斯瓦希里语
国家代码：254

1. 综述

肯尼亚为非洲旅行的重要中转站，对于完成北部非洲的行者来说，可以好好在此休养一下，选择回国的话，内罗毕飞国内机票便宜，或者继续骑行撒哈拉以南非洲大陆，感受传说中的黑非洲。不管怎样也已经完成了一半，成功感会驱使你继续深入探索。

肯尼亚以前是英国殖民地，丹麦作家卡伦·布里克森的作品《我的非洲农庄》对此有详细的描述，辽阔的肯尼亚山，一片葱绿，犹如波澜壮阔的海洋，一丛丛相思树就如船帆，起起落落，中间布满种植咖啡的农庄。庄园主驾着马车来到遍布木头房子的内罗毕，等待从蒙巴萨驶来的火车。现如今行者如果走 A109 号公路，还能见到轰隆隆的小火车穿过灌木丛，停靠在百年前建造的殖民风格车站，上下车的既有身着西服的办公人员，也有抱着孩子的部族妇女。和你一起注视着火车驶离的还有斑马和长颈鹿，它们已经见怪不怪了，很快便低下头努力啃着多刺灌木，3 月的大地，一片繁茂，整个大陆像打了激素一般繁花似锦，欣欣向荣。

对于行者而言，气候不是什么问题，全年虽有雨季和旱季，但并不非常明显，北部干旱，南部和西部靠海，比较湿润，不过，不论哪里都很热。

从埃塞俄比亚边境的摩亚雷（Moyale）一旦进入肯尼亚，骑行柏油公路的好日子也就结束了，一直到马萨比特的 250 千米，至少在 2013 年前依旧没有铺过路面，行者要在砂石路面上艰难前进。这一带人烟稀少，遍地灌木，补水非常困难，扎胎也是常事。直到过了马萨比特以后，状况才能得到好转。目前这段路可能已经修通。

从内罗毕出发，有多条路线可供选择。

第一条，到蒙巴萨，大约 500 千米，好处是进入坦桑尼亚可到 Zanzibar（桑给巴尔）岛，当年我就是这么走的。另外一条长线也多有行者选择，东去 Kitale（吉塔勒）或者 Kisumu（吉苏木），到维多利亚大湖，入境乌干达、卢旺达和布隆迪，返回坦桑尼亚，多走 3 个国家。后面这条线路当然最精华，几乎围着大湖和乞力马扎罗山绕了一圈，这一带保护区无数，为野生动物生活的核心区域，所有的旅行团的 Safari（徒步旅行）项目都在这里展开，可阅尽非洲的荒野精华。

2. 消费

如果不参加野生动物 Safari（徒步旅行）考察团，肯尼亚的消费也很低，除了在内罗毕住几天旅馆可能稍贵以外，一旦上路，公路上会有给司机提供的铁皮旅馆，3 ~ 5 美元一晚，虽然热，洗澡困难，但免于扎营。

3. 签证

肯尼亚可以飞入，在机场获得落地签证，周边国家也非常好申请，同时，内罗毕也是东非门户，最好一起申请周边国家。目前肯尼亚是电子签证，提前在网上申请，另外肯尼亚、坦桑尼亚和乌干达 3 国联合签证，需花费 100 美元。

4. 出入境

与埃塞俄比亚陆路相接的只有北部 Myale 一个关口。与坦桑尼亚相接有 4 个关口，从东到西分布在笔直的国境线上，其中有去往乞力马扎罗山的 Namanga（那玛加）关口，和我曾走过的海边口岸 Lunga Lunga（龙加龙加）。与乌干达相接的口岸在西部维多利亚湖的基苏木附近。

5. 摄影创作推荐

拍摄以乞力马扎罗雪山为背景的非洲大草原，需要到安波塞利国家公园。保护区的马赛人已被拍摄太多次，如果能到北部区域比如 Masabit，乃至周围部落区域，摄影者绝对不会失望，这里保持着马赛人的传统，远非旅游区可比（这里也没游客），其他部落也值得拍摄。东北部的图尔卡纳湖在 20 世纪 90 年代肯尼亚旅游业如日中天时都没有多少游客抵达，现在逐渐多起来，湖区部落和马赛部落一样坚持传统生活，已属凤毛麟角。

6. 景点

各类动物保护区：关于看野生动物 Safari（徒步旅行）项目，肯尼亚的服务要比坦桑尼亚成熟，但价格也许会贵一些，在肯尼亚境内，有无数动物保护区，任何一个项目都需要付钱，而且昂贵，对于拮据的行者来说，无法消费。就我个人来看，一路上见到动物的机会并不少，走内罗毕东部线路到维多利亚湖，会经过卡卡加梅鸟类保护区，其中有大约 300 种鸟类和 400 种蝴蝶。走蒙巴萨线会经过著名的 Tsavo（查沃）保护区，那里的狮子数量为保护区之首，只是无法像组团那样深入观赏。至于每年七八月著名的角马迁徙，主要集中在坦桑尼亚的塞隆盖地和马赛马拉之间，在肯尼亚部分非常小。行者如果绕行维多利亚湖，可到当地找机会观赏而不必在内罗毕的旅游公司组团。另外，现在也有国内导游在内罗毕经营看动物业务，也许会有便宜的机会。

蒙巴萨：组合了阿拉伯和斯瓦希里风格的港口，500 年间不断在各种势力间易手。溽热难挡，但却是线路上的重要一站。可到海岸边古老的耶稣堡去看看，蒙巴萨岛上的老城也值得去探究，大门浮雕是其特色，顺便体会炎热午后空荡荡的小巷，那种死寂让人印象深刻。

7.4.5 坦桑尼亚

最佳骑行时间：全年
旅行时间：一个半月
预算：200 美元
货币：坦桑尼亚先令（TZS）
首都：达累斯萨拉姆
语言：斯瓦希里语和英语
国家代码：255

1. 综述

对中国人而言，坦桑尼亚几乎就是非洲的代名词，1970 年修建的坦赞铁路让这个远在万里的非洲兄弟国家蜚声神州大地。从地图上看，地处东非的坦桑尼亚几乎被水包围，北接肯尼亚，有维多利亚大湖，东部为印度洋，西部则为狭长的坦噶尼喀湖和马拉维湖。湖区周围则为大片的绿色地带，为著名的恩戈罗恩戈罗、塞伦盖蒂、阿鲁沙等保护区，中间矗立着熠熠生辉的乞力马扎罗山，与杭盖山一起犹如巨人般给这片原生态伊甸园提供保护。而辽阔的马赛大平原一直延伸，行者将穿过这片平坦区域进入西南部高原，而北部连接莫桑比克的大片区域依旧是绵延的动物保护区，可以说，坦桑尼亚是建立在自然保护区中的国家。这片国家公园养活着绝大多数珍稀的大型哺乳动物，如大象、狮子、豹、犀牛、角马、长颈鹿等，还有 1000 多种鸟类。我们所知道的关于非洲动物的一切，如角马迁徙、狮子狩猎、马赛人畜牧等都在这里上演，生生不息，亘古未变。

坦桑尼亚季节变化对行者的影响不大，近海区域潮热，不过距离不长，内陆雨季在 3 ~ 5 月以及 11 月，也为旅游淡季。

线路上，如果从肯尼亚绕行，可返回大城达累斯萨拉姆，去桑给巴尔岛，也可沿着坦噶尼喀湖走到头进入赞比亚。传统线路为经过 Tanga（坦加）小城到达累斯萨拉姆，休整后横穿内陆的马赛大平原，沿 A104 号公路进入马拉维，大约 800 千米路程。这段路基本没什么难度，除了到边境姆贝亚时要上一段山路。而走 Tanga（坦加）一段很短，沿着海岸，沿路可见椰林、剑麻地和村落，炊烟袅袅，一派乡村气息。

2. 消费

达累斯萨拉姆拥挤、炎热，是一座尘土飞扬的港口城市，仅可作为中转站，没什么有趣的地方。住宿可选择城中心的青年旅馆或附近廉价旅馆。

3. 签证

在周边国家可以轻松获得旅行签证，无需特殊条件。在坦桑尼亚申请周边比如马拉维等国的签证很方便，有行者申请南非签证成功过，我不确定。申请南非和赞比亚的签证目前靠运气。申请马拉维的签证，可以先用 30 美元拿到邀请函，在边境交钱 70 美元可入境。

有行者在赞比亚申请博茨瓦纳被拒签，目前也少有旅行者获得过这个国家的签证。

4. 出入境

坦桑尼亚和肯尼亚、赞比亚、莫桑比克、马拉维都有陆路口岸，属于传统线路，行者穿过马赛大平原，进入内

陆西南角，可去赞比亚和马拉维两国，且口岸都在姆贝亚附近。

5. 景点

桑给巴尔岛：又称香料岛屿，是东非重要的贸易中转站，当年探险队也多从这里出发进入非洲内陆。岛上有色彩斑斓的建筑和迷宫一般的小巷，既有阿拉伯风格的阳台，也有熙熙攘攘的“东方集市”（对于西方游客而言），奇迹之星是伊斯兰苏丹的王宫和墓地。当然印度洋有保护良好的珊瑚，可以潜水。总之，是行者休憩再次探索大陆的出发地。要先到达累斯萨拉姆，然后坐船去，这里说的“船”不是被法律所禁止的三角帆小船，当年我就因坐错船而导致旅行失败。自行车可以上船，船票便宜，等候时间稍微长一些，入境会盖章。环湖一周需要的时间也不长，水果和吃饭比较便宜，住宿可以自备帐篷，推荐在此歇息一周，以缓解疲劳。

乞力马扎罗山：高耸入云的非洲最高山脉，主峰海拔 5892 米，矗立在东非大裂谷的边缘，成为非洲大陆最壮丽的景象。从草原低海拔处出发，穿过雨林抵达贫瘠犹如月球表面的顶端，视线甚至可以到达大陆的另外一端。如今转暖，积雪减少，当年因赤道有雪问题学术界发生过大论战，百年后，人们再次因为全球变暖议题对立，而阴谋论者一如百年前不相信赤道有雪一样。单独攀登是被禁止的，必须雇用向导，游览需耗时四五天，花费约 2000 美元，所以想起尼泊尔是此地十分之一的徒步开销就感觉很幸福。

塞伦盖蒂国家公园：近 15000 平方千米的大保护区，几乎是非洲动物保护区的象征，在保护区内可见到你想象中非洲的一切景观，有狮子、长颈鹿、斑马、角马等大型动物，保护区内禁止驾驶车辆和个人野营，只能参团，开销较高。

7.4.6 马拉维

最佳骑行时间：全年
旅行时间：半个月
预算：100 美元
货币：克瓦查（MWK）
首都：利隆圭
语言：英语
国家代码：101

1. 综述

马拉维不被国人所知，直到 2007 年才和中国建交，2003 年我抵达时，首都甚至有中国商品批发城。

马拉维就建在马拉维湖畔，沿湖一侧还为山区，土地面积很少，却有将近 2000 万人口，接近坦桑尼亚人口的一半，而面积却为后者八分之一，可见人口密集度。在历史上，这里也是奴隶的来源，正因为英国探险家利文斯顿发现此地，才导致了废奴运动，后波及全世界。行者沿湖旅行会经过一个地方，叫利文斯顿村。

马拉维虽不大，但骑行距离并不算短，从坦桑尼亚边境图库尤算起到首都利隆圭要 600 多千米，再加上从南部高原区去莫桑比克的路程，会超 1000 千米。按照《孤独星球》攻略的说法，没什么大景点，的确，看多了肯尼亚和坦桑尼亚恢宏壮丽的动物保护区景色，马拉维不算什么，不过，马拉维湖的柔美也是其他湖泊无法比拟的。

行者如果真有点儿累了，可以选择从北部坐船去首都，当年我想这么做没做成，没赶上船期，如果你在就帮我实现心愿吧。当然骑行倒也没什么，一路平坦，中间有一部分要翻山，但不会很长，会经过很多渔村，景色美丽，也可下湖游泳，以洗去身心疲惫，值得放松几天，反正马拉维签证时间足够，而且消费较低。

2. 消费

马拉维消费较低，吃饭仅需几元人民币，在首都住旅馆也就三五美元。食物较少，需要注意。马拉维有两家移动通信运营商：Airtel 和 Tnm。我在 Songwe（松圭）口岸买的是 Airtel 手机卡，一张 300 克瓦查，约合 5 元人民币。

3. 签证

在周边国家可以轻松获得坦桑尼亚旅行签证，但签证费昂贵，近百美元。

4. 出入境

传统骑行线路上都是从北部姆贝亚入马拉维，从布兰太尔附近的姆万扎出关进入莫桑比克太特市。基本没有其他选择。

5. 景点

马拉维湖：走一路，它都基本不会离开你的视线，是非洲第三大湖泊，对面为莫桑比克，南北长度近 600 千米，宽度在 100 千米内不等。沿路渔村值得探索。

7.4.7 津巴布韦

最佳骑行时间：全年
旅行时间：20 天
预算：100 美元
首都：哈拉雷
语言：英语
国家代码：260

1. 综述

抵达津巴布韦，就进入了所谓的南非之旅，南部非洲大的国家只有 3 个：博茨瓦纳、纳米比亚和南非。旅行的特点将一改大陆的艰辛和蛮荒，接下来的路，行者将在墨蓝色的天空下，享受清风习习和金色的落日余晖，不再有炎热，不再有烂路，不再有无尽的山坡，更不会有溽热的雨林，甚至还会欣赏到久违了的人类文化遗产津巴布韦大遗迹，自从过了埃塞俄比亚后，行者大概都忘了路上还有逛景点这件事情。

本来，西方殖民者要在这片不亚于北美的南部大陆建立两个理想的国家：南非和津巴布韦（1980 年之前叫罗得西亚），100 年的时间内，发展出了最重要的产业——烟草和玉米，烟草之顶级，以至于万宝路等世界上著名的香烟都要用部分津巴布韦产的烟丝，当然也包括我们国家的一些著名香烟品牌。早些年，津巴布韦是世界上最主要的玉米出口国。肥沃的土壤，超长日照，让这个国家成为非洲大陆上最富裕的农业国家。不过，这些都是独立之前的事情了。现在，经济处于崩溃中，行者路过，会发现大片被荒废的农庄。

在游玩方面，津巴布韦的野生动物资源大概不会吸引行者，而靠近赞比亚的维多利亚瀑布可欣赏一下，但如果

从莫桑比克北部线入境则不太方便，首都哈拉雷以南只有一个景点，即津巴布韦大遗迹，不能错过。

线路上也无需特意安排，不论从赞比亚还是莫桑比克入境，只有一个目的，从北到南直接穿过去南非。从哈拉雷到拜特布里奇关口大约600千米，路况良好。

2. 消费

津巴布韦的经济处于崩溃边缘，物资匮乏，食品价格昂贵，在首都住宿直接支付美元很便宜，多人间几美元就可以搞定。

3. 签证

由于西方的经济制裁，很难获得签证，但津巴布韦和中国关系很好，在周边国家可轻松获得一个月的旅行签证。

4. 出入境

与赞比亚、莫桑比克和南非均有陆路口岸。

❶ 入境携带超过1000美金及其他外币必须申报。

❷ 拍照时，要避开军事设施、美国使馆、总统府、议会大厦和政府部门等敏感区。

❸ 津巴布韦外币短缺，旅行支票不能确保取出外币现金。

❹ 津巴布韦为车辆左行国家，实行英式行车及车辆行驶管理规则。

5. 景点

津巴布韦大遗迹：撒哈拉以南唯一的古代文化遗址，遗址在一个叫马斯温戈的小城旁，行者从首都出来向南走A4号公路去往南非会路过。遗迹目前已基本上没有什么成型的建筑，几平方千米内遍布废石，有些围成大院子，内部格局犹如迷宫，旁边有一座小山，可通过狭窄的通道爬上顶部，眺望周围的壮丽风光。遗迹大约在1870年被发现，并发掘出了津巴布韦鸟形象，成为这个国家的象征。游览需要一天时间。

7.4.8 南非

最佳骑行时间：全年
旅行时间：一个月
预算：200美元
货币：南非兰特（ZAR）
语言：英语
国家代码：09

1. 综述

终于到了！当你抵达南非时，第一个感想是，回望自己骑过的10个国家，近万千米的旅程，心中充满了自豪感，我成功做到了！尤其是在夕阳照耀下金碧辉煌的南非大草原上，自己孤独的身影被无限拉长在修建良好的公路上，这一刻的感受无人分享，所有的辛酸苦辣只有自己知道，而万物静默，波澜不惊。

好吧，还要找地方住宿。

对于抵达目的地国的行者而言，恐怕心态早已疲劳，看了一路也累了。不过南非的景色很好，首先，在地理外观上属于非洲，内陆有克鲁格这样著名的动物保护区，还有崎岖壮丽的海岸线，其中著名的花园大道，从莫塞尔港到斯托姆河连续255千米的一级海滨公路，海景绝美，悬崖峭壁，原始森林、湖泊和山脉组合在一起，为非洲旅行最独特的风景。当然，任何一个行者都不会放弃最后抵达开普敦和非洲大陆最南端作为旅行终点，在澎湃的大西洋海浪下，开一瓶香槟庆祝，朱志文就是这么做的，可惜我当年没能骑到。在人文方面，南非属于非洲大陆的欧洲，一路所经小镇，色彩艳丽，红墙碧瓦，却没有拥挤感。

如果从津巴布韦沿着N1号开放高速公路过来，大约550千米路程到约翰内斯堡，沿路小镇众多，不存在任何旅行困难。另外各个城市都有中国人开的百货商店和餐馆，可以求助，无需为吃喝操心，公路也平坦。需要注意，行者没有必要到行政首都比勒陀利亚，其实和约翰内斯堡几乎相连，骑车入城道路崎岖，且治安不好世界闻名，最好在城外搭车进入，到中国城附近吃住。

如果从纳米比亚过来，可直接抵达开普敦。西开普敦九月风景非常美，一路也要翻山。有些行者也许会在此申请美洲签证，例如朱志文和钟思伟，开始更加漫长的泛美公路之旅，也有行者计划回国，不过不论哪一种方式，都有必要走一下从伊丽莎白到开普敦的海岸公路，给旅行画上完美的句号。再从约翰内斯堡飞回国。

2. 消费

南非经济比较发达，消费相比其他非洲国家会高点儿，但对于行者而言并不存在太大问题，一方面小镇上都有超市或者中国人开的商店，食品等日常消费并不比国内高，过夜的话，南非有自己的野营系统，可在当地查询，花费几美元，能洗澡，再有其荒野众多，随便扎营也不是问题。在约翰内斯堡可到华人区西罗町寻找廉价旅馆。可使用Vodacom手机卡。

3. 签证

南非签证从2015年开始收紧，国内申请条件苛刻，需要财产、双程机票等证明。在非洲周边国家，比如坦桑尼亚、马拉维和赞比亚等均可尝试申请，至少之前走过的几个行者都成功获得了。

另外，钟思维和朱志文成功在南非申请到了智利、阿根廷等南美国家的签证。

4. 出入境

❶ 从北部津巴布韦入境，关口在拜特布里奇。

❷ 与纳米比亚的关口在 Viooisdrif（维迪福），温得和克与开普敦之间有大巴车往返。

5. 摄影创作推荐

除了普通的旅游线路，纳马夸兰的自然奇景值得爱好摄影的行者关注，这里生长着上千种稀有植物，每年的八九月，这里的沙漠犹如魔术一般变化的海洋，各种色彩的花朵组合呈现，亦幻亦真。这种景色只能持续两个月，且其他月份没有。地点在 N7 和 N14 号公路附近的阿平顿市。

人文拍摄的话要去索韦托，是南非最大的黑人贫民区，以前这里是最乱的地方，少有外人敢进入，现在有旅游中心可以提供服务，这里是了解南非黑人生活的最佳场地。可参阅南非摄影家 Obie Oberholzer（奥比海泽）的著作 *Beyond Bagamoyo*（超越班加莫约）（一本作者开车从南非旅行到埃及的摄影故事画册）。中间不仅有关于索韦托的精彩纪实照，也有马拉维湖华美的风光照。

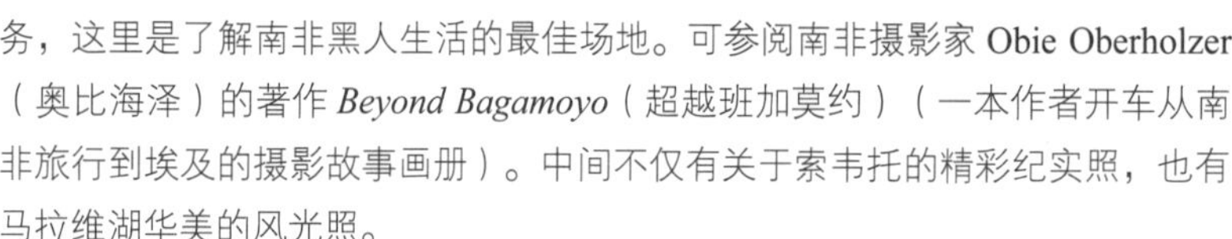

❶ 约翰内斯堡的治安较差，绝对不要推着车在街上晃悠，被暴力抢劫的可能性非常大，朱志文曾被打住院。

❷ 南非的紫外线实在是太强烈了，骑行一上午就可能会把手臂晒得起水泡。

❸ 南非的交通规则是汽车靠左行驶。

注：此章经过了杜风彦的编辑整理，加入了他骑行非洲的经验，特此感谢。

6. 景点

开普敦：美丽的海滨城市，充满殖民情调和国际范，背后的桌子山外观奇特，更有奇怪的植被，以及近在咫尺的两大洋——印度洋和大西洋的交汇点好望角，可观看企鹅。

海岸线：不论是阳光海岸，还是花园大道，抑或狂野海岸，南非的精华全在从德班到开普敦的海岸线上，行者只要沿着这条 2 号公路骑行，精华便可一次性被收入眼中，全程 1700 千米。英国广播公司（BBC）为南非世界杯特地拍了四集海岸徒步线路纪录片。阳光海岸在伊丽莎白港和东伦敦之间，是顶级的冲浪和度假地；花园大道是除了国家公园外南非最著名的旅游景点，森林、海景、动物，好戏连台，也是南非最著名的徒步地；狂野海岸是从东伦敦到爱德华港，充满了崎岖陡峭的悬崖，矗立在海岸线上。

WELKOM WELCOME IN MESSINA
PRETORIA 498 km
JOHANNESBURG 540 km
3,9 km
KARAVAAN PARK
CARAVAN
TSHIPISE
2,7 km
2 km
STASIE
STATION
POLISIE
POLICE
1,8 km
HOSPITAAL
HOSPITAL
1,6 km

7.5 欧洲

1. 综述

欧洲是被骑行最多的大陆，却也是骑行最困难的洲，不是因为它大，而是因为太小，弄不好很容易变成上下班的感觉。你想，抽支烟的工夫就从法国到了瑞士，明朗说要去看凡·高画展，晚上回来我问怎么样，他说去德国看的，就二三十千米的路，去一个国家和去邻居家差不多。比如你从英吉利海峡过来，打算再展开车轮，好好享受下大陆骑行的奔放和狂野，刚从法国入比利时没走多远，就到了首都布鲁塞尔，晕头转向穿过街区，到了海岸遍布风车的乡野，正高兴呢，远远就看到荷兰首都阿姆斯特丹。决定回头走点儿有难度的线路，翻越阿尔卑斯山脉，在山顶的咖啡馆和一个打工的人聊天，他的英文真好，字正腔圆，不过对我和明朗来说，他接个电话，一口气讲了意大利语、德语和法语，才真是让人惊讶。即便是欧洲旅行走过 10 个国家，相比之下也就不算什么了。

这大概就是欧洲旅行的写照，国家一个挨着一个，都很小，城市一个挨着一个，都很大，物质文明和精神文明一个比一个璀璨，有看不完的博物馆和文化遗产，还有多到排队游不完的古镇，精致得犹如童话世界，艳丽得犹如绘画，人们的生活质量非常高。

欧洲之旅对我而言基本就是受教育之旅，骑车只能算是“副业”，或者单车干脆就是一个交通工具而已，很难领略骑行本身的快乐，野营、观赏壮丽的自然风景等活动比起美洲、非洲，甚至亚洲都差点儿。逛欧洲更像是在逛公园，太精巧，人工痕迹太多，当然人也太多。如果你还是无法想象我在说什么，那就去深圳的世界之窗看看。

虽然我学了几十年的英语，但在英国，对方说话我一句也听不懂，得从头来学。冷淡的英国人关心世界局势，顺带探讨一下天气，抱怨下政府，但永远不打算和你分享。但英国却是有着最伟大旅行传统的国家，我一直没搞明白这里的逻辑，原来，英国人有点儿那种富人到乡下的心态，所以一个中国人若去英国旅行，那明明不就是在说，日不落帝国已经不存在了吗！不论“文青”还是“愤青”，前仆后继朝圣利物浦或者急匆匆地在伦敦街头探头探脑怀旧狄更斯描写下的维多利亚时代，大概也只能自己和自己玩了。

在法国，你会发现原来法国人一句英文都不会讲是真的啊。而法语你根本就听不懂，但这并不阻碍和热情的法国人民交流，大妈会在街头亲自教你一二三四，如果遇到法国骑行者，怕你迷路恨不得一口气送你到德国。当你终于抵达了浪漫之都巴黎，发现那里已经是中东难民和中国人的天下，街头小摊贩卖的是阿拉伯水烟和椰枣，还有卖韭菜的东北大姐，警惕地看着你是不是偷渡来的。不过塞尚和凡·高画笔下的法国乡村依旧没有变化，能让骑行者们欣喜，田野、草垛，还有靓丽阳光下的村庄，终于明白，为什么英国人和法国人几百年不合了。你想，英国一年四季都阴雨连绵，心情得多么差，尤其是想到对岸的法国人居然坐在海边吃牡蛎和龙虾，还晒着太阳就来火，在爱丁堡估计会带着炸鱼、薯条被海风吹到北极，天气恶劣到连中欧的吸血鬼都跑到惠特比（英国小城）度假（参考电影《吸血僵尸惊情四百年》）。

好吧，找个法国妹子做女朋友可能有点儿渺茫，去德国希望还是蛮大的，只要你有崇高的情感和伟大的梦想，心怀对法西斯的仇恨和对以色列人的同情，也许会有一位严肃的德国妹子操着流利的英文和你共谋私奔，甚至打算和你一起骑行世界。如果什么也没发生，那只能好好热爱建筑和哲学，这里有精美的巴洛克建筑，还有最伟大的哲人值得瞻仰，从马克思到康德，从黑格尔到胡塞尔，足够你骑完车后，在图书馆皓首穷经地度过下半生。

西方人的文化朝圣，必去意大利，太概我们理解不了多少，当你在博物馆看上几百次耶稣诞生的画像就如同被强迫看一百遍芭蕾舞剧《天鹅湖》是一个效果，最终比较版本之间的好坏只能用大数据。更多时候你会迷失在罗马恢宏的古建筑中，赞叹戏剧人生，让自己沉浸于纯正的西方传统之中。当然，意大利语嘹亮的音调讲起话来犹如东北人的小品，手舞足蹈，看着都要打起来，其实就是问个路而已。不过不用担心，罗马和梵蒂冈人山人海的游客早已把他们淹没。托斯卡纳人依旧多，一路上不是古堡林立，而是经济衰败下垃圾遍地的城市，不论哪个方面都足可以和印度媲美，唯一不同的是意大利人会冲你吼“I don’t care！（我不关心）”。

其实，在欧洲怎么走都行，反正就是3个月的申根签证，不论你从德国到法国再到西班牙，还是从法国到意大利再到希腊，效果都差不多。总之，走了东边，你就得放弃西边，主线在大陆，你就要放弃斯堪的纳维亚半岛国家。

走欧洲分为两类，一类为飞到某一个国家，开始走上几个月，然后飞回来。另一类是从亚洲骑过去，我、郑盛和Travel Bear（旅熊）就这么走过。

郑盛和Travel Bear（旅熊）走俄罗斯线，从东欧最终到法国。我反着走，从英国开始，经过欧洲大陆，到亚洲，经丝绸之路回国，这么做都有点儿壮烈就义的感觉，哪个行者不想恨不得一次就把世界绕一圈。

就我个人感受，上面的做法都不太合适，俄罗斯签证只有一个月，但这个国家北线距离太长，上万千米的骑行路程不大可能完成，即使走中亚几个国家，也会遇到乌克兰等动乱中的国家。而丝绸之路线在之前已讲过，巴基斯坦有恐怖分子，还有土耳其签证非常难获得。飞过去，骑完，再飞回来，反而是更好的选择，线路选择上更加有自由度。

由于欧洲线路可选择的方案太多，这里仅列举最著名、成熟度最高的线路，对于第一次骑行欧洲来说足矣。再有，欧洲的旅行核心为文化之旅，不大可能走一次就全看完，熟知景点、首都和圣地，其实更加适合背包旅行。

英国，最北的John O Groats（约翰格罗茨）到南部港口多佛，贯穿英国全境。

圣地亚哥朝圣之路。从欧洲各国前往天主教圣地的西班牙北部“圣地亚哥康波斯特拉朝圣之路”，该路被列为世界文化遗产。

阿尔卑斯山之旅。从法国开始，经瑞士翻过阿尔卑斯山到意大利，然后在罗马看古迹、教堂、博物馆，最后回国。

其中英国的海岸和阿尔卑斯山线路我都走过，只有圣地亚哥朝圣之旅没尝试过，期待后来的行者能完成。

另有一种说法是，欧洲大陆随便走，哪里都不错，有些行者选择莱茵河之旅，沿着这条著名河流从瑞士开始经列支敦士登、奥地利、法国、德国到荷兰入海口，可谓欧洲的后院之旅，能买到攻略书，但对于中国行者而言太过专业，在方向上也反着，不太方便。

还有一些行者选择以德国为主线路，从英吉利海峡的法国加莱开始，经过布鲁塞尔，在的德比利边境线上行走，沿着 E42 号公路到卢森堡结束。

2. 何时前往

骑行欧洲，夏天比较合适，四季分明，5 ~ 10 月夏秋景色最好，旅行舒适度也最高。

3. 预算和住宿

在欧洲消费就一个字，贵，如果非要加上一个具体特征，那就是什么都贵，坐公交的钱相当于在国内打车，一晚上的住宿费用在东南亚够待半个月的，所以欧洲旅行无论对西方背包客还是中国行者来说，都要咬着牙进行，想尽办法省钱。古镇漂亮，住 B&B（含早餐的酒店）更有情调，但需要四五十欧元，跑到教堂想借宿一宿，西方人没这个传统，这可不是东南亚寺庙，最后琢磨能不能在后面的墓地搭个帐篷，虽然墓地像个小公园，但看着遍地的十字架还是放弃了，因为当时正在构思写作哥特风格的盗墓小说，恐怖得很。不管如何，扎营依旧是最省钱的办法，但在英国和意大利最难，法国和西班牙容易。不论是在伦敦、巴黎还是罗马等地，较大的城市中均有中国人的搭铺旅馆，供打工者暂时居住，是十几个人住的多人间，能做饭，费用大概一晚 10 欧元，可在华人区的超市和商店等地方打听，或者搜索网上资讯。总体而言，一天二三十欧元是必须消费的，再加上景点门票和往返机票，两个多月的骑行要花至少两万元人民币。

4. 装备

既然什么都贵，户外装备也一样，能在国内带的就尽量带吧，等到了当地你会发现连买个杯子你都要咬牙。

5. 签证问题

走欧洲签证大体上只有两个，一个英国，一个申根。不论哪一个都是很难获得的，行者们为了将来走遍世界，除了美国，这是最难获得的两个签证，如果拿不到，一半世界将冲你关上大门，大概也就只能想象一下行者无疆了。所以需要认真仔细地对待。有了足够的条件和把握后才申请，绝不要留下拒签记录。英国、美国、申根 3 个签证我觉得只要拥有其中一个，获得另外两个的概率就会高一些。

英国签证。个人感觉比申根签证条件简单，但也更需要证明你之前走过哪里。

我是先获得的英国签证，然后才申请申根签证的。

❶ 除了护照等，不需要所谓的各种“证明材料”，有可以提供，没有的话也行，全在你。

❷ 可以在国外申请。

❸ 可半年内多次入境，恐怕除了美国，再没第二个（以前印度也是半年）。

❹ 行者最好不要空白护照，且有过发达国家的签证记录，比如澳大利亚、日本、美国、加拿大等。

❺ 详细的骑行计划书，包括你之前的旅行经历说明，英国人有这样的传统，会非常理解。

❻ 不需要订机票和旅馆。

申根签证。目前有 26 个成员国，包含了欧洲的主要国家：德国、法国、意大利、西班牙、荷兰、瑞士、丹麦等，但英国不在此列。申根签证的好处如下。

❶ 一证在手，成员国内畅通无阻，犹如放大版的欧洲公交卡，想去哪儿就去哪儿。

❷ 在成员国中的任何一个国家都可以提交申请，网上多有人评论在某国比如德国、法国申请容易等，其实要求都一样。建议行者按照最长旅行线路在线路开头的国家申请。

申根签证有以下几个缺点。

❶ 时间短。几十个国家，有效期最长只有 3 个月。

❷ 只能在国内，不能在第三国申请。

❸ 证明材料要求严苛，需要你尽可能多地提供户口、公司、银行存款等证明材料。

❹ 必须买保险。

❺ 必须预订机票和酒店，但可以退。

SAMER
E AU BOIS

LONGFOSSE
DESVRES
DEVIATION

7.5.1 英国

最佳骑行时间：春、夏、秋三季

预算：一天大约 30 英镑

货币：英镑（GBP）

首都：伦敦

语言：英语

国家代码：44

1. 综述

英国外形就如被狗啃过的骨头，支离破碎。岛上条件恶劣得超过日本，虽然少有地震，但冷得却和青藏高原一样，雾霾较重，雨多得和海南岛一样，有大约 5800 万人生活在这里，以至于百年前就把动物快灭光，恨不得把树也都砍完。思前想后决定先占领法国，侵占欧洲大陆，结果没成功。于是他们开着船去美洲和非洲收拾土著。从此大量英国人跑到世界各地旅游，写出了看都看不完的游记，又踏踏实实地把这个世界纪录了一遍。

英国可看的东西太多，多到几乎要生活在这个国家才能逐渐体会到其特别之处。光是拥挤的伦敦就会让行者大开眼界。从富丽堂皇的白金汉皇宫和威斯敏斯特大教堂，到让人恐怖的大英帝国博物馆，你不是在看文物，而是陷入人类文明的激流之中，被冲击得晕头转向。实在受不了想喘口气，过了河到泰德现代艺术博物馆里，可边听 *Let It Be*（随他去吧）边看摇滚艺术家披头士保罗麦卡特尼的自虐艺术品。如果你比较怀旧，可以漫步海德公园，为自己没生在嬉皮时代而抱怨，或者让历史的车轮再往后来上一百年到狄更斯笔下的伦敦，吸着煤灰在泰晤士河畔散步，顺便在一家名为“shede（舍得）”的小酒馆来一份薯条炸鱼，味道可远不如“啤酒炸鸡”。英国人的业余时间都研究了法律和政治，哪有闲心讲究吃喝、浪漫。所以英国才盛产悲剧，比如莎士比亚笔下的《罗密欧与朱丽叶》，而对岸的巴尔扎克则在写《人间喜剧》。

当然，行者一路向北，继续接受教育，去牛津、去剑桥，在人烟密集的英格兰艰苦前行，因为到处都是高速公路，找到一条骑车的路可真不容易，迷路是常事。终于到了古城约克，大概对中国人而言有点儿亲近感，终于东西方有了相似之处，至少这看上去像个城池，历史也像英国版的三国演义，只是规模小点儿，毕竟，人家在岛上，几千人马集合都不小心就会站在海里，哪像我们的那种规模，动辄点兵 30 万。

再往北，居然在城市之间夹着一个国家公园——Northemberland Moor（诺森伯兰德），一块崎岖的沼泽地，和《呼啸山庄》小说描写的一样凄凉，里面还有个缩小版长城——哈德良长城，是罗马人留下的遗迹。最后，你进入苏格兰，打算找个小旅馆，发现英语口音复杂得就像是另外一种语言，过了爱丁堡，离目的地最南端不远了，那儿其实没什么景点，如皮鞭甩在脸上一般的海风，再被冰冷的雨水浇个透，英国旅行就此结束。

孤独星球为英国出过骑行导游书，可见，想被英国“折磨”的人还是挺多的，建议行者买一本，走英国远没有想象中那么简单，并不是骑上车，从一个城市到达另外一个城市就算完事。英国是一个遍布规定的国家，骑行上有完善的系统，即所谓的国家自行车道路系统，分为伦敦大区、南部英格兰、东部英格兰、中央英格兰、威尔士、北部英格兰和苏格兰 7 个部分，必须按照规定走路，如果要讲清楚，将是一本书的内容量，所以还需读者进一步准备。但就成熟的长线而言，英国只有两条：C2C（从海岸到海岸）和 Land’s End to John o’ Groats（天涯海角）。

英国骑行地图可在 www.cycle-guides.co.uk 购买。不像其他国家，在英国必须要有纸质版的专业骑行地图导航，骑行有专门的线路，如果直接按照手机导航骑行，容易走错路或者上高速，非常麻烦，当年因为这一原因把我折腾得够呛，还差点儿出车祸。

C2C 为海岸到海岸之旅，从西岸的沃金顿到东面的泰恩茅斯，横穿英格兰，全程不过 225 千米，算是周末度假骑行线路，不过景色却很美，是英格兰本岛上自然景色的核心区域，地处“蜂腰”部位，包括 4 个保护区：Lake District NP（湖区公园）、美国游记作家 North Pennines（北奔宁）、Yorkshire Dales NP（约克郡德公园）和 North York Moor NP（北约克郡湿地公园）。按照布莱森《小不列颠札记》的说法，伦敦郊区丑陋的公寓一直恨不得铺遍整个北部岛屿，差点儿淹没那些古老的皇宫和庄园。所以这一带被保护的不仅是自然景色，而且还有垂死挣扎的英国传统村落，你要想欣赏所谓斯卡保罗集市民谣中描述的景色，走这里就对了。

Land's End to John o'Groats 对外国行者来说，长度较为合适，全程 1550 千米。传统上，起点开始于 Lands end，就是英格兰岛的东南部，位于彭赞斯附近，经过埃克塞特、布里斯托尔和曼彻斯特，穿过 Lake District NP 和 Yorkshire Dales NP 之间狭窄的通道，北上到爱丁堡，随后经过 Perth（珀斯）、Aviemore（阿维莫尔）和 Inverness（因弗内斯），最后抵达位于 Wick（维克）附近的英国最北端。

如果行者走完了这条线，从温暖的南部乡野一路蜗牛一般穿过人烟密集的中部地区，在冷风冷雨中到达荒凉的苏格兰北部，大概这辈子都不需要第二次逛英国了。

对于中国行者，未必需要走完全程，甚至英格兰部分的线路也无需重合。

首先，行者会选择伦敦出发和结束，所以，西部英格兰半岛部分可以放弃，而是直接南下到 Dove，过境法国，也就 100 多千米路程。

伦敦北部到英格兰中部，可以选择从牛津、剑桥到约克线路，在 Durham（本身也很漂亮的古城）前与主线会合，绕经古迹无数的格拉斯哥。反正英国的签证是半年，多骑上 500 千米也没问题。

不论哪一条线路，都需要专门的地图，建议买一本孤独星球的 *Cycling Britain*（骑行英国），解决迷宫一般的纵横道路和住宿问题。

2. 关于国家自行车公路系统（National Cycle Network）

英国是这个世界上少有的为自行车旅行建立了完备公路系统的国家。最早从 1984 年的 15 英里（约 24 千米）开始，逐步扩展，到现在已经覆盖全部英伦三岛长达 23700 千米。分为 Route1 到 Route10 共 10 条线路。组合了乡道、马道、牛道和人行小路等所有的乡县城辅路，尽量避开机动车干线，是领略英式乡野风情的最佳线路，也已成为英国户外活动的象征。

行者在路上会遇到“NCN”路标，但有些路段极其陡峭崎岖，穿越密林，甚至没有铺设路面，未必适合外国长途行者。总体而言，国家自行车公路系统覆盖了之前提到的 C2C 和 Land's End 线路。

线路 1：Dover（德福）–Shetland（设得兰群岛），沿着东部海岸，经过 London（伦敦）、Edinburgh（爱丁堡）、约翰奥格罗茨（John o'Groats）。

线路 2：Dover（德福）–St Austell（圣奥斯特尔），南部海岸线。

线路 3：Bristol（布里斯托尔）–Land's End（天涯海角），组合了西部乡村的 Chew Valley Lake（丘谷湖）和 the Cornish Way（康沃尔路）。

线路 4：London（伦敦）–St David's（戴维街），经过 West Wales（西威尔士）、Reading（雷丁镇）、Bath（巴斯）、Bristol（布里斯托）、Newport（纽波特市）、Caerphilly（卡菲利）、Pontypridd（庞特普里德）、Swansea（斯旺西）。

线路 5：Reading（雷丁镇）–Holyhead（霍利黑德），经过 Birmingham（伯明翰）、The Midlands（中部地区）和 the North Wales coast（北威尔士海岸）。

线路 6：Windsor（温莎）–Lake District（湖区），经过 Luton（卢顿）、Milton Keynes（米尔顿凯恩斯）、Northampton（北安普敦）、Derby（德比）和 Nottingham（诺丁汉），穿过 Pennine Cycleway（彭宁环线）。

线路 7：Carlisle（卡莱尔）–Inverness（因弗内斯）和 Glasgow（格拉斯哥），组合了 the Clyde（克莱德河）和 Loch Lomond Cycleway（洛蒙德湖环路）。

线路 8：Cardiff（加地夫）–Holyhead（霍利黑德），穿过威尔士核心区域。

线路 9：Belfast（贝尔法斯特），爱尔兰线。

线路 10：Tynemouth（泰恩茅斯）–Cockermouth（科克茅斯）。

3. 景点

牛津大学：学者刘瑜曾描述过她在此做博士后的经历，最恐怖的是经常要在幽暗的石室内吃饭和学习，面对墙上挂着无数的头戴假发、脸部煞白的毫无血色的白人画像，走到哪里都被热切地盯着，感觉就像是被 1000 多年人类智力的幽灵天天陪伴，而且还是外国种族。我真有同感，你走在宫殿一般的石房之间，墙体上爬满了绿色的常春藤，几乎都要把窗户遮住，屋内光线暗得像地窖、冷得像墓穴一样，加上英国的天气，生活在这里的人该是什么样的心态，我想应该是卧薪尝胆研究学术好早日逃离。于是就产生了那么多头戴假发的大师，比如牛顿，不过，最让我想不通的是这里造就了各种政治家、哲学家、科学家，连憨豆先生都是从这个学校毕业的，一个高智商的人去扮演一个低智商的小市民都那么形象，可见这个学校是怎么教人的。

转吧，学校有很多导游手册，不用骑车，溜达就行，反正就是各个学院，由被雨淋得发白的院落组成，门口装着带华丽铁艺的大门。其中基督教学院和莫顿学院最著名，当然，陈列着牛顿雕塑的陈列室要去看看，不过那棵著名的苹果树就算了，我们被砸上一百次，也不会明白什么，只能在晕头转向中当个肤浅苍白的游客而已。喜欢照相的行者可到城南公园小高地，能拍到大学全景。

剑桥大学：剑桥大学看起来比牛津的气势更加辉煌，人也没那么密集。环境很柔美，有点中国园林的味道，绿地、大树、小桥流水，外加英国版的岳阳楼和黄鹤楼，赏心悦目，古诗云：闲游宛似苏堤畔，欲向桥边问酒垆。所以中国人来剑桥，除了能培养成科学家，也能培养成像徐志摩这样的诗人，当然英国诗人更多，比如斯宾塞、拜伦和华兹华斯。如果让我选择牛津还是剑桥，估计会是后者，因为学校的教条太好了：学习和享乐，当然你也可以反着说享乐和学习，偶尔把学习忘了也问题不大。我就见到太多的学生，躺在剑河船上，顺水漂荡，整个下午都喝着啤酒听着音乐而无所事事。另外，牛津和剑桥都有青年旅馆，十几英镑的多人间，最好提前预订，因为“朝圣”的人太多。

约克：听说过 New York（纽约）没听说过 York（约克）不怨你，两者名气差别太大，前者真不愧叫“新的 York”，高楼林立以至于和约克一点儿关系都没有，其实是“山寨”人家约克，反正早年美国人多数都这么干。约克绝对是我走过的最美的古城，你在欧洲旅行多见古堡，大点儿最多有个古镇，中心矗立一个高耸入云的教堂，但约克有城墙，面积和国内任何带有城墙的古城一样，而且城墙真把城市围了一圈，看来全天下帝国的思维都一样，用墙围住你，出城办证，进城

收费。约克城和我们的很多古城不同，因靠海，收入主要是依靠对货船收税，于是还弄了个半开放闸口。约克当年很富有，大量的纺织品、枪、火柴、铁皮和棉布都是从这里出发横跨大洋运到中国的，所以你能见到几百年前的生活场景，老房子都在，也许被改成了游客礼品店，可街道名字没变，比如肉铺街，听着真亲切，这不和西安的骡马市差不多嘛。

爱丁堡：孤独星球攻略介绍说，爱丁堡像一个花花公子外加好客，两者我都不太苟同。爱丁堡虽然有王子大街，聚集着著名的品牌商店，但你要和法国的香榭丽舍大道比，实在没那个情调。再者爱丁堡公爵，也就是菲利普亲王，英国女王伊丽莎白二世的丈夫，一辈子都很专情，兼任爱丁堡大学校长和世界野生动物基金会主席，业余爱好很多。估计孤独星球攻略说的是乔治王时代，市内有大量那个时期的建筑。在爱丁堡可登高望远，老城旁就有山坡，爬上去能看到古罗马时代的遗迹，还可吹着冷风眺望市区和远处的大海，景色壮丽。当然不能忘记爱丁堡这个堡垒，女王的行宫，巍然耸立在市区中心，内有供游客参观的战争博物馆，足够炫耀帝国时代的丰功伟绩。

当然你非要说苏格兰人好客我也没办法，也许只有澳大利亚人才能让苏格兰人惺惺相惜，因为他们的口音都很重，而对于其他民族估计见了就跟仇人似的，好像天下人都必须要能听懂，外加还要支持他们独特的文化和必须独立的决心。既然沟通有困难，就在街头听听风笛吧，行者有疆，音乐无国界。

7.5.2 法国

最佳骑行时间：春、夏、秋三季
旅行时间：一个月
预算：一天约20欧元
货币：欧元
首都：巴黎
语言：法语
国家代码：33

1. 综述

法国是骑行最爽的国家，要不为什么会有“环法”这个词，而没有环英、环德，或者环意大利。当然，从地理位置上看，它的确是欧洲中心面积最大，且外形最圆的国家，所以最能体现“环”的概念。如果从自行车发展的历史看，当英国人在湿漉漉的岛上好不容易遇到好天气，骑车也就是在后院当做娱乐放松下，而法国人已经瞄上了长途骑行的壮举，尽显单车旅行在阿尔卑斯山迤逦的乡村之景。环法百年，线路很多，其中最变态的线路是全程绕法国一圈，这个国家外形曲折得像个跳跃的兔子，线路经过地肯定不大平坦，以累人为目的。其他的线路主要有两条，一条为从英吉利海峡到阿尔卑斯山线，另一条为南部地中海蓝色海岸线，行者只要不错过其中的一条，就算不虚此行。话说回来，法国怎么骑都有美景，当你置身其中就会明白，为什么当年凡•高会至死都不愿意离开。从英吉利海峡过来，一望无际的农田和草垛，雨云低垂，过几个村庄，不是古堡就是大教堂。走中部你会经过普罗旺斯省宁静美丽的乡村，足可满足你对乡野的全部想象。走南部起伏的丘陵地带，阳光下无尽的葡萄园将是主要风景，当然最终会抵达海岸，不论是马赛还是戛纳，青山碧水，气候好的只想享受人生，不再离去。要知道，过个山就到了干燥的意大利，那里干燥得让人暴躁，听听当地人的腔调你就知道。

2. 阿尔卑斯山线

我在欧洲的骑行线路，以巴黎为起点，走非公路干线经过普罗万、特鲁瓦、Chaumont（肖蒙）、Vesoul（沃苏勒），到帆船教堂所在地朗香，最后从Belfort（贝尔福）到瑞士的巴塞尔。然后越过崎岖的丘陵外加湖区地带，经过Luzern（卢塞恩湖），开始爬山，经过Andermatt（安德马特），一天时间攻顶，连夜进入意大利，最后到达终点米兰。

法国部分全程约450千米，现在回想起来实在太短，在法国旅行的幸福只有离开后你才能感觉到，一个挨着一个的美丽乡村，麦田围绕着树林，树林是留给动物的保护地，村庄则躲得远远的，和亚洲农田围着村庄刚好不同，可以见证东西方生存的理念。小镇精致，色彩斑斓，窗台上鲜花怒放，各种特色小店为遮蔽阳光都搭起遮阳棚。在法国，等你看完巴黎，都不需要看什么景点，就在这样的乡村间穿行是单车旅行最独特的体验，高潮最终放在朗香的帆船教堂，在宁静、隐蔽的小村落中，一座高耸的白色现代建筑，一反尖顶黢黑的哥特式教堂建筑。

瑞士的美当然也没得说，就是太过人工化，太过规则，那种修饰出来的景色自然看着养眼，但一点儿瑕疵都没有时间长了就会感到麻木。幸亏有湖区和阿尔卑斯雪峰，才让到处绿莹莹的山坡和农庄有了点变化。人在画中游的代价是爬坡，在正式上山之前，丘陵起伏，公路陡峭度很大，一个坡推下来，让人感觉肺都能喷出去，坚持过这一段就好。进入湖区后路开始平坦，沿湖岸绕行，湖光山色外加密集的玉米地，就在此扎营了。

至于翻越阿尔卑斯山，从阿尔特多夫开始（卢塞恩湖南部顶端），到安德马特，大约不到40千米，余下登顶后下坡到艾罗洛小镇大约 27 千米。整体特点是下部和中部陡，顶部有较缓的斜坡，有些盘山路段比较陡，由于路况非常好，整体而言，未必会比川藏线难度大。虽然一路上瑞士的山中小镇非常可爱，多有钟表和军刀商店，但上山最好一口气到顶，山顶有咖啡店，来一杯意大利泡沫咖啡犒劳一下自己。下坡坡度比上坡更大，所以要非常小心，半个小时就到艾罗洛小镇，在此过夜。

当然，如果你觉得法国境内线路太短，可以走另外一条阿尔卑斯山线。这一部分是先从巴黎到里昂，东行到阿尔贝维尔，沿着 SS25 号公路到意大利都灵。这条路的陡峭度也很大，基本上，从阿尔贝维尔出来，最终到意大利的苏萨市，全程 220 千米。缺点是少走了瑞士。

3. 蓝色海岸线

蓝色海岸线是指法国南部的地中海沿线，主要包括尼斯、戛纳、圣特罗佩和马赛等城市，全程约 250 千米，阳光海滩，拥挤着豪华旅馆和数目众多的游艇。这一带是度假的好地方，景色漂亮，阳光灿烂，游客多，消费也贵，和从洛杉矶到旧金山的感觉差不多，在一路起伏的海岸公路上，吹着海风，一边骑车一边欣赏海景还是不错的。沿线的城市也都非常著名，为国内游客所熟知，有时候会让骑行者烦恼，毕竟这段路程很短，尽量组合在欧洲大线路之中。可从巴黎出发，垂直到里昂，然后抵达海滨城市马赛，大约 800 千米，基本沿着 A6 和 A77 辅路前行，穿越法国的主要区域。进入蓝色海岸东行意大利到圭亚那，中间有意思的地方是会经过一个小国摩纳哥。这条线路车友 ED Schum 走过，是他绕行欧洲 17 国的一部分，我在 2011 年时的线路最初也这么规划，后来由于时间紧张改为走法国东部阿尔卑斯山线。

4. 巴黎

巴黎！巴黎！巴黎！

我要说三遍才能阐述心中如此多的感受，这哪里是一个国家的首都，而是人类生活未来的景象，不是科幻类，也不是乌托邦类的，而是人类精神文明璀璨的花朵盛开造就的实体。在这里，你感觉到的是自由和放松，激发你产生人类最本质的行为：爱意和创造。巴黎涵盖了所有的过去和未来的可能，不让你进入抽象层面而是置身于当下，所以在巴黎你需要做的仅有一条：我活着，在巴黎。

好吧，你要漫步塞纳河，到巴黎圣母院去听圣歌，然后在卢浮宫努力跟上大师的创造节奏，欣赏蒙娜丽莎和维纳斯女神，最后，估计你也累得差不多了，继续到左岸，去莎士比亚书店转转，说不定会见到大师们的绝本，或者就回到贝拉维拉（华人区），在夕阳下的街角喝一杯咖啡，看着熙攘的人群，也不管他们是中国人、中东人还是巴黎人，他们的灵魂都在这座城市。在一周的放松时光中，当然这是最少的时间了，你的任务很多，登上埃菲尔铁塔，以天使之眼俯视这座城市，然后再下凡漫步拉雪兹公墓，与莫里哀、王尔德、巴尔扎克和普鲁斯特等先哲们窃窃私语，如果你是摇滚青年，当然也不会忘记大门乐队主唱莫瑞森的墓地，为他献上烟酒和鲜花，并且朗诵 *This is a end*（结局）歌词。

7.5.3 意大利

最佳骑行时间：春、夏、秋三季
预算：每天 25 ~ 30 欧元
货币：欧元（EUR）
首都：罗马
语言：意大利语
国家代码：39

1. 综述

人类有几大文明体系，其中有以希腊、罗马为代表的西方文明，以中东为代表的穆斯林文明，以及中华文明，它们共同构成这个星球发展的图景。其中，除了中华文明形态在内陆发展起来以外，其他都在半岛上诞生并在短时间内扩张到全世界，穆斯林在阿拉伯半岛，希腊和罗马则在地中海的意大利半岛上。

走在这片崎岖、干涸、贫瘠的狭长地带，你怎么都想不明白，意大利人怎么就在两千年前异军突起，吞并地中海的所有地域，并且推进欧洲，连偏居一隅的英国都没能逃脱罗马军团的洗劫。在亚洲则从土耳其越过伊朗沙漠部落区域，一口气打到另外一个半岛印度。后来意大利人转向宗教和艺术，其过剩的体力都凿了石头，于是留下了大量的城堡、教堂和恢宏的古代建筑，业余种种橄榄，研究下咖啡。以至于在中世纪穆斯林打来的时候慌了手脚，差点儿就把自己贡献出去，到了二战，雄性激素退化到对阵时一枪不响就投降。自从有了足球后，搞经济也不太行，凡是沾染现代两个字的地方都一片衰败，城市中垃圾遍地，显然西方人永远无法理解东方文化平衡的理念，当然中国人也不会明白一根筋在意大利人的身上是什么概念。意大利之旅将是在吃不完的比萨，喝不完的咖啡，外加看不完的古迹中进行。至于骑车，比起绿草如茵的法国，你会觉得这是连块宿营地都不好找的国家，走起来实在让人崩溃，坡还那么多，天也那么热，暴躁得让人无处发泄。

虽然我和明朗都对意大利骑行有点儿抱怨，事实上，它依旧是欧洲骑行最热门的国家，对于体魄强健的西方人而言，这里的好处除了文化上的源头感外，崎岖的山地风景和起伏的路况，足够自我教育外加挑战身心。

意大利骑行可分为以米兰为中心的阿尔卑斯山湖区部分，以威尼斯为代表的海岸线，以佛罗伦萨为中心的托斯卡纳，以及以那不勒斯为代表的南部。其中除了南部也许对国内行者和跨国行者而言没必要，其他几个精华部分，行者不论从欧洲哪个国家过来进入外形像个榔头的半岛，都不会错过。

线路设计上，北部不要错过威尼斯城，如果你从米兰过来（翻过阿尔卑斯山后的意大利第一站）最好能走东面的不到300千米的威尼斯，再南下到佛罗伦萨，然后绕行著名的托斯卡纳线路，最后抵达终点罗马。

2. 托斯卡纳线

所谓托斯卡纳，是意大利中部约两万多平方千米的丘陵地带，南起马萨，北到格罗塞托，长约200千米，在亚平宁山脉西侧山坡区域，首府为著名的佛罗伦萨，这里是欧洲文艺复兴的发源地，也是葡萄种植区。沿路灰绿色的山坡起伏绵延，陡峭的山顶矗立着古堡，周围被石头村落围绕，古意十足。

最经典的线路为从佛罗伦萨出发向南走锡耶纳，然后向东绕行SR68和SR439号公路到马萨马里蒂马，进入SS73号公路，横穿过SS223公路，走小路经过Santa Fiora（桑塔菲拉），Sorano（桑拉诺）古镇，最后上到SS74号公路，一路骑到海边，基本上就走完了托斯卡纳最核心的景点。虽然托斯卡纳景色不错，古堡村落众多，但路陡坡多，海拔平均在0～600米之间，有些部分甚至更高，专门给骑行者消耗体力用，对于长途旅行者而言的确有点儿辛苦，不过想想无与伦比的乡村景色，忍忍也就过了。最后沿着海岸公路进入罗马好好休息。整个行程虽然也就两三百千米，但好好玩需要三四天，很多西方游客都是专门过来骑车的。

3. 景点

锡耶纳：托斯卡纳最华丽的篇章，基本上就像把梵蒂冈搬来差不多，本来这里和佛罗伦萨在历史上是一个级别，只是后者名气更大，又发展成了大型城市，导致锡耶纳现在看来更像是一个大点儿的山村，而不是历史上的一个共和国。不过其古建筑可谓灿烂辉煌，穿过狭窄陡峭的石铺小街道，进入气势恢宏的市政广场，游客多得像进了摇滚乐演出现场一样，你必须伸头探

脑才能一瞥芳容，不过依旧会被广场围成的红色建筑所震撼。锡耶纳值得待上两天，游客实在太多，一定要先安排好住宿。

罗马：条条大路通罗马，行者走过各种欧洲路，终于抵达了几乎算是欧洲的最后一站，也是欧洲文化的发源地——罗马。

和巴黎具有接洽你、溶解你的氛围不同，罗马就是一个被游客踩烂的城市，它不是用来生活的，而是给你看的，整个城市就是一个博物馆。说到景点那就太多了，有数不清的广场、市政厅、喷泉和雕塑。你既可以远观气势宏大的罗马斗兽场和圣彼得大教堂，也可近观许愿池（Trevi Fountain）上的雕塑。当然，高潮在梵蒂冈，如果说罗马是缩小版的欧洲历史，那么梵蒂冈就是缩小版的罗马，核心中的核心，精华中的精华，壁画、雕塑和神像，对中国人而言，很难看懂，不要以为那些写游记的抄上大段的历史背景好像就明白似的，几乎不可能，那么做还不如直接感受来自美的震撼，也许还能些许体会到一点点西方人审美和其背后的宗教文化逻辑。

威尼斯：意大利人的创造力不得不让人赞叹，靠山、靠水、靠平原都能建出独特的城市，弄出别样的生活方式。所以当你来到威尼斯，真觉得这不像是在意大利，而是完全独立的一种文明形态，它的独特几乎无法描述，作家阿城曾有游记试图再现这座水城，但过于简练，让读者依旧有无法深入感。当然最好的办法还是亲自体会，用语言描述起来很苍白。威尼斯以发展海运贸易起家，也就是那个时期马可·波罗利用这个机会出了欧洲抵达中国，不过，我想他如果看了苏杭，大概会想起家乡就是欧洲版的清明上河图吧。

7.5.4 西班牙

预算：每天 20 ~ 30 欧元
货币：欧元（EUR）
首都：马德里
语言：西班牙语
国家代码：34

西班牙对骑行欧洲来说是个痛，这么一块面积几乎与法国大小差不多的国家，刚好被甩在欧洲大陆的边缘地带，远离了欧洲的中心，如果要从法国走西班牙会发现，不小心就到了非洲，远离设定的亚欧主线，让人一下子不知道该怎么办。

但西班牙的魅力是不忍放弃的，它独立于欧洲文化之外，不是很正统，还带点儿粗野。不论看斗牛，欣赏佛拉门戈舞，还是漫步摩尔人城堡，会有种连欧洲人都有感触的异国情调。这和它起伏跌宕的历史有关。当然，就如预言一般，这个被女王统治下的国家又用了 400 年扩张到全世界，最后在美国和英国的打击下慢慢衰落到现在。然后又涅槃一般地产生了很多位艺术大师，如画家毕加索和建筑师高迪。所以多数欧洲骑行者一路从大陆赶过来，就是为了能有个出国之旅，即使不绕一圈半岛，也要竖穿整个全境才算罢休，当然，很多人选择过直布罗陀海峡入摩洛哥，开始更加壮阔的非洲骑行。

对于我们而言，要么放弃，要么就以它为主。

西班牙线路安排上很简单，多数行者都这么走，远比走法国简单。

一条是走北部所谓的天主教朝圣之路，这是无数背包客选择的徒步线路。从法西边境的龙塞斯瓦列斯开始在比利牛斯山间穿行，经过布鲁戈斯和莱昂，最后抵达位于西班牙西部海岸圣地亚哥城中大教堂，横跨整个北部半岛，全程近 800 千米。这条路虽然没有耶路撒冷到罗马那么壮丽，但却是无法跨越大陆时的另外一种选择。从公元 9 世纪开始时，主要是一些宗教上的罪犯为了救赎而进行的自我教育旅行，后来教皇声称可以通过这条线路赎罪得以形成传统。而这条线路在国内有影响是因为那部 2010 年的美国电影《朝圣之路》，让无数小资白领们又多了一块被涂抹着滋润精神的美白护肤露的幻想空间，顺带一说，另外一块是天空之镜。多数行者专门从国外飞到巴塞罗那，在潘普洛纳看完奔牛，然后整装出发。

另外一条就是从巴塞罗那开始的海岸线，一直到直布罗陀海峡，终点在葡萄牙里斯本，全长 2000 千米。这条线路的优点是路过格拉纳达，喜欢古典吉他的行者不会不知道轮指曲《阿尔罕布拉的回忆》，里面描述的宫殿就在这里，当然，更具阿拉伯情调的《格拉纳达小夜曲》也不应该被忘记。

关于西班牙野营：全国有大约 1200 个野营点，遍及城乡，提供基本的吃住服务，当然会有一定的收费，但野营点因为涉及私人领地，擅闯属于非法。

行者如果既不走北部的朝圣之路，也没时间绕行海岸线，可从法国走海岸线时过来在两国边境的巴塞罗那兜一圈，虽然没深入，但至少可以当做简化版处理，也能吹嘘一下曾到过西班牙。巴塞罗那的活力四射，它不像罗马那样高高在上让你欣赏，也不至于没完没了地让你看古迹到心烦。巴塞罗那有哥特区的大教堂，却是新建的，一种全新风格下的辉煌建筑，叫新哥特，可不像我们理解的某些景区随便建个粗糙的水泥亭子。当然还有更加超前的高迪的“圣家族大教堂”，具有童话一般的色彩，一反基督教堂的抽象和庄严。巴塞罗那不仅如此，还有兰布拉大道和 EI Raval（拉沃）两个富有生活气息的街区，到处都是街头艺术家和酒吧、咖啡馆，几乎带有亚洲式的暖人身心的混乱感，也让行者从古迹里出来换换气氛。

7.6 美国

最佳骑行时间：7 ~ 10 月
时间：3 个月
预算：3000 美元
货币：美元（USD）
首都：华盛顿
语言：英语
国家代码：001

1. 综述

如果你是西方骑行者，走过非洲和中国西藏，别人才会赞叹。如果你是中国行者，走完了亚非拉，却没去过美国，人家会觉得你和没走差不多。

美国的确是最具骑行价值的国家，当年我就发誓非洲回来一定走美国，结果到现在都到美国生活了，却提不起兴趣了。究其缘故，因为这个国家对行者来说很重要，希望能一次走好。这个心态有点儿像骑行恋爱史。把第一次骑行经历比作初恋，不长，却会终生铭记，这通常是走拉萨。走亚非，将是你成年后的恋爱，虽正式，探索的心态更多，这个时期持续最长，直到骑行完世界上大部分国家。留下的美国就像是要谈婚论嫁了，要非常严肃。毕竟这个遥远到在另外一块大陆的国家，却对我们的生活无时无刻不产生影响，不去走一趟，很难理解我们身上究竟发生了什么。所以，美国之行也许就成为骑行生涯中最重要的部分，也是理解自我和这个世界最好的契机。

单从地理环境上说，美国很漂亮，记得 2013 年明朗发来骑行美国西部的照片，背景是亚利桑那州广阔的沙漠和赤红色的山峰，他在下面扎营，我的心一下就被拽回路上，仿佛自己不是在家中对着电脑苦写稿，而是和他一起风餐露宿，在空旷壮丽的自然之中慢慢前行。对我而言，骑车旅行之爱是把心交给大地和星空，交给风，让它带着洒遍大陆。美国之行符合这样的期待。

美国大陆的面积几乎和中国相同，中国东低西高，美国两头高中间平坦，一样也拥有广大的西部区域，地理外观上几乎和我国的新疆、甘肃、青海相似，干旱、多山，正好符合骑行者的审美观。如果行者从洛杉矶出发计划横越大陆，将会一头扎进长满仙人掌的荒凉地带，历经景观相同的亚利桑那州、犹他州和科罗拉多州，日复一日走上相当于青藏线的距离才慢慢进入中部平坦的农业区域。堪萨斯州、密苏里州和印第安纳州一带相当于中国的河南和山东，有最质朴的农村。最后抵达 66 号公路的终点芝加哥。不过对于中国行者，这点儿里程还不能实现横穿美国的壮举，继续走上 1300 千米到纽约才算完成，去了美国没走过纽约，想起来都会别扭。

纽约象征美国的国际化和移民文化，仅是这个文化帝国的一小部分而已。大陆另外一侧，以加利福尼亚州和旧金山为代表的科技中心，我们使用的很多电子产品均和此地有关系，同时，加利福尼亚州一带也是好莱坞电影和娱乐业的核心地带。另外，墨西哥文化也对此地影响严重，加利福尼亚州的第二语言是西班牙语，街头除了星巴克还有很多 TACO（墨西哥卷饼）店。从自然方面说，由内华达山和大盐湖沙漠组成的广阔土地为美国自然文学和保护区的发源地——黄石公园以及优胜美地，大名鼎鼎，美国人的户外活动天堂。

比起西部的壮阔，美国中部也许有那么点儿无趣，看不完的棉花地和玉米地，走村串户，一路平坦，也没什么特别的文化遗迹，但不要忘记，这里是美国乡村文化的核心区域，你会发现，在美国过得不错的成功人士多来自这一区域。布鲁斯音乐、牛仔传统音乐、乡村音乐，没谁不知道《乡村路》民谣，也不会有哪个吉他手不热爱 B. B. King

的。继续往东会经过美国的母亲河——密西西比河，对美国乡村生活的体验尽可在这条河流上找到，猫王的歌我实在不太喜欢，不过美国人可不这么看。当然，你还要读点马克·吐温和福克纳的作品。好吧，他们有点儿老，那就看看美国游记作家布莱森的《失落的大陆》和《故国陌路》，更加应景，让你笑着一路走完美国。

东部地区包括纽约，代表着美国的殖民和移民精神，自由女神像矗立在哈德逊河港湾，向全世界宣称这里是民主、自由、开放、包容的土地。沿海的弗吉尼亚、北卡罗来纳（我待过两年，气候特别好）和南卡罗来那有很多早期殖民的遗址，这里是欧洲人登陆这片大陆的初始地，感恩节、五月花号等，成为美国这个只有短暂历史国家最重要的价值来源。

我想，等行者骑完东西 4500 千米，对这个国家有更深刻的了解，如果再和高速发展中的中国和印度、依旧沉睡的非洲、衰败的欧洲和徘徊的南美做个比较，会对这个世界有更多的思考，我想，这就是骑行美国的价值所在。

来美国那么不容易，来了自然走长线，即使美国人也多为跨越大陆征程，这大概都受点儿“阿甘”精神的激励，从 20 世纪 70 年代美国建国 200 周年开始，骑行美国大陆像我们改革开放初始的“万里江山走遍”一样，成为新文化运动最有代表的行为。美国人厌恶了嬉皮、无所事事、散漫和放纵，改以务实和身体力行，脚踏实地地做点儿事情，不论是工作还是梦想。而电影《阿甘正传》的跑步段落，成为描述当时时代精神最典型的文艺作品代表。

2. 关于美国签证

美国签证的申请并不容易。近几年，中国公民申请难度逐渐降低，通过率也正在变高，甚至可以获得和大多数国家一样的待遇，签证有效期为 10 年，可多次入境，每次可在美国待半年，对于旅行者来说是巨大的福音。另外，还可以在第三国申请，朱志文在南非成功获得美国签证。就我这些年数次申请的经验，申请美国签证必须要实事求是，把资料准备充足，面签时绝对不要含糊其辞，对自己的计划都搞不清楚，也绝对不能对签证官撒谎，他每天的

工作就是应对各种申请者，通过你的言谈来判断行为的可信度，一个撒谎的人无论财产证明多雄厚，背景材料多详细，都有很大的可能被拒。总之就是一个原则，证明自己去了后会回来。申请签证的基本流程如下。

❶ 必须准备半年内专门为美国签证准备的签证照以及电子文档副本，用于网上填表。

❷ 到 ceac.state.gov 填写签证申请表。非常复杂，估计要花几个小时，需非常认真地填写，具体事宜可咨询当地的中信银行。完成后会获得一个号码。

❸ 到 USDOC 预约网站 ustraveldocs.com 注册账户，填写后会得到 CGI 确认信。

❹ 带着 CGI 和护照，到中信银行缴费，得到文件提交信，最后全部交给银行代传服务柜台。

❺ 按照 USDOC 网站填写预约面签时间，到美国大使馆面签。

3. 关于费用

基本上，骑行美国任何一条线，都需要将近 3 个月，如果按照一天花费 20 美元计算，至少需要 2000 美元，再加上往返机票约 700 ~ 800 美元，预算大约也要两万元人民币。

但美国的消费并不高，尤其和欧洲比起来。食品价格不会比国内贵，甚至有时候还要便宜，沃尔玛超市遍布美国各地，基本上可以满足行者的日常生活需求。另外，各地也有类似 99cent 廉价超市（类似于 1 元店），方便面、罐头等经常 1 美元可以买 3 份。

花费主要在住宿上，美国一般的营地都要 5 ~ 10 美元，在城市中可住宿青年旅馆，至少也需要 10 美元以上，普通 MOTEL（汽车旅馆）如果提前预订大约需要四五十美元，但直接入住要七八十美元。

4. 最佳骑行时间

美国的纬度基本和中国相同，季节变化也相似，按照中国南方和北方的气候理解不会有大问题。只是美国西部即使在冬季白天也比较炎热，尽量避开七八月份的高温酷暑，否则不会热死也会被晒死。也就是说，如果从加利福尼亚州出发最好在三四月，抵达纽约时是八九月份，正值秋季。如果七八月份从纽约出发，3 个月后抵达西海岸大概在 11 月前，整个行程都以夏季为主。

5. 关于户外用品

美国是全世界最大的户外用品消费国，且拥有众多知名品牌，很多用品价格比国内便宜。所以在出发前要考虑

好，有些装备不用携带，到美国在线连锁商店 REI 和亚马孙上购买很容易，一些廉价品在沃尔玛超市也有，价格不比国内贵。

6. 关于露营

美国有遍布全国的露营系统，可分为两种：一种是普通公园等公共地带，无需预约；另外一种为国家自然保护区、森林等区域，尤其是著名区域，游客多，需预约，且价格仅比住旅馆稍微便宜一点儿。KOA（美国露营地）网站提供全美国范围内私人露营地信息，可以随时查阅。

在西部，人烟稀疏，有大量的原野可以露营，但在东部或者城镇密集区域，相对来说比较困难，私人领地众多，不可以随便进入，可以选择在市政厅或者公立图书馆一带，往往会有流浪汉等扎营，前提是你要保护好自己的东西不被顺手牵羊。

7. 关于住宿

在美国城市中住宿并不困难，可参考攻略书，如果行者在当地住宿困难，可找通宵快餐店应急。另外，在大城市，像洛杉矶、纽约和旧金山等，华人众多，相关的住宿服务也很多，可在洛杉矶华人网或者相应的本地网查询。

基本住宿，如汽车旅馆等最好提前在网站 priceline.com 和 hotels.com 预定，价格会便宜 30% 左右，比较实惠。

8. 美国国家自行车公路系统

要了解美国骑行，先要来个概观，说说所谓的美国国家自行车公路系统（USBRS：United States Bicycle Route System）。这个世界上一共有 3 个国家自行车系统，之前说过英国有，还有自行车王国荷兰。

美国国家自行车公路系统最早建立于 1982 年，第一条从北卡罗来那州到弗吉尼亚州，编号为 USBRS 1，后扩展到伊利诺伊州和肯塔基州的 USBRS 76 号，逐渐构成跨大陆巨型线路，经过 30 多年的发展，融合了“母亲之路”66 号公路，西部洛杉矶到旧金山公路，逐渐扩展并覆盖了美国 23 个州，里程近 8000 千米。线路上以长途旅行为主要组合，包含了以基础路段为核心的各种功能路段，比如越野小径（Off-paths）、自行车道（Lanes）和低交通密度公路等高速机动车线路补充路线。编号 9 条分别为：1、1A、8、108、208、20、87、95 和 97。2013 年后，又增加了 45 号、76 号、5 号和 50 号等十几条，有些还正在修建之中。其中以 76 号最有名，成为系统象征。

美国国家自行车公路系统有几个特点。第一，以长线为主，从各个角度横跨大陆，以 66 号公路和 C2C（东海岸到西海岸）为代表；第二，穿过海岸和山区，海岸景色好，山区崎岖度高，难度也就更高，东部以 1 号阿巴拉契亚山脉线为代表，组合了山野和城市，西部则是著名的大分水岭，有 3 条并行线：95、87 和 85。

以 95 号线路为代表的北起阿拉斯加州，南到墨西哥边境加利福尼亚州的圣地亚哥，沿着整个西海岸线，属于泛美公路部分，无数的行者选择从阿拉斯加一路南下到南美最南端，行程两万千米，成为环球旅行中最核心和最长的大洲路线。

85 号大分水岭线，公路行者一般不会选择，这条线路基本在国家公园内，也可以称为“玩命线”，和藏北无人区一个级别。

平行加拿大和美国边境沿着机动车 5 号公路的自行车 87 号线，基本和 95 号平行，一般被称为“Northern Tier（北阶）”，和南部海岸线对应，外国行者选择比较少。

目前被骑行最多的线路是：66 号、C2C（东海岸到西海岸）和 95 号，如果是横穿大陆，那么既可以完全按照传统线路的走法，也可以根据自己的实际情况来设计，

美国国家自行车公路系统

USBRS 编号	区域	长度（千米）	建立时间（年）	备注
1	缅因州，新汉布什尔州，马萨诸塞州，弗吉尼亚州，北卡罗来那州，南卡罗来纳州，佛罗里达州	2455	1982	缅因州边境到佛罗里达州的 Key West（基维斯特），连接 East Coast Greenway（东海岸乡野小路）
1A	缅因州	217	2011	
7	佛蒙特州	43	2015	
8	阿拉斯加州	468	2011	
108	阿拉斯加州	486	2011	
208	阿拉斯加州	63	2011	
10	华盛顿州，爱达荷州，密歇根州	1072	2014	美国大陆北线，随 2 号高速公路
10A	爱达荷州	114	2015	
11	马里兰州	55	2014	
20	密歇根州	499	2011	接加拿大密歇根湖线路
21	佐治亚州	259	2015	
23	田纳西州	248	2013	
35	印第安纳州，密歇根州	1982	2012	从密歇根州接 45 号
35A	印第安纳州	49	2015	
36	印第安纳州，伊利诺伊州	119	2014	
37	伊利诺伊州	92	2014	
45	明尼苏达州	1168	2012	密西西比河线
50	俄亥俄州，印第安纳州	1109	2013	从 Cape Henlopen（亨洛彭角）经华盛顿特区到旧金山
50A	俄亥俄州	52	2015	
66	洛杉矶到芝加哥	3940	1928	66 号
70	犹他州	724	2015	接科罗拉多州 76 号到加州 66 号
76	佛杰尼亚州，肯塔基州，伊利州，诺密苏里州，堪萨斯州，俄勒冈州	3807	1982	从佛杰尼亚州到俄勒冈州的跨大陆线
79	犹他州	534	2015	在内华达州 Reno（里诺）接 50 号到 90 号凤凰城附近
87	阿拉斯加州	23	2011	
90	佛罗里达州，亚利桑那州	1605	2014	从佛罗里达州的杰克逊维尔到圣地亚哥
95	阿拉斯加州，华盛顿州，俄勒冈州，加利福尼亚州		2011	从 Delta Junction（德尔塔章克申）到圣地亚哥
97	阿拉斯加州	721	2011	连接阿拉斯加州的主要城镇

比如外国行者多选择从大城市开始和结束，而不是小地方。也可以组合 C2C（东海岸到西海岸）和 66 号公路，让旅行变得更加富有自己的特色和个性。从景点角度讲，完全可以参考孤独星球攻略和美国国家单车公路网，以及出版的自行车线路地图来设计，甚至可以先规定好开始和结束点，中间随旅行兴趣变化来决定路线，都没有任何问题。

通过表格可以看到，美国单车网络由几条干线组成。

9. 以 1 号线路为代表的美国东部海岸线

穿过美国 12 个州，组合了海岸平原和广大的山谷地区，如白山、黑山和大雾山等著名地区，成为美国东部户外活动和自然生态保护区最集中的区域。从最北的缅因州开始，这里有无尽的森林，梭罗就曾隐居此地。然后一路南下，经过美国的政治金融核心纽约和华盛顿，进入最富庶也是美国人在这片大陆最早的定居点弗吉尼亚、南卡罗来纳和北卡罗来纳州，你将见到最典型的美国村镇景象，大树环绕着白色的木头房子，草坪、围栏、游廊，门口挂着国旗，正是我们印象中的美国。刘瑜把此形容为：人类生活方式的终结。进入佛罗里达的热带海岸，有太平洋的壮丽风景，当然也不缺少海滩上拥挤的人群和富豪们的度假别墅，最后抵达高晓松曾推荐过的美国最佳风景地——Keywest（基韦斯特），感受骑行在上百千米的跨海大桥上的壮阔宏达。1 号线全程 2800 千米，除了纽约以北冬天会因下雪而比较冷外，过了北卡罗来纳，越往南，气候越温和，且基本在海岸线上，公路起伏不算大，整体难度不高。全程漫长，且 1 号单车路线经过城市等地方会断开，所以需要详细的地图导航，防止走错上了高速公路。

10. 以 90 号线为代表的南方海岸线公路 Southern Tier（南阶）

目前这条线路外国人走的相对比较少，全程 3400 千米，平坦，没什么太大起伏，每天 80 千米没难度。从亚利桑那的凤凰城开始，跨越一部分西部的干旱地带，沿着漫长荒芜的墨西哥国境线和有点儿乏味的德州，核心骑行线为海岸一带的密西西比州和俄克拉荷马州，美国南方农村的代表区域，电影《乱世佳人》就以此地生活为背景，迄今都是美国传统文化最保守的州，所以法国骑行者 Aurelien Fourrier（富纳）说这是回乡之旅，也说是受电影 *Wild* 的影响。他一共走了 61 天，最后以加利福尼亚州圣地亚哥结束，共走了 8 个州。详细情况大家可到 www.crazyguyonabike.com 上参考他的帖子“A French journey across America（一个法国人的穿越美国之旅）”。

11. 以 66 号公路为代表的经典美国文化之旅线

大概多数外国人骑行美国，都会以这条建于 20 世纪 20 年代，后被逐渐废弃的公路为主线，全程 3945 千米，从洛杉矶开始，跨越美国三分之二大陆共 7 个州，到位于东北部的芝加哥结束。沿途既会经过西部的大峡谷和大沙漠，也有一望无际的玉米地和印第安人保护区，一路上演美国时代风景，海岸的高科技，西部的牛仔，南部的乡村庄园，从抒情幽默的乡村音乐到尖利高亢的芝加哥黑人布鲁斯。当然，66 号公路也是美国汽车文化的象征，公路的兴衰代表了这个国家经济政治文化的变迁，所以被称为朝圣之路、母亲之路和怀旧之路。

66 号公路骑行概况：伊利诺 Ilinois（484 千米）

天数	线路	里程（千米）	备注
1	Chicago to Frankfort（芝加哥到法兰克福）	85	坐公交从市区出发
2	Frankfort to Dwight（法兰克福到德怀特）	95	66 号路标：Larryway RD，Joliet
3	Dwight to Bloomington（德怀特到布卢明顿）	101	
4	Bloomington to Springfield（布卢明顿到斯普林菲尔德）	139	
5	Springfield to Edwardsville（斯普林菲尔德到爱德华兹维尔）	134	6 月有雨

66 号公路骑行概况：密苏里州（510 千米）

天数	线路	里程（千米）	备注
6	Edwardsville, IL to Wildwood（爱德华兹维尔到荒林）	98	爬坡
7	Wildwood to Sullivan（荒林到苏利文）	85	依旧爬坡
8	Sullivan to Rolla（苏利文到罗拉）	67	Ozark（奥扎山）
9	Rolla to Lebanon（罗拉到黎巴嫩）	109	见到野鹿
10	Lebanon to Springfield(黎巴嫩到斯普林菲尔德）	100	舒服的一天
11	Springfield to Joplin（斯普林菲尔德到卓普林）	133	骑行 7 个小时

66 号公路骑行概况：俄克拉荷马州（695 千米）

天数	线路	里程（千米）	备注
12	Joplin MO to Vinita OK（卓普林到维尼塔）	124	高温
13	Vinita to Catoosa（维尼塔到卡图萨）	84	交通拥挤路段
14	Catoosa to Chandler（卡图萨到钱德勒）	135	
15	Chandler to Oklahoma City（钱德勒到俄克拉荷马城）	83	45th 步兵博物馆
16	Oklahoma City to Weatherford（俄克拉荷马城到威德福）	128	在赛百味吃饭
17	Weatherford to Elk City（威德福到艾尔克城）	75	与众不同的 66 号路段

66 号公路骑行概况：得克萨斯州（299 千米）

天数	线路	里程（千米）	备注
18	Elk City to Shamrock TX（艾尔克城到沙姆洛克）	90	
19	Shamrock to Groom（沙姆洛克到格鲁姆）	92	
20	Groom to Amarillo（格鲁姆到阿马里洛）	72	强风，爬山
21	休息		
22	Amarillo to Adrian TX（阿马里洛到艾德里安）	80	继续爬

66 号公路骑行概况：新墨西哥州（784 千米）

天数	线路	里程（千米）	备注
23	Adrian TX to Tucumcari NM（艾德里安到图克姆卡里）	134	
24	Tucumcari to Santa Rosa（图克姆卡里到圣罗莎）	94	
25	Santa Rosa to Romeroville（圣罗莎到罗梅罗维尔）	91	海拔达到 2000 米
26	Romeroville to Santa Fe（罗梅罗维尔到圣塔菲）	100	
27	在 Santa Fe（圣塔菲）休息		可爱的土房子小城
28	Santa Fe to Java Junction B&B, Madrid （圣塔菲到马德里旅馆）	46	下坡
29	Madrid to Albuquerque Central（马德里到阿尔布开克）	65	
30	Albuquerque to Rte 66 Casino Hotel（阿尔布开克到卡西诺饭店）	38	
31	Casino Hotel to Grants（卡西诺饭店到格兰特）	103	慢坡上爬
32	El Morro National Monument （埃尔莫罗到国家纪念馆）	70	
33	Gallup（盖普）	89	下坡
34	Gallup NM to Chambers AZ（盖普到钱伯斯）	78	下坡

66 号公路骑行概况：亚利桑那州（645 千米）

天数	线路	里程（千米）	备注
35	Chambers to Holbrook（钱伯斯到霍尔布鲁克）	76	下坡
36	Holbrook to Winslow（霍尔布鲁克到温斯洛）	53	下坡
37	Winslow to Flagstaff（温斯洛到弗拉格斯塔夫）	93	爬升 500 米到 2100 米海拔
38	Flagstaff to Williams（弗拉格斯塔夫到威廉姆斯）	53	崎岖
39	Williams（威廉姆斯）	92	大峡谷国家公园
40	Williams to Seligman（威廉姆斯到塞利格曼）	69	下坡
41	Seligman to Kingman （塞利格曼到金曼）	117	下坡

66 号公路骑行概况：加利福尼亚州（505 千米）

天数	线路	里程（千米）	备注
42	Kingman AZ to Needles CA（金曼到石林）	91	下坡终点是湖
43	Needles to Fenner（石林到奉纳）	112	绕路
	Fenner to Ludlow（奉纳到拉德洛）	110	
44	Ludlow to Barstow（拉德洛到巴斯托）	85	爬
45	Barstow to Victorville（巴斯托到维克托维尔）	60	
46	Victorville to Fontana（维克托维尔到方塔纳）	70	过圣安东尼奥山到市区边
47	Fontana to Los Angeles（方塔纳到洛杉矶）	150	Pacific Electric Bike Trail（太平洋单车道）
49	抵达		

12. 以 76 号线为代表的 C2C（东海岸到西海岸）线

这条线路和 66 号公路一样著名，算横穿美国的加长版线，全程 6600 千米，需要 3 个月时间，美国人多走这条线路，将横穿大陆作为美国公民的洗礼。传统上，开头第一站从弗吉尼亚州的约克镇出发，到俄勒冈州波特兰附近的阿斯托利亚镇结束。外国行者的第一站多为纽约，有华盛顿这样的大城市作为旅行开始，也就没有必要非跑到那个犄角旮旯的起点，毕竟这样的城市是第一次来美国的行者最重要的目的地。中间差异路线根据个人情况填补即可。另外一说横跨大陆因州际公路四通八达，且无大山阻隔，可随便联通，远不像进藏那样只有一条路可选，所以很多行者的大致方向都一样，细节上会有差别，整体上并不会影响旅行的效果。

弗吉尼亚州

天数	线路	里程（千米）
1	Yorktown to Jamestown（约克镇到詹姆斯敦）	36.8
2	Jamestown to Clendale（詹姆斯敦到科林戴尔）	64
3	Clendale to Americamp（科林戴尔到野营地）	51.2
4	Americamp to Lake Anna（野营地到安娜湖）	83.2
5	Lake Anna to Charlottesville（安娜湖到夏洛特韦力）	105.6
6	Charlottesville to Tye River Gap（夏洛特韦力到塔尔河）	92.8
7	Tye River Gap to Natural Bridge（塔尔河到自然桥）	65.6
8	Natural Bridge to Troutville（自然桥到特劳特维尔）	44.8
9	Troutville to Christiansburg（特劳特维尔到克里斯琴斯堡）	80
10	Christiansburg to Wytheville（克里斯琴斯堡到维瑟维尔 KOA 连锁营地）	81.6
11	Wytheville to Damascus（维瑟维尔到大马士革）	102.4
12	Damascus to Elk Garden Hostel（大马士革到阿尔克花园饭店）	57.6
13	Elk Garden Hostel to Elk Breaks Interstate Park（阿尔克花园公园）	72

肯塔基州

天数	线路	里程（千米）
14	Breaks Interstate Park to Pippa Passes AYH（布里克公园到皮帕口）	110.4
15	Pippa Passes to Buckhorn Lake State Parkcampground（皮帕口到巴克角湖州立野营地）	88
16	Campground to Irvine（营地到尔湾）	96
17	Irvine to Berea（尔湾到伯里亚）	49.6
18	Berea to Chimney Rock Campground（伯里亚到烟囱石营地）	65.6
19	Campground to Bardstown（营地到巴兹敦小镇）	96
20	Bardstown to Hodgenville（巴兹敦小镇到霍金维尔）	62.4
21	Hodgenville to Rough River Dam State Park（霍金维尔到红河坝州立公园）	89.6
22	State Park to Sebree Springs Park（红河坝州立公园到西布里）	118.4

伊利诺伊州

天数	线路	里程（千米）
23	Sebree Springs Park to Cave-In-Rock State Park（西布里春泉公园到岩洞州立公园）	88
24	State Park to Ferne Clyffe State park（岩洞州立公园到克里夫州立公园）	100.8
25	State Park Chester（克里夫州立公园）环骑	105.6

密苏里州

天数	线路	里程（千米）
26	Chester to Farmington（切斯特到法明顿）	76.8
27	Farmington to John's Shut-Ins State Park（法明顿到约翰州立公园）	56
28	State park to Eminence（州立公园到音能思）	86.4
29	Eminence to Houston（音能思到休斯敦）	68.8
30	Houston to Marshfield（休斯敦到马什菲尔德）	104
31	Marshfield to Ash Grove（马什菲尔德到格罗夫）	76.8

堪萨斯州

天数	线路	里程（千米）
32	Ash Grove to Pittsburg （格罗夫到皮特堡）	112
33	Pittsburg to Chanute（皮特堡到沙努特）	92.8
34	Chanute to Eureka （沙努特到尤里卡）	102.4
35	Eureka to Newton（尤里卡到牛顿）	120
36	Newton to Buhler（牛顿到布勒）	48
37	Buhler to Larned（布勒到拉尼德）	137.6
38	Larned to Ness City（拉尼德到尼斯市）	104
39	Ness City to Scott City（尼斯市到斯科特市）	89.6
40	Scott City to Tribune（斯科特市到特拉布）	76.8

科罗拉多州

天数	线路	里程（千米）
41	Tribune to Eads（特拉布到伊兹）	92.8
42	Eads to Ordway（伊兹到奥德韦）	99.2
43	Ordway to Pueblo（奥德韦到普韦布洛）	86.4
44	Pueblo to Royal Gorge（普韦布洛到皇家峡谷）	88
45	Royal Gorge to Schechter（皇家峡谷到谢克特）	41.6
46	Schechter Hosel to Fairplay（谢克特到费尔普莱）	67.2
47	Fairplay to Heaton Bay Campground（费尔普莱到希顿湾营地）	56
48	Campground to Kremmling（营地到克雷姆灵）	67.2
49	Kremmling to Walden （克雷姆灵到沃尔登）	99.2

怀俄明州

天数	线路	里程(千米)
50	Walden to Encampment （沃尔登到宿营地）	80
51	Encampment to Rawlins（宿营地到罗林斯）	97.6
52	Rawlins to Jeffrey City（罗林斯到杰弗里城）	108.8
53	Jeffrey City to Lander（杰弗里城到兰德）	94.4
54	Lander to Red Rock Campground（兰德到红石营地）	97.6
55	Red Rock Campground to Black Rock Campground（红石营地到黑石营地）	92.8
56	Campground to Grant Village（黑石营地到格兰特村）	97.6
57	Grant Village to Madison Junction Campground（格兰特村到麦德森营地）	59.2

蒙大拿州

天数	线路	里程（千米）
58	Madison Junction to West Fork Madison River（麦德森营地到麦德森河）	83.2
59	River to Virginia City（麦德森河到弗吉尼亚城）	76.8
60	Virginia City to Butte（弗吉尼亚城到比尤特）	118.4
61	Butte to Georgetown Lake（比尤特到乔治敦湖）	68.8
62	Georgetown Lake to Chalet Campground Bearmouth（乔治敦湖到贝尔茅斯木屋营地）	88
63	Campground to Missoula（贝尔茅斯木屋营地到米苏拉）	56

爱达荷州

天数	线路	里程（千米）
64	Missoula to Whitehouse Campground（米苏拉到白宫营地）	97.6
65	Campground to Wild Goose Campground（白宫营地到野大雁营地）	102.4
66	Campground to Grangeville（野大雁营地到格兰吉维）	75.2
67	Grangeville to Riggings（格兰吉维到瑞京）	72
68	Riggings to Council（瑞京到康斯）	97.6

俄勒冈州

天数	线路	里程（千米）
69	Council to Hells Canyon（康斯到赫尔斯峡谷）	99.2
70	Hells Canyon to Baker City（赫尔斯峡谷到贝克城）	115.2
71	Baker City to Dixie Summit（贝克城到迪克斯顶）	92.8
72	Dixie Summit to Dayville Hostel（迪克斯顶到戴维尔饭店）	86.4
73	Dayville Hostel to Ochoco Divide campground(戴维尔饭店到营地）	88
74	Campground to Sisters（营地到司思特）	115.2
75	Sisters to McKenzie Bridge（司思特到麦肯齐桥）	70.4
76	McKenzie Bridge to Coburg（麦肯齐桥到科堡）	89.6
77	Coburg to Florence（科堡到佛罗伦萨）	123.2
78	Florence to Corvalis（佛罗伦萨到科瓦利斯）	59.2
79	Corvalis to H B Van Duzer State Park（科瓦利斯到凡杜泽州立公园）	100.8
80	State Park to Cape Lookout State Park（凡杜泽州立公园到远望角州立公园）	72
81	State Park to Nehalem Bay State Park（远望角州立公园到尼哈姆湾州立公园）	76.8
82	State Park to Astoria（尼哈姆湾州立公园到阿斯托里亚）	73.6

7.7 南美洲

1. 线路安排

南美的线路安排是按照独立而非和北美联动设计的，有行者可能希望从北美一口气骑行到南美，完成所谓的泛美公路旅行，就目前而言，由于中美部分国家不安定和签证问题，全程持中国护照通过难度很高。比如走大陆东海岸线，必须经过咽喉处的委内瑞拉，签证很难获得。中美的尼加拉瓜签证也无可能。所以，线路按照洲际设计，先抵达南美大陆的一个国家，然后再开始，难度小，也比较合理。

南美有两种进入方式。一是由北向南，从美国出发，飞大陆最北端的国家哥伦比亚，以此地为中转，经厄瓜多尔走西海岸线的泛美公路；二是直飞阿根廷，从最南端乌斯怀亚向北反向而行。不论如何开始，南美线路均在安第斯山脉两侧山间，以阿根廷巴塔哥尼亚高原和智利的国家公园，以及玻利维亚沙漠盐湖为核心，欧美骑行者很多，骑行高原的情形就跟骑行川藏线一样。海拔落差大，公路陡峭，有挑战性，当然景色也变化多端，体验十分丰富。

泛美公路南美段全长 1 万千米左右，很漫长，这段路对于欧美单车行者来说，均为环球骑行的一部分，更多人仅骑其中的智利和阿根廷两国，全程 5000 千米左右，要走 3 个月，开销约 2 万元人民币，对于中国人而言比较合适。从景致的角度来看，智利境内以 5 号公路为主，类似川藏线，阿根廷则为著名的切格瓦拉之路（40 号公路），类似青藏线，集中了阿根廷和智利巴塔哥尼亚区域最精华的景色。从高差来说，以阿根廷门多萨为阶段，以南部分海拔在 1000 米以内起伏，坡度起伏小，以北部分的海拔则起伏剧烈，为 1000 ~ 4000 米，以萨尔塔为终点。

东海岸线涉及阿根廷和巴西，以及靠近委内瑞拉的苏里南和圭亚那，线路极其漫长，景色相似度高，很少有行者选择。

南美如此之大，大约 1700 万平方千米，国家却很少，只有 11 个（非洲有 55 个），国家之间的面积也差距较大，一个巴西占去一半多，智利和阿根廷又狭长，所以在一两个月内很难走完一个国家，线路在具体设计上要反复进出，所有的跨国骑行者均如此。比如从阿根廷进智利，然后绕回，再进入，签证时效则利用通过口岸获得或者在当地大使馆延期，将时间延长到足以支撑完成旅行，车友钟思伟用此办法在南美走了一年，是目前唯一一个从中国出发的单车行者。他从乌斯怀亚开始，沿着泛美公路北上，进智利，然后在北部转入玻利维亚，折回阿根廷，走巴西，最

终目标是北上经过圭亚那、委内瑞拉和哥伦比亚，这样，整体而言绕行了整个大陆，在孤独星球南美攻略书中，称以巴塔哥尼亚高原为中心的这条线为大环线。

2. 泛美公路

泛美公路是贯穿整个美洲大陆的公路系统，北起阿拉斯加州，南至火地岛，连接 17 个国家，全长约 48000 千米，比绕地球一圈的距离都长。南美洲部分从 20 世纪 50 年代开始通车，从哥伦比亚起，避过广阔的亚马孙河流域，一直沿着崎岖的西海岸，经秘鲁、智利、阿根廷，到达火地岛，长约 9700 千米。

3. 巴塔哥尼亚地区

巴塔哥尼亚地区在安第斯山脉以东，主要位于阿根廷境内，小部分属于智利。以南纬 40° 为界，科罗拉多河以南为广大海拔 1000 米左右的高原和台地区域，气候寒冷干燥，多数地区为荒漠，年均温度为 6 ~ 20℃，人烟稀少。

4. 何时前往

南美洲气候跨越热带和寒带，由于海拔落差大，从穿短裤到穿羽绒服仅仅是几个小时的时间，如同从定日到樟木一段路的情形。在平原地区，巴西中东部全年可行，亚马孙雨林更是如此。最南端的火地岛，夏天也会凄风冷雨。由于骑行者线路集中在高海拔地区，所以选择夏天比较合适，也就是当年 12 月到次年 4 月，这也是巴塔哥尼亚地区最佳的旅游季节，刚好能骑完。

5. 预算和现金

相比走了非洲和亚洲的行者们，南美洲的消费并不低，日常开销大约在 30 美元左右，不包括往返机票和豪华享受，比如去南极（至少需要 5000 美元）和复活节岛（需要 1000 美元左右）。总体而言，阿根廷消费居中，大约每天 20 ~ 25 美元，智利和巴西要 40 美元左右，最贵。

尽量携带美元，兑换旅行支票未必那么方便，以使用银行卡和 ATM 取钱最方便，由于沿线上网很便利，可在线转钱，当地提现，这样更加安全。需要注意的是，智利、阿根廷和巴西等国家的一些城市安全度很低，钟思伟曾在智利和阿根廷被抢劫两次。

如果计划走泛美公路的阿根廷和智利一段，整体开销大约为 2 万元人民币。

6. 户外装备

户外装备的选择要从几个方面来考虑。

❶ 南美国家消费较高，即使是中国制造的商品也不便宜，欧美进口商品则更贵。

❷ 专业和适合自我旅行的装备和配件不太容易买到，比如单车配件或者野营类装备。

❸ 气候变化多端，需要从热到寒全部装备。

❹ 要为去高海拔区域做准备。时常有砂石路，会对车造成很大损耗，专业配件需要提前准备。

❺ 飞行重量限制。多数航空公司限重 30 千克，装备做好取舍。或者从另外角度考虑，增收行李费总比在当地花钱、花时间强。

❻ 装备以 5000 千米骑行为标准配置。

❼ 日用品可在当地购买。

户外装备的具体准备如下。

单车配件：在阿根廷和智利，大点儿的城镇都有单车之家，可修车和免费住宿。车胎在当地能配到。扎皮、扎线在当地也可配，但刀闸系统贵，并且少，比如 BB7 系统。建议自行携带多功能修车工具以及重要组件螺丝。

野营装备：60 ~ 80L 大背包；四季帐篷（要考虑多风和寒冷，同时兼顾徒步时使用）；汽油炉及油瓶；野营超轻炉灶一套；1500g 羽绒睡袋（温标在 -15℃左右）；质量好的防潮垫；多功能瑞士军刀；水壶两个。

服装和鞋帽：冲锋衣、抓绒衣、速干衣各一套；防风夹克一件；登山靴一双；轻型凉鞋或者沙滩鞋一双；另外还需要手套、棒球帽和墨镜。

电力和数码设备：智利和阿根廷的家用电压为 220V，和国内一样，阿根廷接口为扁三脚，智利为两脚圆头，不论哪种，带质量好的国际旅行转换头和一个小型插线板非常有必要。另外，相机、平板电脑、笔记本电脑等电源线最好带原装的，USB 数据线一定要有备份，坏了很难在当地买到。

摄影装备：南美景色绝美，可动用全部可能使用的拍摄器材，如果想拍摄准专业纪录片，可携带笔记本电脑一台、容量为 2T 的移动硬盘、单反相机一台（可拍 1080P 高清视频）、18-200mm 全焦段镜头（至于是否需要 F2.8 光圈变焦头，由于太重，依自己的情况而定）、GoPro 一台、卡片机一台（可拍 1080P 高清视频，最好有手动曝光功能）、摄像机一台、大三脚架和小三脚架各一个、DV 云台一件、夹子球台一件、自拍杆一件。

7. 地图

可以使用谷歌手机地图，除了无人区，信号基本全覆盖，导航不存在大问题，出发前需下载好目的地国家的地图。当地小镇旅馆多有 Wi-Fi，上网不存在大的困难。

8. 签证

相比亚非欧的签证申请，南美各国的签证难度最大。从申请条件上，要求材料为西班牙语、黄热疫苗和财产证明，以及往返机票，这些对于在路上的单车行者而言都非常困难。所以说，南美旅行，安排在环游世界的最后一段比较合适。一方面，走过的国家多，获签成功率高，再有，如果有了美国签证，中美多数国家免签，南美诸国在周边国家申请就会比较容易。以背包客陈掌柜为例，先获得美国签证，利用墨西哥免签申请南美国家，基本都成功。单车行者钟思伟也是以阿根廷为出发国，申请到智利等周边国家的签证。

骑行南美，主要涉及阿根廷、智利、巴西、玻利维亚、秘鲁和巴拉圭等面积大的国家，不同国家的申请结果也不一样，且随着时间的变化而变化，需要不断尝试。比如，在哥伦比亚可以获得 90 天多次往返巴西的签证，但无法获得委内瑞拉的签证，申请委内瑞拉签证均需在当地工作，难度很高，包括在巴西也申请不到，却能得到法属圭亚那、苏里南的签证，在圭亚那也能获得巴西签证。

在巴西办苏里南签证很难，在法属圭亚那的卡宴却非常容易。中美的尼加拉瓜签证几乎无法获得，而委内瑞拉的也难以获得。

9. 持美国签证可在美洲免签证的国家

洪都拉斯：免签 30 天。

多米尼加：免签 30 天。

巴拿马：免签 30 天。

哥斯达黎加：免签停留 30 天，但仅限 B1/B2。

哥伦比亚：免签停留 90 天。

智利：免签停留 90 天。

车友 Albert LEE 感受：智利和阿根廷这两个国家很有意思，两国的边界非常长，大概有 5000 ~ 6000 千米，照例来说两国的关系应该是非常密切的，但是实际上，两国真的是两个世界，就我旅行的感觉来说，两国都是各干各的，谁也不搭理谁。

7.7.1 阿根廷

最佳骑行时间：11 月到次年 3 月

旅行时间：骑行需 2 ~ 3 个月

预算：每天 20 美元，全程大约需要 2000 美元

货币：阿根廷比索（ARS）

首都：布宜诺斯艾利斯

语言：西班牙语

国家代码：54

1. 线路综述

阿根廷国土外形类似玉米，北粗南细，绵延 3500 千米，是南美洲第二大国家，面积仅次于巴西。气候非常多样化，西北为安第斯山脉，气候干旱，西部为丘陵和沼泽地，炎热、多雨，中西部为农业区，为葡萄种植地和潘帕斯大草原。巴塔哥尼亚和西藏类似，属于高原和草原牧场。

阿根廷公路网遍布全国，以数字编号，连接首都的主干道编号多是个位数字，两位数字多为省际干线，三位数字则更低一级。

阿根廷是南美洲旅行的重头戏，没了阿根廷，南美洲会骤然失色。纵观这个国家最好的旅行资源，主要以安第斯山周边为主。分为 3 部分。

第一部分，以 40 号公路南部的莫雷诺冰川和查尔腾（EL Chalten）徒步为核心的冰川旅行。

第二部分，在 40 号公路的末端，以萨尔塔为出发点的北部荒漠，属于湖区景观。

第三部分，孤独星球攻略设计的线路，以首都为出发点，向南辐射第一部分。向北则横穿阿根廷到智利，再返回，然后向北到萨尔塔。

从骑行角度讲，线路上也必须综合考虑智利。

以首都为第一站，乘坐公共交通到乌斯怀亚，随即进入智利，向北，在查尔腾前再进入阿根廷，沿 40 号公路向北。可在埃斯克尔附近再入智利，在智利首都圣地亚哥再次返回阿根廷，经过蒙多萨，向北到萨尔塔。这将是“不经历风雨，怎会见彩虹”的艰难旅行，多次从零海拔翻越海拔三四千米的雪山，全程超过 5000 千米，需要超强的体力

和毅力才能完成。

我统计了下欧美人骑行泛美公路（阿根廷、智利和秘鲁），占整个美洲地区的80%，很少走内地。如果体力不够，可以选择走片段，比如从乌斯怀亚经智利到查尔腾，大约1000千米。

车友 Tyson Schimschal 安排的线路相对简单，主要走东海岸大西洋线，从首都出发，经马德普拉塔、布兰卡港、别德马和里瓦达维亚海军准将城，最后从12号转43号公路，经布宜诺斯艾利斯湖到智利，大约2300千米。这条线路的特色是可以在两个国家的国家海洋公园看鲸鱼和企鹅。

钟思伟的走法：自2015年2月11日踏入乌斯怀亚，从这座世界上最南端的城市一路向北，绕道智利，从拉塞雷纳的海平面翻越到高原，再降落到卡尔德拉的零海拔，沿着太平洋海岸的沙漠公路北上到查尼亚拉尔，再次翻越到高原，穿越146千米的沙漠公路无人区，到港口小镇塔尔塔尔。随后于12月3日第四次从玻利维亚成功入境阿根廷最北部城市萨尔瓦多马萨。从最南到最北纵贯阿根廷南北，耗时10个月左右。

2. 消费

消费昂贵的地方主要在火地岛、艾尔卡法特等游客区，住宿多人间至少要200比索以上（约合100元人民币），有时为400比索，日常沿路扎营，如果是收费宿营地，大概要花掉3～4美元。若在路上，可扎营做饭，如果到了城镇，则在餐馆改善，要200～300比索，吃比萨要花150比索左右。街边三明治25比索，烤鸡肉饭40比索。通信方面，有3家主要移动通信运营商：Movistar、Personal和Claro。钟思伟的办卡经验是在乌斯怀亚申请Claro卡，9比索购买，充值150比索，每天50MB流量，收费3比索，在整个巴塔哥尼亚地区没信号。Movistar卡则为269比索包2GB流量，在乡村网速慢，在城市快。

3. 景点

布宜诺斯艾利斯：我们所知道的南美情调，大概就是从这个城市开始的吧，那种街头感，老书店、老咖啡馆、轰鸣的佛拉门戈吉他、狂放的探戈舞、欧式建筑混杂着夸张的色彩，以及身着 Chamanto（披风）草帽的原住民与穿西装的白人，都有点儿怀旧的感觉，是的，南美洲自从被发现后，文化上的混杂一直延续到现在，似乎停在了所谓的现代前，对于天天见到日新月异变化的中国游客而言，这才是真正的异国情调。漫步街头或者骑车是最好的领略各种古典建筑和雕塑的方式，文青们别忘了寻找博尔赫斯故居，Palermo（巴勒莫区）博尔赫斯街2135号和 Av Mayo（梅尔）大街的 Tortoni（坨坨尼）咖啡馆，是他常去的地方，还有 MALBA（布宜诺斯艾利斯拉丁美洲艺术博物馆）Frida（弗里达，画家）自画像。总之，布宜诺斯艾利斯是意大利和法国情调混合后放在了另外一块大陆的城市。

PHOTO BY ZHONG SI WEI

40 号公路（Ruta 40）：这条路因切格瓦拉骑摩托车走过而出名，北起比亚松，靠近玻利维亚边境，南到圣马丁德洛斯安第斯（几乎是阿根廷最南端），全程近 5000 千米，一直靠着安第斯山脉阿根廷一侧，平行于智利的边境南北贯穿整个国家，被称为最荒凉的公路，却包揽了最壮丽的风景，有南美洲最高峰阿空加瓜登山大本营，包含 20 个国家公园。有数不尽的雪山、草地、森林、沙漠、盐湖和冰川，是户外爱好者的天堂。可以说，走完了 40 号公路，阿根廷的旅行就算完成了。

线路安排上，南部线路最好安排在智利，然后从蒙特港再次进入阿根廷，再沿路北上，到蒙多萨，是最高峰所在地。如果签证到期，可选择再入智利，从北部玻利维亚绕回。路面总体而言七八成硬化，二三成有砂石路。

西北沙漠（Northwest Deserts）：在安第斯山脉西北段，阿根廷一侧，背包客天堂萨尔塔市以西，大湖、沙漠、盐湖，遍布仙人掌，有雪峰闪烁，如果没了仙人掌，感觉就像在西藏一样。西北沙漠是北部阿根廷旅行核心所在，40 号公路从这里经过。

查尔腾：一个小村落，由 40 号公路转 23 号进入，旁有大湖 Lago Viedma（拉戈别德马）。这里有世界上最美的雪山菲兹罗伊山，阳光照耀下，崎岖锋利，色彩变化多端，不可思议，这里也被称为天堂，是世界顶级徒步和露营地。著名户外品牌巴塔哥尼亚的标志就是以此山做背景。

莫雷诺冰川（Parque Nacional Los Glaciares）：1981 年被列入世界自然遗产，是非常热门的景点，凭栏近距离观看五六十米高，绵延几十千米的冰瀑，阳光下呈现淡蓝色，不时会有冰川融塌，简直是人间奇迹。40 号公路经阿根廷湖，转 11 号公路到埃尔卡拉法特（EL Calafate），和查尔腾相距不过 200 千米。

4. 出入境

与周边国家智利、玻利维亚、巴西、乌拉圭和巴拉圭均有陆路口岸，尤以与智利之间最多。

车友常走的有小智利口岸（车友李晓光走过），Futaleufu（福塔拉夫）和埃斯克尔（Esquel）之间的口岸，与玻利维亚之间的 La Quiaca（拉库卡）口岸。

网友经验（钟思伟）：2 月 28 日，雪山、湖泊、针叶林、草甸、蓝天、白云，还有来自南极方向的刺骨寒风……这一切构成火地岛的沿途风景。下午在路上碰到一名波兰车友（从乌斯怀亚骑至马丘比丘），我俩在阿根廷和智利的安第斯山脉路线差不多。

李晓光：在 Tolhuin（图恩），别忘了去 Panaderia la Union（拉尤尼），一家著名的面包店，住着来自世界各地的单车行者，被称为“泛美公路单车客圣地”，门口上写着“爱与感激”，墙上是骑行者的留言和签名。

5. 签证

阿根廷的签证不好办，持因私中国护照申请签证很严格，需要往返机票、酒店预定和经济状况证明，但并不是办不下来。首先，按照要求准备好所有的材料，提供详细线路计划，翻译成西班牙语并进行公证；其次，给领事馆写西班牙语申请邮件；再次，得到回复后上网填写表格；最后，去使馆送材料和面签证。

钟思伟在南非约堡申请成功：存款证明（约 5000 美元），入境机票，回国机票或者从阿根廷飞第三国机票和第三国签证，辅助资料一是当地报道，二是沿途骑行照片，三是自我介绍。

在有美国签证的前提下，到南美周边国家申请。背包网友陈掌柜的经验：智利接受阿根廷个人旅游签证，申请的地方有两个：安托法加斯塔和蓬塔阿雷纳斯，需要的条件相对简单，入境和离境机票、酒店订单、入境智利时候签证官给的入境单复印件，以及信用卡复印件（带 VISA 或 MasterCard 标志）。

PHOTO BY ZHONG SI WEI

7.7.2 智利

最佳骑行时间：全年

旅行时间：骑行需 2 ~ 3 个月

预算：每天 30 美元

货币：智利比索（CLF）

首都：圣地亚哥

语言：西班牙语

国家代码：56

1. 线路综述

智利是世界上最狭长的国家，南北绵延 4300 千米，东西不足 200 千米，只有海岸和山坡了，狭窄得无过渡，远望为太平洋沿岸数不尽的岛屿和海湾，抬头则是海拔 4000 米的雪峰生辉。其独特的地理环境造就了这个世界上最独特的风景，不会有第二个类似的地方。南美洲地貌充满多样性，火山、间歇泉、海滩、湖泊、河流、沙漠、冰川和森林，表现在气候上充满了巨大的差异和极端性，北部为热带沙漠气候，南部为高山苔原和冰川气候、温带大陆性气候、温带海洋性气候，中部地区为地中海气候。分四季但和我国颠倒，冬季为 6 月，夏季为 12 月。从寒冷到炎热、潮湿到干燥一应俱全，行者从眼睛所见到身心的忍耐和享受，都要增加接受的宽容度。

线路几乎无需设计，从南到北，考虑两点即可。一是签证时效，快到期即翻山去阿根廷，或在当地延期；二是把几个国家公园串起来，从南部百内国家公园徒步，抵达位于中部的首都圣地亚哥，安排航班去复活节岛，北部则一定不要漏掉阿塔卡马沙漠和劳卡国家公园。

需要注意，劳卡国家公园比玻利维亚的天空之镜靠北近 700 千米，如走后者就只能放弃前者，或从前者入境玻利维亚回头走天空之镜。

车友 Tyson Schimschal（泰森）在智利的线路安排：从乌斯怀亚出发，在 San Sebastian（圣·塞巴斯蒂安）入智利，过海到蓬塔阿雷纳斯，9 号公路北上，在纳塔莱斯港入阿根廷，完成查尔腾旅行。再次进入智利 Animales，一直沿着 7 号公路北上，在 Futaleufu（芙塔雷乌芙）入阿根廷埃斯克尔，向北 600 多千米，再次进入智利到首都圣地亚哥。后半部分基本在智利，最后入境玻利维亚。前后 8 次来回两国。

2. 智利路况

从小智利（Chile Chico）到阿根廷埃斯克尔前的路况：从小智利到西斯内斯港这一段基本为混凝土路面，往北走 7 号公路基本上为砂石路，近 700 千米。最差的路段为从 La Junta （拉洪塔）到 Villa Vanguardia（别墅先锋），约 40 千米。

3. 签证

和阿根廷一样，智利签证的难度也很高，需要往返机票、酒店预订、经济担保证明和工作证明，少一样都不行，国内申请可接受英文。2015 年 7 月之后，凡持有有效期在 6 个月以上的美国或加拿大签证（过境签证除外）的中国公民，均可免签访问智利 90 天。另外一个办法是，在阿根廷首都或者乌斯怀亚申请，车友钟思伟获得了 3 个月多次往返智利的签证，并且可在蒙特港和安托法加斯塔等地续签。

钟思伟的经验：绕远路骑行到黑岛（Isla Negra），参观智利当代著名诗人，1971 年诺贝尔文学奖获得者聂鲁达的故居。蓬塔阿雷纳斯企鹅观看点在马格达林那岛（Magdalena），船票大约为 300 元人民币，往返 4 小时，近距离接触麦哲伦企鹅。

4. 出入境

与阿根廷、玻利维亚和秘鲁均有多处关口，其中与秘鲁只有一处，在阿里卡（Arica）。入玻利维亚建议走 21 号公路的 Ollague 去天空之镜，但这条路异常艰苦。在火地岛乌斯怀亚申请智利签证后，到 San Sebasitian（圣・塞巴斯蒂安）入境。

5. 消费

智利属于南美洲消费很高的国家，即使是欧洲游客，也觉得不便宜，火地岛有时候住宿一晚要 40 美元，普通地区多人间含早餐约 20 美元一夜。早餐 3000 智利比索（约合 25 元人民币），午餐 11500 智利比索。

一打 12 个鸡蛋约 20 元人民币，国产建大外胎 64 元人民币。邮寄到国内的明信片每张含国际邮票共计 20 元。

6. 智利线路感受（钟思伟）

从洛斯拉各斯至潘吉普侬（Panguipulli）小镇这一带处于地中海气候区，夏季炎热少雨，冬季寒冷多雨。道路两侧的牧场呈现出一片片绿油油的景色。牛羊悠闲地啃着青草，碧绿的河水静静地流淌着，峡谷和山谷沿着地势曲折延伸到高地台面。

7. 景点

劳卡国家公园（Parque Nacional Lauca）：位于智利最北部，靠近玻利维亚，面积近 1400 平方千米，成立于 1970 年。这片奇迹般的高原绿色区域，还包括玻利维亚一侧的萨哈马（Sajama）保护区，以琼加拉湖（Lago Chungara）为核心，周围有大量的高原湖泊，有点儿类似西藏的色林错，属于高原牧场，生存着约 140 种鸟类，其中最著名的是火烈鸟。低矮的雪峰倒映在湖泊沼泽中，草甸子一直延伸到雪山下，驼羊漫步，群鸟噪鸣。海拔在 3000 米以上，是智利最佳的徒步地。

阿塔卡马沙漠（Atacama Desert）：位于智利北部，靠近玻利维亚边境，沙漠南北延伸近一千米，由盐碱盆地和咸水湖组成，多矿产，少植被，被称为世界上最干旱的地方。奇特的自然景观有月亮谷，在高原湖泊看鸟、间隙泉和采矿区景点。区域包含了两个国家公园——和劳卡国家公园一南一北，相距 600 千米，核心地在卡拉马，是去天空之镜的必经之路。感觉类似西藏扎达土林和约旦的佩特拉。

百内国家公园（Torres del Paine）：探险级别的目的地，在智利南部，和阿根廷埃尔卡拉法特景区组成壮美的安第斯山脉景观，面积约 2500 平方千米，奇形怪状的山峰和色彩斑斓的湖泊，在不同光线下熠熠生辉。每年有几十万游客来此徒步，却少有中国人。徒步分为简单些的 W 线和难度高的 O 线，钟思伟走过 O 线，9 天走了 100 千米，他形容说：“风景壮丽和惊艳程度完全超出我的想象，当然难度也出乎我的预料，可以说数次死里逃生。”从乌斯怀亚入智利后，第一站就经过这里。

复活节岛（Rapa Nui）：那些成百上千的石像（Moai）和埃及金字塔一样，代表着人生梦想的终极目的地，遥远得不可实现，充满谜一般的色彩。到了智利，可以放弃国家公园，但不能放弃复活节岛，虽然成本很高。一般从圣地亚哥出发，往返机票为 500 ~ 1000 美元（分淡旺季），还不包括岛上昂贵的吃住消费，花 1 万元人民币此生无憾。

泛美公路南美段骑行概况

国家	地名	日骑行距离（千米）	总里程（千米）	海拔（米）	路况	备注
第一阶段						
阿根廷	乌斯怀亚	0	0	0		申请智利签证
	Tolhuin（托尔文）	105	105	110		
	Rio Grande（里奥格兰德）	108	213	15		没什么意思的一天
智利	San Sebastian（圣・塞巴斯蒂安）	12	321	69		过境智利
	San Sebastian		396	30	大风无趣	
	Porvenir（波韦尼尔）	87	449	15	下雨，泥泞	
	Punta Arenas（蓬塔阿雷纳斯）	87		17	坐船过河	补给
	Villa Tehuelches(德卫尔彻）		549	163	路很好	
	Morro Chico（莫罗奇科）	47	596	175		逆风
	Puerto Natales(纳塔莱斯港）	101	697	15		休息一天
阿根廷	Tapi Aike（艾克）	116	813	290		入境阿根廷
	El Cerrito（埃尔塞里托）	64	877	500		
	El Calafate（卡拉法特）	96	973	184		进入湖区
	El Calafate（卡拉法特）					休息一天
	El Calafate（卡拉法特）	95	1068	193		无风，车少
	Tres Lagos(特雷斯拉戈斯）	109	1177	450	路况良好	
	Gobernador Gregores（格雷戈雷斯省长镇）	132	1309	280		多风
	Gobernador Gregores（格雷戈雷斯省长镇）					休息一天
	Las Horquetas（圣克鲁斯）	116	1425	596		
	Bajo Caracoles	108	1533	621		沿路有饭店
	Perito Moreno（莫雷诺）	130	1664	627		沿路有饭店
智利	Chile Chico（小智利）	75	1739	201	很漂亮的一段路	洛山提古斯很漂亮，入智利
	Puerto Ing. Ibanez(伊班纳斯）	3	1744	323	坐船	
	El Blanco（布兰科）	79	1823	451		路边宿营
	Coyhaique（科伊艾克）	33	1856	294		
	Coyhaique（科伊艾克）			315		旅馆休息一天
	Manihuales（马尼胡斯）	107	1962	133	绕过 7 号公路，石头路	逆风，宿营
	Amengual（阿门瓜）	66	2028	225		
	Puyuhuapi（普玉瓦比）	82	2110	6	上坡加土路	宿营地有 Wi-Fi
	Vanguardia（先锋）	85	2195	112	修路外加烂路	
	Puerto Piedra（波多黎各）	53	2248	42	烂路推车	多雨的地方
	Futaleufu（芙塔雷乌芙）	54	2302	340	陡峭的山路	茂密的山林和蓝色的河流
阿根廷	Trevellin（边境口岸）	64	2365	545		入境简单，扎营
	Camp Canero（卡内罗）	71	2436	524		
	El Bolson（埃尔博尔松）	104	2539	309	烂路	火山灰飘扬，住旅馆
	Mascardi（马斯卡迪）	92	2631	833	好路，爬山	路上车多危险

续表

国家	地名	日骑行距离（千米）	总里程（千米）	海拔（米）	路况	备注
阿根廷	去 Bariloche（巴里洛切）的半路	87	2718	772		扎营
	la Angostura(拉安戈斯图拉)	32	2751	785	湖区	旅馆洗澡
	la Angostura(拉安戈斯图拉)				休息一天	觉得天天骑车没意义
	San Martin de Los Andes（圣马丁洛斯安第斯）	109	2860	621	柏油路	景色很好
	Junin（胡宁）	127	2987	958		风大扎营
	Zapala（萨帕拉）	122	3109	1030		住当地人家
	Zapala（萨帕拉）	86	3195	738		荒漠，天冷
	Chos Malal（乔斯马拉尔）	129	3324	831		公立露营区扎营
	Buta Ranquil（布塔兰基尔）	96	3420	1175	爬山	宿营
	Buta Ranquil（布塔兰基尔）	117	3537	1197	石头路	离开巴塔哥尼亚地区，进入 Cuyo（库约）区
	Bardas Blancas（巴尔达斯布兰卡斯）	87	3624	1844	石头路	人烟少
	El Sosneado（埃尔索索尼杜）	131	3755	1371		超市补充食物
	San Rafael（圣拉斐尔）	134	3888	894	下坡为主	
	Tunuyan（图努扬）	120	4008	873	好路	天开始热
	Mendoza（门多萨）	82	4090	760		住 Alamos（阿拉莫斯）旅馆
	Mendoza（门多萨）				修车	休息两天
				第二阶段		
阿根廷	Media Agua（梅地亚 阿瓜）	115	4205	532	下坡	
	Media Agua（梅地亚 阿瓜）	150	4355	895		气温 30℃
	Huaco Junction（瓦寇）	112	4467	1024	路陡峭	
	Villa Union	96	4563	1120	依旧荒凉	入住青年旅社
	Chilecito（奇莱西托）	112	4675	1089		路过 Talampaya National Park（塔拉姆佩雅国家公园）
	San Blas（圣布拉斯）	116	4791	979		露营区扎营
	Belen（贝伦）	101	4892	1218		西部小镇还算安全
	San Fernando Norte（圣费尔南多北）	51	4943	1718	爬山	病了
	Hualfin（华芬）	15	4958	1824		小镇看病
	Hualfin（华芬）					休息
	Nacimiento de Abajo（纳西缅托）	15	4973	2031		遇到车友，野营
	Santa Maria（圣玛丽亚）	105	5078	1876	路好	露营区扎营
	Cafayate（卡法亚特）	88	5166	1595		草原变酒庄
	Santa Rosa（圣罗莎）	89	5255	1795		拉东西折返
	Molinos（莫利诺斯）	58	5313	2033	路好，景色特殊	Valley of Angostaco（安哥塔克山谷）
	Cachi（卡其）	50	5363	2328	有些烂路	露营区扎营
	La Poma（拉波马）	58	5421	3012		风景好
	La Poma（拉波马）	35	5456	4027	开爬	
	San Antonio de los Cobres（圣安东尼奥 - 德洛斯科夫雷斯）	58	5514	3741	美洲大陆最高的公路	Abra del Acay（阿布拉德阿卡山口）

续表

国家	地名	日骑行距离（千米）	总里程（千米）	海拔（米）	路况	备注
阿根廷	Salta（萨尔塔）					坐车去换钱
	San Antonio de los Cobres（圣安东尼奥 - 德洛斯科夫雷斯）	46	5561		烂路	看到美洲狮
	Susques Junction（苏克路口）	78	5639	3639	搓板路	岔路口有旅馆
	Jama（亚马）	60	5699	4073		艰辛一段
	Mirador（塔楼）	51	5750	4236		高原荒漠
	Mirador（塔楼）	34	5784	4533		荒无人烟
	San Pedro de Atacama（圣佩德罗 - 德阿塔卡马）					休息 5 天，情绪低落
智利	Santiago（圣地亚哥）				乘车返回	飞新西兰

华裔李先生（Albert Lee）泛美公路线路，行程表根据李先生游记编辑整理。

第一阶段：从乌斯怀亚到门多萨（Mendoza），4000 千米，3 月中旬出发，5 月中旬抵达，用时 61 天。

第一次走智利：257 号加 9 号公路。

第二次走智利：7 号公路为主，近 600 千米。

第一次走阿根廷：在火地岛。

第二次走阿根廷：以 40 号公路为主线，近 800 千米。

第三次走阿根廷：以 40 号公路为主线，近 1500 千米。

第二阶段：从蒙多萨到萨尔塔，走 40 号公路，近 1300 千米，耗时 20 天。

7.7.3 玻利维亚

最佳骑行时间：全年
旅行时间：骑行需一个月
预算：每天 10 美元
货币：玻利维亚诺（BOB）
首都：行政首都苏克雷和拉巴斯
语言：西班牙语
国家代码：591

1. 线路安排

玻利维亚夹在阿根廷、巴西、秘鲁和智利之间，和巴拉圭一道是两个南美洲仅有的内陆国家。面积有 100 多万平方千米，却一半天堂一半地狱。天堂为东部的亚马孙河流域热带雨林，占三分之二国土，西部靠近智利一侧，为干旱炎热的盐湖，就是著名的天空之镜。天堂和地狱都不能住人，有人烟之地在两者之间，面积不足国土的六分之一，所以，骑行者的线路选择也有两条，要么去天堂，要么去地狱。

“地狱之路”是从阿根廷北部的比亚松（Villazon）入，到图皮萨（Tupiza），可在周边徒步骑车，景色很好，然后北上走 21 号公路，到天空之镜所在地乌尤尼（Uyuni），这条线骑行者走得最多。从智利 Hito Cajon 入境则非常艰苦，钟思伟形容它像地狱一般，从 2400 米海拔的圣佩德罗阿塔卡玛（出境盖章处）一直爬到 4926 米的高垭口，500 千米荒无人烟的沙漠盐沼和沙石烂路，全程海拔 4000 米以上，走完就升级为“地狱行者”。从乌尤尼再骑 550 千米到拉巴斯（La Paz）。除了盐湖公路，行者可选择深入盐湖内部，再导航回主路。

走完“天堂之路”，饱受干燥和阳光辐射后的行者迫切需要潮湿温润的修养，可在的的喀喀湖周边放松，不过，最好还是进入东北部雨林走 The Yungas Loop 环线。从拉巴斯（La Paz）出发，走 3 号公路，翻越米卡亚山（Mik’aya），到科罗伊科（Coroico），走 40 号公路到科里帕塔（Coripata），最终到小镇 Yanacachi，搭车返回，或者干脆走 4 号和 9 号长线到阿根廷。整个玻利维亚烂路是必然的，不论高海拔的砂石路还是雨林地区的泥浆路，推车、坏车、又冷、又热是主旋律。

2. 景点

乌尤尼盐湖：玻利维亚旅行终极目的地，游客很多，走泛美公路的必经之地，是世界最大的盐沼，湖中有几个小岛，长着仙人掌，为必看景点。另外，在盐湖中扎营看星空也是毕生难忘的经历。一部香港电影《迷途追凶》，火了一个南美洲大陆景点——天空之镜，估计小资白领们就是冲着这个浪漫的名字来的。其实，美洲独特的景色有太多太多，盐湖仅仅是其中之一而已。

的的喀喀湖：如果不是湖边的印第安人城镇，你会以为这是在西藏某处的圣湖，雪山环绕，水波缥缈，延伸面积 8200 平方千米，是纳木错湖的 4 倍，或者是西藏所有大湖加起来的面积，用海来形容也不为过。骑车从小城科帕卡瓦纳到 Yampupata（央普帕塔）走走，到太阳岛和月亮岛上参观印第安遗迹和村落，吃湖中产的鳟鱼。

图皮萨：在阿根廷边境比尔松向北 90 千米，去天空之镜乌尤尼盐湖路过。小城周围有色彩斑斓的山峰和峡谷，还有仙人掌森林，可骑车或骑马，对于中国人而言，景观非常有异国情调。

3. 签证

如果在几年前，玻利维亚签证对中国人而言，应该算是世界上申请难度最高的签证，实行倒签制度，需发回内政部审核通过，等待时间不定，和拒签没有区别。2014 年后不再倒签，但和其他南美洲国家一样，需要黄热疫苗证明，条件很多。有网友在国内申请成功的案例，但也需要做好心理准备，具体条件可以查询使馆网站和网上帖子。如果人在南美洲，事情就简单很多，可在周边国家挨个尝试，总会成功。车友钟思伟在玻利维亚驻智利安托法加斯塔领事馆的签证准备资料为：需填的表格、一张 1 寸照片、银行存款证明、酒店预定单、行程表，轻松获得签证，并且在玻利维亚境内可延签。

笔者的感受是，整个南美洲国家，由于签证要求严格，不亚于欧洲，所以出发前最好准备一张银行存款证明原件并公证，外加 VISA 信用卡，申请签证时在网上预订酒店打印件、详细行程表，签证就会容易。

科恰班巴市的 Barrientos（巴里恩托斯）街是自行车配件一条街。

钟思伟：从智利圣佩德罗阿塔卡马再次启程骑往乌尤尼盐湖，这连续 14 天的骑行路程是我目前环球骑行 27 个多月以来最艰苦的一段，全程基本为无人区，沿途补给极其稀少，糟糕的沙漠路况完全超出我的想象，骑行的最高处海拔达到 4926 米，夜里路面会结冰。

拉巴斯附近有 3 个口岸可入秘鲁，南部和阿根廷之间在比亚松，和巴西之间的口岸少有单车行者走，而往往选择在秘鲁坐船顺亚马孙河而下走巴西。

6. 消费

玻利维亚是南美洲消费最低的国家，基本和国内的三线城市消费水平相当，旅馆大约 60 玻利维亚诺（约合 55 元人民币），青年旅馆床位 40 玻利维亚诺（约合 37 元人民币），早餐牛肉空心粉 5 玻利维亚诺（约合 4.6 元人民币），烤香蕉外加鸡蛋拌饭 12 玻利维亚诺（约合 11 元人民币）。

PHOTO BY ZHONG SI WEI

7.7.4 巴西

最佳骑行时间：全年
旅行时间：骑行需 3 个月
预算费用：每天 25 美元
货币：雷亚尔（BRL）
首都：巴西利亚
语言：葡萄牙语
国家代码：55

1. 综述

说老实话，写巴西很头疼，因为南美骑行主要集中在阿根廷和智利等泛美公路沿线国家，即使涉及巴西，也是以玻利维亚和巴拉圭为主的绕行，很少深入到内陆。面对巨大的和美国面积相当的国家，又少有西方骑行者实践的路线，也没有资料可以查询。但从另外一个角度讲，骑车和其他旅行方式不同，不但可以领略独特景色，挑战身体极限，也有日常的一面，如和当地人交往，了解国家和地区的现状。就如从上海骑到西安，本身的特殊性当然没办法和川藏、滇藏线比，但依旧有很多骑行者这么走，没那么崎岖，却可以放松身心，感受到旅行截然不同的一面。骑行巴西有两条基本的线路：一条是北部的亚马孙雨林，贝克汉姆曾经骑摩托车走过，没有道理不能骑自行车；另外一条是东部富庶的海岸线，大城市很多，游客也多。这个国家精华的旅游资源，都集中在这两块。

雨林线：以小城玛瑙斯（Manaus）为起点（坐船可到秘鲁和哥伦比亚），沿着 174 号公路向北，经过 Rorainopolis 到博阿维斯塔（Boa Vista）市，最终可入圭亚那。整体路况为柏油路面，在适当的时候可选择深入雨林村落，有村路连接，虽泥泞但可行。全程约 800 千米，可以和村林里的土著交往，还有看不完的动物和鸟类，原则是越偏僻，看到稀有动物的机会越多。

海岸线：南部沿海游客不关注，所以，骑行路线主要集中在里约周边。南部的绿色海岸和白沙滩，以及北部的山区葡萄牙古镇欧鲁普雷图（Ouro Preto），可短途骑行。长线可和巴西北方三国苏里南、法属圭亚那和圭亚那组合起来，不过任何一条线路，和里约相距都超过 3000 千米，看签证时效，适当搭车。对于大多数单车行者而言，能完成泛美公路的南美公路，就算完成任务了，然后飞到里约，享受沙滩和聚会即可。

2. 签证

中国和巴西同属金砖国家，经济联系紧密，签证在整个南美洲国家中也最容易。当然，依旧要满足所有的要求，如黄热疫苗证明、预定往返机票、资金证明和行程表等，只是审核度未必那么严格而已。有些在国内很容易获签的网友，护照上往往有美签、申根签，甚至是阿根廷签。如果你的护照上没什么有力的签证，恐怕就要多在申请资料上下功夫了。所以说美签是旅行南美的保障，是通向南美的大门，中美洲多数国家免签，到哥伦比亚可获得巴西 90 天签证。

3. 景点

里约：背靠山川雨林，面对沙滩大海，里约有着对于一个城市来说最好的自然资源，仿佛就是一个拥有大片绿色之地的大村落而已，随时可以去冲浪，徒步山中，呼吸新鲜空气。文化上相比秘鲁和阿根廷，则有着南美最开放和现代的一面，既有休闲的酒吧和咖啡馆，也有狂放的桑巴和都市生活，这就是游客来了后干脆就想定居的理由。对于中国游客来说，到马拉卡纳体育场看足球赛，再去爬山顶看耶稣像（Cristo Redentor）应是行程的必要项目，当然，

海滩和面包山（Pao de Acucar）也肯定不能错过。

亚马孙雨林：从地图上看南美大陆，北部区域全部为绿色，那就是亚马孙河流域滋养下的热带雨林，面积为700万平方千米。亚马孙雨林占世界雨林面积的一半，森林面积的20%，是全球最大和物种最多的热带雨林，亚马孙雨林是地球之肺，目前已经有五分之一遭到砍伐和破坏，作为地球人，不去目睹一次，将无法真正体会这个星球的繁茂和物种的多样，以及我们面临的困境。很多去过的游客觉得没想象中那么美好，那是因为不够深入，所以单车行者们一定要给足时间，把在巴西旅行的重心放在这里。前面提到骑车走雨林线，另外，就要来一次一两个星期的河上之旅，可在贝伦（Belem）逆流而上到玛瑙斯，或者在此上船去秘鲁。

4. 出入境

除智利和厄瓜多尔外，巴西与所有南美国家接壤，与哥伦比亚由于雨林阻碍无路，其他国家均有陆路通关。水路游客多选择走秘鲁。

5. 消费

巴西的消费水平和智利相当，以里约为例，青年旅馆床位要20美元左右，一顿正餐要近200元人民币。一罐可乐近5元人民币，很多时候物价贵于欧洲。对于骑行者而言，西部住宿费和物价稍低，要降低消费，只能尽量扎营，或者请当地人帮忙。

第 8 章 单车环球攻略（国内篇）

1300
513

8.1 中国国家自行车公路系统设计总论（计划）

论户外旅行资源，中国可比美国丰富，主要表现在山地资源、海岸资源和文化资源三个方面。

在山地资源方面，中国西部地处世界屋脊的喜马拉雅山系，拥有珠穆朗玛峰和乔戈里峰（K2），以及新疆维吾尔自治区。以西藏自治区为核心，有数不清的雪山和高原，这个星球上可能只有南美洲可以与我们媲美。而中国西部的面积占国土大部分，西南 5 省，西北 5 省，外加内蒙古自治区和广西，地形形态之多样化，雪山、沙漠、雨林、戈壁、高原、湖区，无与伦比。中美玩户外均以西部为骄傲，骑车、爬山、徒步，而美国西部面积仅为中国西部的一半而已，且主要为干涸的高山和沙漠，地理形态复杂度上差得很远。

在海岸资源方面，美国要比中国略好，美国地处两大洋之间，既有佛罗里达州的热带沙滩，也有崎岖的东西海岸，风景绝美。其实中国的大陆海岸线并不短，但是我们除了少有的几次航海外，基本上把海当做防线，处于静海状态，也更加缺乏传统的海洋运动。直到现在，骑行中国海岸线都不算多么热门，而西方人却多会选择。

在文化资源方面，旅行美国有种感觉，没什么历史感，城区相似度很高，除了沃尔玛就是麦当劳，还有没完没了的巨型停车场，所以美国人寻根会往欧洲跑，论世界文化和自然遗产，在全世界仅排第十位。不论骑行者走中国的任何一条线路，不要说自然景色，单是古文明遗址都看不完。

之所以要和美国进行对比，是因为美国作为世界上户外运动最发达的国家，同时也是自行车文化发源地之一，从 20 世纪 80 年代开始建立了美国国家自行车公路系统，而我们近些年大量增长的骑行人群虽然带动了自行车文化和产业的发展，却很少思考过应该怎么规范和设计出自己的单车资源系统，让骑车旅行变得更加合理和有效，增加安全度，和社会形成共识，推动我们自己的自行车文化发展。

骑行美国，会有非常明确的线路代表着骑行的独特性质，比如东西海岸线、上下国境线、横穿大陆的 C2C（东海岸到西海岸）和 66 号公路，每一条线路的“性格”都很鲜明，不论强调地理还是文化，都能彰显特色。而我们在这方面就有一定的差距，除了像丁丁这样的骑行者有开发线路的想法和实践外，大多数人从 20 世纪 80 年代开始都是走个形式，比如行遍中国所有的县，环绕祖国边境线，强调行为而缺乏对线路本身的总结，导致在精神上无人继承。从千禧年逐渐开始的户外热，形成了以西部为主的几条线路，比如川藏之路、中尼线路等都非常好，无数行者蜂拥而至，已有被骑“烂掉”的风险。而中部相对来说走的人少且没有比较好的地方。直到写本书时，和几个走全国的行者探讨过他们的线路，基本上也是按照兴趣走，颇为凌乱，无法形成一个系统。

当然，从旅行的角度而言，这是私事，有自己的想法，想怎么做都可以，但从公众利益而言，骑行中国需要有一个宏观概念，让每个行者心中有数，通过框架逐渐细化旅行，增加骑行的丰富性，并融入到全局之中，再通过后来行者的不断实践推新，最终推动我们自己的自行车文化系统化和良性发展。

所以笔者在此倡议，效仿美国 USBRS（美国国家自行车公路系统）和英国 National Cycle Network（国家自行车网络），建立起中国国家自行车公路系统（China Bicycle Routes），简称 CBRS。

设计总论

把中国分为 6 个大区，能代表自行车旅行活动最频繁的路段，在文化和地理景观上最有价值。

❶ 以西藏自治区为核心的西藏区。

❷ 以丝绸之路为代表的西部区。

❸ 以贵州省和云南省为代表的横断山脉区。

❹ 以从上海市到三亚市为代表的海岸线区。

❺ 以从上海市到陕西省，从北京市到山东省、海南省的跨越中国的中央区。

❻ 从北京市到漠河市的东北区。

1. 宗旨原则

线路应以老国道线为主，避开高速机动车道，组合省道和县道，在道路设计上以连接当地旅游资源为目标。如果可能，在公路上设置自行车编号标志，同时组合野外营地设施标志，共同组成一套以自驾、单车、野营为目标的旅游资源系统，辅以出版地图确立其形式。

2. 路标

方形黄底，内有盾牌加黑色自行车图标和黑色路段编号。

3. 线路编号命名

参照我国的公路命名，以 G 起头的国道和高速公路，省际道路为 S，县道为 X，后加数字。

干线 1 ~ 9 号，分别覆盖上面提到 6 个大区，以 CBRS 起头，例如 CBRS-1 为从北京市到海南省。干线辅助线路为数字后加 A，比如 CBRS-1A，代表出发地和目的地相同，但中间有变化线路。

二级跨省线路序号为 10 ~ 99，比如从上海市到西安市为 CBRS-XX。

三级省内线路，以本省的拼音首字母开头，比如浙江省为 ZJ，陕西省为 SX，山西省为 SAX。然后在其后加数字和相应的国家公路省内编号，一般为 3 位数字。

市区周围以 CBRS 加 C 外加 4 位编号。特殊线路为 CBRS 加 V 开头表明特殊性，再加公路编号数字，可一般叫名字，比如青海湖环湖线等，写成 CBRS- 青海湖。非主流骑行跨省线路，以 CBRS 开头加国道非高速公路编号，比如 CBRS-110 国道（对应 G110），是从北京市到宁夏回族自治区。

4. 一级线

编号	线路名称	起终点	大概里程（千米）	难度
CBRS-1	中央线	北京市—海南省	4000	2 星
CBRS-2	北部边境线	漠河市—阿尔泰市	6000	3 星
CBRS-3	海岸线	海南省—上海市	2500	3 星
CBRS-4	南方之路	上海市—昆明市	2600	4 星
CBRS-5	丝绸之路线	西安市—乌鲁木齐市	2800	3 星
CBRS-6	青藏线	兰州市—拉萨市	1100	4 星
CBRS-7N	川藏线北	成都市—拉萨市	2350	4 星
CBRS-7S	川藏线南	成都市—拉萨市	2140	4 星
CBRS-8	滇藏线	昆明市—拉萨市	2330	4 星
CBRS-9	新藏线	喀什市—普兰县	1500	5 星

5. 二级线路

1 ~ 9 号为一级线路，最著名，骑行者众多，二级线路相对来说知名度稍小，但特色十足，且为跨省，有一定的长度和难度，其中比如横断山线、藏东线等，山口众多，挑战难度不低，少有行者走，却非常有骑行价值，景色方面均可以打五星，所以大家没必要都拥挤在川藏线上。

二级线的定义为超过 800 千米，跨省。

编号	名字	起终点	大概里程（千米）	特色	难度
待定	中国之心线	北京市—西安市	1130	朝圣中国文化源头	2 星
	长征线	成都市—兰州市	1470	过雪山和草地	4 星
	香格里拉环线	迪庆藏族自治州—丽江市	800	在部落民族中的嬉皮旅行	4 星
	唐蕃古道	西宁市—拉萨市	1900	经过昌都市	4 星
	沿江线	重庆市—上海市	2150	中国河流文化之旅	3 星
	黔东南线	长沙市—贵阳市	1000	乡村古镇	3 星
	鸡冠线	丹东市—漠河市	4000	黑土地、长白山和林区	3 星
	横断山线	海口市—昆明市	1800	梯田和少数民族风情	4 星
	中央 B 线	桂林市—石家庄市	2000	从水田到旱地的中国乡村旅行	3 星
	藏东线	西宁市—成都市	2230	应该叫“藏着的东线”	4 星
	花城线	三亚市—广州市	1000	沿着海岸线，属于 CBRS-3 一部分	2 星
	竹林线	广州市—成都市	1800	中国南方山地乡村情调	4 星
	关外线	呼和浩特市—秦皇岛市	1500	空寂广阔的草原和青山	3 星

下面列举几条骑友提供的二级线路表。

横断山线（从海口市到昆明市）：依据车友 Marian Rosenberg 和 Sansa Wang 的线路，他们共走了 1742 千米，耗时 41 天，几乎全部在山区，是很累人的一条路。

省份	天数	路程	里程（千米）
	0	海口市—海安市	26
广东省	1	海安市—雷高镇	83
	2	雷高镇—湛江市	74
	3	湛江市—遂溪县	42
	4	遂溪县—车板镇	69
	5	车板镇—沙田镇	39
广西壮族自治区	6	沙田镇—北海市	55
	7	北海市	休息
	8	北海市—乌家镇	54
	9	乌家镇—钦州市	59
	10	钦州市—八寨沟风景区	72
	11	八寨沟风景区—上司镇	48
	12	上司镇—庙镇	36
	13	庙镇—太平镇	68
	14	太平镇—堪圩镇	67
	15	堪圩镇—硕龙镇	33
	16	硕龙镇—中途休息点	23

续表

省份	天数	路程	里程（千米）
广西壮族自治区	17	中途休息点—靖西县	58
	18	靖西县	休息
	19	靖西县—孟麻村	59
	20	孟麻村—平孟镇	23
	21	平孟镇	休息
云南省	22	平孟镇—富宁县	坐汽车
	23	富宁县—里达镇	23
	24	里达镇—文山市	23
	25	文山市	休息
	26	文山市—马塘镇	26
	27	马塘镇—乐诗冲村	36
	28	乐诗冲村—鸣鹫镇	34
	29	鸣鹫镇	休息
	30	鸣鹫镇—蒙自市	54
	31	蒙自市—个旧市	28
	32	个旧市	休息
	33	个旧市—宝和乡	40
	34	宝和乡—元阳县	50
	35	元阳县—红河哈尼族彝族自治州	64
	36	红河哈尼族彝族自治州—元江县	69
	37	元江县	休息
	38	元江县—东峨镇	33
	39	东峨镇—漠沙镇	44
	40	漠沙镇—河口县（边境）	36
	41	河口县返回昆明市	—

关外线（从呼和浩特市到秦皇岛市）：根据车友 Marco Mussita 的路线，全程 1500 千米，耗时 18 天。

省份	天数	路程	里程（千米）
内蒙古自治区	1	呼和浩特市—武川县	45
	2	武川县—四子王旗	94
	3	四子王旗—格根塔拉草原	36
	4	格根塔拉草原—苏尼特右旗	134
	5	苏尼特右旗	休息
	6	苏尼特右旗周边	158
	7	苏尼特右旗—阿巴嘎旗	113
	8	阿巴嘎旗—锡林浩特市	97
	9	锡林浩特市—达里诺尔湖	109
	10	达里诺尔湖—克什克腾旗	58
	11	克什克腾旗—芝瑞镇	76
	12	芝瑞镇—大夫营子乡	72
	13	大夫营子乡—赤峰市	87

续表

省份	天数	路程	里程（千米）
内蒙古自治区	14	赤峰市—平庄镇	52
	15	平庄镇—宁城县	88
	16	宁城县—喀喇沁旗	79
河北省	17	喀喇沁旗—木头凳镇	115
	18	木头凳镇—秦皇岛市	88

香格里拉环线（迪庆藏族自治州到丽江市）：美丽自不用说，但也非常累人，本线路依据 Matthew Hartzell 的记录，全程 805 千米，骑行一周，属于强度很高的骑行。

天数	路程	里程（千米）	备注
1	丽江市—中兴镇	132	
2	中兴镇—河西镇	103	从 2000 米爬到 3200 米
3	河西镇—中路乡	90	
4	中路乡—维西县	72	绝对有挑战的一天
5	维西县—德钦县	213	
6	飞来寺—书松村	84	
7	书松村—香格里拉市	111	
8	香格里拉市—丽江市	—	坐巴士

藏东线（西宁市到成都市）：本线路根据车友 Jonathan Lweis 记录，骑行 2228 千米，耗时 36 天。

省份	线路	里程（千米）	备注
青海省	西宁市—湟源县	50	
	湟源县—兔儿干村	22	
	兔儿干村—倒淌河镇	50	
	倒淌河镇—河卡镇	87	
	河卡镇—清根河镇	75	
	清根河镇—鄂拉山	24	
	鄂拉山—温泉乡	40	
	温泉乡—花石峡镇	87	
	花石峡镇—玛多县	72	
	玛多县—野牛沟乡	72	
	野牛沟乡—清水河县	110	
	清水河县—玉树市	150	海拔 3690 米
四川省	玉树市—色须镇	104	海拔 4145 米
	色须镇—宜牛乡	67	S217 省道
	宜牛乡—起坞乡	97	S217 省道
	起坞乡—马尼干戈乡	88	
	马尼干戈乡—甘孜县	88	
	甘孜县—八美镇	246	S303 省道，需 3 天
	八美镇—丹巴县	69	
	丹巴县—小金县	65	
	小金县—日隆镇	70	
	日隆镇—双桥镇	15	
	双桥镇—硗碛藏族乡	88	
	硗碛藏族乡—雅安市	142	S210 省道
	雅安市—成都市	180	

6. 三级省内线路

中国所有省份均可以设计出相应的特色线路，并且和干线进行连接，此处以西部 5 个省份为例，未来应该专门有类似交通公路地图册一样的一本书，如《中国国家自行车公路系统攻略书》来详细列表说明，并且各省均可以推出分册。此处笔者将表格留空，由于数据量庞大，涉及中国的所有省份，等再版时读者有所反馈再加入。

西藏内部线路（CBRS-XZ）如下。

编号	线路名称	起终点	大概里程（千米）	国家公路线编号	备注
	中尼线	拉萨市—樟木镇	900		
	羌塘线	新藏线 G219 国道 22 号道班—南木林县	2000		有危险

新疆内部线路（CBRS-XJ）如下。

编号	名字	起终点	大概里程（千米）	国家公路线编号	备注
	独库公路	独山子—库车县	536		

青海内部线路（CBRS-QH）如下。

编号	名字	起终点	大概里程（千米）	国家公路线编号	备注
CBRS-QH308	三江源线	格尔木—西宁	1345	省道 308	
	格尔木市—西宁市	1345	S308		

注：此外还有云南内部线路（CBRS-YN）和贵州内部线路（CBRS-GZ），均可按以上表格制作。

7. 五条文化线路

以长度或者特殊性命名，具体细节需要逐步设计完成。

❶ 黄河线：从青海省果洛藏族自治州到山东省东营市，编号 CBRS-54（全程约 5400 千米）。

❷ 长江线：从青海省沱沱河到上海市，编号 CBRS-63（全程约 6300 千米）。

❸ 明长城线：从山海关到嘉峪关，编号 CBRS-20（全程约 2000 千米）。

❹ 66 号公路：从北京市到兰州市，经过山西省、宁夏回族自治区，可定为中国的 66 号公路，编号 CBRS-66（效仿美国 66 号线，全程约 1800 千米）。

❺ 大运河线：从北京市到杭州市，编号 CBRS-18（全程约 1800 千米）。

8. 连接国外的几条线路

中国地处亚洲核心地带，陆上邻国有越南、尼泊尔、不丹、缅甸、老挝、印度等十多个。陆路口岸数目居于世界前列，可以说旅行最为方便。

对于个人单车旅行而言，中国与印度、不丹、朝鲜、阿富汗 4 国因各种因素都不具备通关条件，下面表格中列举了南方和北方的主要口岸。

南方口岸

国内所在地	连接国家	口岸名称	国内城市到口岸距离
广西壮族自治区	越南	东兴口岸	
		里火口岸	
		爱店口岸	
		友谊关口岸	从南宁市到凭祥市，走 G322 国道，250 千米
		浦寨口岸	
		水口口岸	
		龙邦口岸	
		平孟口岸	
云南省		天保口岸	
		河口口岸	从昆明市到河口，走 G326 国道，400 千米
		金水河口岸	
云南省	缅甸	打洛口岸	
		清水河口岸	
		南伞口岸	
		瑞丽口岸	
		片马口岸	
		猴桥口岸	
		滇滩口岸	
西藏自治区	尼泊尔	聂拉木口岸	走 G318 国道绕羊湖，830 千米
		吉隆口岸	
云南省	老挝	磨憨口岸	从昆明市出发走 G213 国道，670 千米

北方口岸

国内所在地	连接国家	口岸名称	国内城市到口岸距离
新疆维吾尔自治区	哈萨克斯坦	霍尔果斯口岸	从乌鲁木齐市出发走 G312 国道，660 千米
		阿拉山口口岸	铁路关口
		巴克图口岸	
		吉木乃口岸	
	蒙古	塔克什肯口岸	
		老爷庙口岸	
内蒙古自治区		策克口岸	
		满都拉口岸	
		二连浩特口岸	从北京出发走 G208 国道，660 千米
		珠恩嘎达布	
	俄罗斯	满洲里口岸	
黑龙江省		瑷珲口岸	
		萝北口岸	
		同江口岸	
		饶河口岸	
		绥芬河口岸	
		东宁口岸	
吉林省		珲春口岸	
新疆维吾尔自治区	巴基斯坦	红其拉甫口岸	从喀什出发走 G314 国道，420 千米
新疆维吾尔自治区	塔吉克斯坦	卡拉苏口岸	
新疆维吾尔自治区	吉尔吉斯斯坦	伊尔克什坦口岸	从喀什出发走 S309 省道，230 千米

重要线路共 7 条，是行者行走周边国家的基本通道，这些路段长度为 600 ~ 1000 千米，多处于偏僻区域，人文自然景色也很独特，非常值得在出国前加上。

❶ 中尼线：雪山和热带雨林景色（后详）。

❷ 中越云南线：热带雨林景观，难度中等。

❸ 中越江西线：卡斯特水乡景观，难度一般。

❹ 中蒙二连浩特线：戈壁景观，难度一般。

❺ 中巴线：红旗拉普口岸，雪山景观，难度较高。

❻ 中老线：磨憨口岸，雨林景观，难度中等。

❼ 中哈线：霍尔果斯口岸，戈壁景观，难度中等。

8.2 线路分述

很多年前，我从拉萨回来萌生了骑车到国外看看的念头，和身边一些朋友聊，有人说，连国内都没骑完骑什么国外。当年年轻气盛，一定要去国外骑一次。结果现在我对着地图发现，国内我除了入藏线路，还有太多地方没走过。十几年过去了，现在想来并不是不想走，对我这个上了年纪的大龄文艺青年而言，总有一种故国家园风雨后的情怀，离开多久都魂牵梦绕，因和它有太多纠缠不清的关系：有祖国、传统、现实、追求和梦想，也有成长、记忆、家人、朋友和家乡，还有失望、麻木和期待。太多情感犹如潮水般此起彼落，铸就了我自己，又和一起长大的这代人形成某种情感智力文化特征。而这些特征仅仅限于自己生活过的几个零散地方，而更为广阔的，当我们仔细看地图，那些密密麻麻的市县乡镇，有那么多人生活在那里，却不知道他们怎么生活，在想什么。那些风景，不论历史、人文还是自然，在复杂多变的环境下遗世独存，抑或彻底毁坏消失，但有一种贯穿于期间几千年的情感，一直在这里，犹如长江和黄河，静静流淌，那就是中国精神。这种中国人共同拥有活着的灵魂穿越历史长河贯穿于你我，而不仅仅是学者的著作，媒体的鼓噪，那它究竟是什么？

感知这些，将是行者内在的动因，也是我们体会它的珍贵所在。

至于攻略的写作上，我并没有参考太多的网络资源，而是按照自己的构思设计出所谓的中国自行车公路系统概念展开，作为我对未来发展的思考和骑行这些年的总结。至于线路，一方面想怎么走就怎么走当然不是问题，无论你喜欢山地、越野，还是赛道式骑行，或者只喜欢山野，抑或只喜欢各种景点，都可以去探索。而我认为这仅是骑行的一部分，我们还需要认知中国的现状，进入广阔的大陆毛细血管，体会中国人的精神生活，而不是仅仅专情于漂亮的景色。

所以下面介绍的前 3 条线路都偏重中国传统精神。与西藏自治区相关的 3 条则迎合年轻者的心，其中青藏线难度最小，大北线难度最大，中尼线则推荐给打算出国的行者。

8.2.1 海口市到北京市（CBRS-1）

这条线路参考来自一位可敬的西方女士玛丽安·罗森伯格（Marian Rosenberg），作为一个外国人，她的关注点并不在所谓漂亮的景色和景点上，通过她的线路可以看出，走的都是中国南方最偏僻的乡镇，不惜在破烂的乡村公路上颠簸，与混乱的交通做斗争，和挂着竹篓的村民们一起前行，在最朴实无华的或者说中国特色的新城乡中感知人们的情感和生活，吃不合口的食物，与友好的人们艰难地交流，为什么？她的回答很简单，没有那么多“鸡汤”和励志的话，或者貌似深刻的道理：“我有对这个世界积极的想法”。按照我们的说法就是“正能量”。另外一位美国作家赛珍珠和她一样，对这片土地有深沉的情感，行者如果一路上读着她的小说，也许会有更加深刻的感受，总之，还是那句话：为什么我的眼里饱含泪水？因为我爱你爱得如此深沉！

1. 行程综述

从海口到北京全程近4000千米，沿途经海南省、广东省、广西壮族自治区、湖南省、湖北省、山东省和河北省，线路上以武汉为轴心，分为长江以南的江南景色和以山东、河北为代表的平原农业区。这条线路行程强度比较高，两个月就完成有点儿赶，如果放松点儿走，连骑带玩大概3个月比较合适。线路上最辛苦的部分大概在广西、湖南和湖北的山区部分，虽有起伏，但也不至于很大，比起贵州算是“小儿科”。一旦进入山东、河北，基本上为平原。线路上南方部分多走乡镇，公路网密集，找路麻烦，再有就是进出城市也很费力，往往比爬山更让人头疼，需要准备好导航，在大城市可以直接利用公共交通工具。

2. 费用

虽然说这条线路长，但沿途经过最繁华、人口最密集的区域，食宿非常方便，显然没有扎营的必要，住宿以小旅馆为主，再加上吃喝，大约要花费七八千元。

3. 最佳骑行时间

分为两种情况。在南方需要行进一个半月，避开冬天阴冷，可选在3月到6月，或者8月到10月间，而在北方最好选择夏秋季节。那么，如果从北京出发，七八月份开始最合适。如果从海口出发，最好避开南方6～8月这3个月炎热多雨的季节。也就是说三四月份出发比较好。

4. 装备条件

如果在春夏秋三季骑行，线路气温基本都在0℃以上，服装以轻薄为主，加一套抓绒服足可以应付偶发的低温天气。需要防雨、防风和防晒，可用户外性能夹克替代冲锋衣等重型服装。再有，国内购物方便，随时补充比一路上驮着要合理。饮食和大运河线路一样，去饭馆或自己在旅馆简单做一点儿，比如煮鸡蛋和方便面等充饥，所以并不需要全套野外餐具。

CBRS-1 里程表

	天数	大概里程（千米）	区域	公路编号
海南省	1	62	海口市过海到调风镇	S376、S289
广东省	2	106	调风镇到湛江市	S373
	3	45	湛江市到廉江市	S287
广西壮族自治区	4	60	廉江市到清湖镇	S287
	5	110	清湖镇到北流	乡道
	6	30	北流市到容县	G324
	7	84	容县到藤县	X376
	8	110	藤县到黄村镇	G321
	9	62	黄村镇到荔浦县	G321
	10	43	荔浦县到阳朔	G321
	11	休息		S305、S201
	12	79	阳朔县到栗木镇	
	13	60	栗木镇到灌阳县	S201
	14	77	灌阳县到全州县	S201
	15	66	全州县到大庙口镇	乡道
	16	67	大庙口镇到塘田市镇	G207
湖南省	17	62	塘田市镇到邵阳市	G207
	18	休息		
	19	80	邵阳市到枫坪镇	G207、S210
	20	65	枫坪镇到青山桥乡	S209
	21	104	青山桥乡到益阳市	S209、S206
	22	62	益阳市到南嘴镇	S204
	23	70	南嘴镇到华容县	S204
	24	80	华容县到岳阳市	S306
湖北省	25	75	岳阳市到洪湖市	S103
	26	100	洪湖市到武汉市区外围	S214
	27	休息		
	28	82	武汉市到武汉市新洲区	G318
	29	57	新洲区到麻城市	G106
	30	68	麻城市到 沙窝镇	G106
安徽省	31	95	沙窝镇到叶集镇	
	32	68	叶集镇到六安市	G105
	33	105	六安市到寿县	S203
	34	80	寿县到蚌埠市	S301
	35	52	蚌埠市到固镇县	S101
	36	88	固镇县到下楼镇	S201
江苏省	37	36	下楼镇到徐州市	S104
	38	83	徐州市到邳州	S323
	39	102	邳州到东海县	S323
	40	63	东海县到连云港市	S323
	41	休息		
	42	74	连云港市到日照市	G228
山东省	43	48	日照市海岸线	
	44	90	日照市到黄岛区	S293
	45	40	黄岛区到青岛市	
	46	休息		
	47	90	青岛市到潍坊市	S309
	48	91	青岛市到潍坊市	S805
	49	90	潍坊市到广饶市	S323

续表

	天数	大概里程（千米）	区域	公路编号
山东省	50	60	广饶市到高青县	
	51	82	高青县到商河县	G220
	52	90	商河县到德州市	X40、G104
河北省	53	88	德州市到衡水市	S072
	54	74	衡水市到石家庄市周边	
	55	56	石家庄市周边到石家庄市中心	S392
	56	休息		
	57	95	石家庄市到定州市	
	58	63	定州市到保定市	G107
	59	73	保定市到高碑店市	G107
	60	60	高碑店市到北京房山区	G107
	61		进入北京市中心	

8.2.2 大运河线（CBRS-18）

本节写作建立在徐林正先生的游记《骑车走运河》之上，斯人已去，没能完成他骑车环球的梦想，本节算是对他的纪念。大运河线是徐先生骑行世界计划的开始，原因很简单：这条路好走，他还说，每个中国人都应该走一趟。

京杭大运河可以说是国内旅行的第二条核心线路，和第一条乡野旅行不同，这一条以河为题。从北京南下到苏杭，河长近1800千米，旅行距离2200千米左右。途经江苏、浙江、河北和山东4省，贯通海河、黄河、淮河、长江、钱塘江五大水系，京杭大运河成为连接南北方最主要的通道。可以说，陆上最伟大的工程为长城，水上最伟大的工程就是大运河了。

从历史角度说，凡做如此大工程的帝国都难逃迅速覆灭的命运，秦朝建长城就是明证，运河也一样。隋炀帝以此为骄傲巡视天下，不久崩溃，所谓“尽道隋亡为此河”。元朝第二次大修，以解决北京的缺水问题，但元朝仅持续几十年便分崩离析。不论在哪一个朝代，建造时哀号彻空，尸骨遍地，一旦完成就造就了经济繁荣和文化上的复兴。唐、宋、明这几个帝国，北靠长城南依漕运，发展经济，国运昌盛，人民得以安居乐业。

大运河一般分为7段。北京境内的通惠河，长约82千米；北京通州到天津的北运河长约186千米；天津到临清的南运河长约400千米；临清到台儿庄的鲁运河长约500千米；台儿庄到淮阴的中运河长约186千米；淮阴到瓜州的里运河长约180千米；镇江到杭州的江南运河长约330千米。

这将是一段穿越历史之旅，遥想燕城边关将士迎风沙、守长城的恢宏气势，一路南下，烟雨朦胧到江南，文人墨客，孤舟蓑笠，吟诵：“姑苏城外寒山寺，夜半钟声到客船”“凌波不过横塘路”，是怎样的一番景象。当然是：江南好，风景旧曾谙。这一路古迹众多，临清舍利塔、聊城山陕会馆、微山湖、项王故里、淮安清水闸和隋炀帝陵等，更是多少楼台烟雨中。

1. 费用

沿途人口密集，市镇多，无须扎营，所以费用相对比较高，住宿小旅馆要50～100元一晚，再加上吃饭等费用，大约一天花费100元，整个行程最多耗时两个月，快的话一个半月，五六千元预算。其中不包括门票等费用。

2. 最佳骑行时间

夏天比较合适，七八月份从北京出发有点儿热，旅行在春秋时节比较舒服。

3. 装备条件

无须扎营，所以不需要带帐篷和睡袋，在服装上以夏装和防雨装为主，可带热水杯等做饭装备，毕竟长时间在外面吃，卫生条件较差，容易引起腹泻。再者就是省钱，在吃饱的前提下，有时候自己做饭很有必要。使用插电厨具比较方便，油气炉子的必要性不大。

河段	日期	线路	大概里程（千米）
通惠河	7.30	天安门到通州区张家湾	64
北运河	7.31	张家湾到香河	65 ~ 90
	8.1	香河到河西务	91 ~ 130
	8.2	河西务到杨村	152 ~ 194
	8.3	杨村到天津市	195 ~ 217
南运河	8.4	天津市到杨柳青	218 ~ 276
	8.5	杨柳青到静海	277 ~ 316
	8.6	静海到青县	317 ~ 387
	8.7	青县到沧州市	388 ~ 420
	8.8	沧州市周边（旧州）	
	8.9	沧州到泊头市	462 ~ 528
	8.10	泊头市到东光县	529 ~ 561
	8.11	东光县到吴桥县	562 ~ 610
	8.12	吴桥县到德州市	610 ~ 650
	8.13	德州市到故城县	651 ~ 704
	8.14	故城县到临清市	705 ~ 804
	8.15	临清市	
鲁运河	8.16	临清市到聊城市	805 ~ 877
	8.17	聊城市	
	8.18	聊城市到张秋镇	888 ~ 956
	8.19	张秋镇到梁山县	957 ~ 1015
	8.20	梁山县到济宁市	1016 ~ 1100
	8.21	济宁市	
	8.22	济宁市到南阳镇（水路）	1101 ~ 1132
	8.23	南阳镇到微山县	1133 ~ 1214
	8.24	微山县到微山岛	1215 ~ 1250
	8.25	微山岛到台儿庄	1250 ~ 1316
	8.26	休息	
中运河	8.27	台儿庄到邳州	1325 ~ 1375
	8.28	邳州	
	8.29	邳州到周边（土山）	
	8.30	皂河到宿迁市	1464 ~ 1491
	8.31	宿迁市到泗阳县	1492 ~ 1564
	9.1	泗阳县到淮安市	1565 ~ 1636
	9.2	休息	
	9.3	淮安市到楚州	1637 ~ 1699
	9.4	楚州	
里运河	9.5	楚州到宝应县	1700 ~ 1730
	9.6	宝应县到高邮市	1730 ~ 1790
	9.7	高邮市	
	9.8	高邮到扬州	1791 ~ 1857
	9.9	扬州市	
	9.10	扬州周边	支线
	9.11	扬州到镇江市	1906
江南运河	9.12	镇江市	
	9.13	镇江到常州市	1907 ~ 2046

续表

河段	日期	线路	大概里程（千米）
江南运河	9.14	常州市	
	9.15	常州市到无锡市	2047 ~ 2100
	9.16	无锡市	
	9.17	无锡市到苏州市	2100 ~ 2150
	9.18	苏州市	
	9.19	苏州市	
	9.20	苏州市到嘉兴市	2151 ~ 2235
	9.21	嘉兴市	
	9.22	嘉兴市到杭州 市	2236 ~ 2326

注：数据来自《骑车走运河》。

8.2.3 丝绸之路线（CBRS-5）

和美国 66 号公路一样，这大概是世界上最著名的一段公路，相比国内线路，丝绸之路更加恢宏，从西安开始，一直延伸到意大利的威尼斯，跨越亚欧，几乎是古代世界交流的象征。对于骑行者而言，目前完成全线可能有些困难。

一方面麻烦出在北线的乌克兰和南线的阿富汗、巴基斯坦，安全没有保障。另外就是申根签证问题，申请难度大，时间短。所以为了完成这条线路，我选择不从国内出发一路去欧洲，而是反着走，先申请到签证，飞到法国开始。目前，沿线土耳其、伊朗和巴基斯坦签证都可以获得，应该可以走通。

华裔李舜日（持新西兰护照）2009 年从北京出发，经过西安、乌鲁木齐，入吉尔吉斯斯坦，经哈萨克斯坦、乌兹别克斯坦，最后从土库曼斯坦进入伊朗，目前这条路是通的（关于中亚 5 国的签证，豆瓣上有详细攻略，并不算难）。当然，对于大多数国内行者来说，走丝绸之路几乎就是从西安到乌鲁木齐这一段 2800 千米左右的旅程。

从地理上而言，从陕西西安到宝鸡的一带为关中平原地带，依山傍水，秦岭和渭河，气候相对温和，多雾霾，入甘肃会经过短暂颠簸，青山绿水渐显荒凉，空气干燥，阳光强烈，直到大城兰州，眼见黄河与山川大地同色。这一段路程大约不到 700 千米，海拔在 300 米（西安）到 1500 米（兰州）之间起伏，尤其是在甘肃境内起伏强烈。

甘肃西部的路将沿着祁连山脉底部狭长廊道，即河西走廊前进，视野逐渐开阔，海拔也开始增加，从张掖乌鞘岭到永昌、山丹，海拔为 2500 ~ 3000 米，是最辛苦的一段，一旦出了嘉峪关，海拔便降低 1000 米，一路平坦，进入内陆沙漠戈壁，一路抵达位于天山山脉褶皱边缘的乌鲁木齐，这一段行者将饱受狂风、烈日、炎热和重型卡车折磨，但也会在沙漠绿洲享受瓜果，以及一路上看不完的历史遗迹。

1. 费用

西部经济虽然不发达，但消费并不低，很多时候还会比内地要高，扎营能省下住宿费用，路上日常自己做饭，隔三岔五在油大肉多的川菜或者清真馆子中改善下，身心俱爽。花钱的地方主要来自大城市的住宿和门票，像西安、兰州和乌鲁木齐等，估计需要 1000 元，如果路程按照两个月算，每天至少需要 50 元，全程大约需要四五千元左右。

2. 最佳骑行时间

西部甘肃、青海和新疆，气候冬季严寒，春天多风，夏天高热，暴晒，所以秋天最合适。8 月从西安出发，9 ~ 10 月一路上秋天风光最美。

3. 装备条件

最好不要使用汽油炉，沿途虽然补充方便，但个人加油很麻烦，还有风很大，户外不好用。使用大桶“扁气”，有三四个足够一路使用，即使不够，也可在沿路户外商店补充。另外，如果出于环保考虑，甚至可以使用户外柴火炉做饭。服装上，主要以防风和防晒为主，戴头巾、墨镜，穿轻薄外衣，总之要保护好自己的皮肤，防止灼伤。西部海拔比较高的地带，气候恶劣，昼夜温差也大，睡觉时使用棉质三季睡袋可以应付。总之，丝绸之路线国内段难度并不算大，装备在沿路城市中非常好补充，不需要带太多。

	路程	距离	公路编号	备注
陕西	西安市—周至县	73	G108	① 逛西安古城，去回民街吃小吃 ② 有时间可从周至出发徒步太白山 ③ 去法门寺拜舍利
	周至县—眉县	48	G108	
	眉县—宝鸡市	53	G310	
	宝鸡—元龙镇	125	G310	
甘肃	元龙镇—天水市	56	G310	
	天水市—秦安县	41	G310	
	秦安县—通渭县	66	G310	
	通渭县—定西市	85	G310	
	定西市—兰州市	108	G312	
	兰州市—天祝县	140	G312	
	天祝县—古浪县	77	G312	翻阅乌鞘岭
	古浪县—武威市	59	G312	
	武威市—永昌县	70	G312	
	永昌县—山丹县	108	G312	
	山丹县—张掖市	65	G312	
	张掖市—S220 路口	110	G312	
	到嘉峪关市	130	G312	① 嘉峪关长城 ② 安西唐都尉府 ③ 敦煌古迹 ④ 鸣沙山月牙泉 ⑤ 雅丹地貌
	嘉峪关市—玉门市	123	G312	
新疆	玉门市—瓜州县	137	G312	
	瓜州县—敦煌市	117	G215	
	敦煌市—柳园镇	124	G215	
	柳园镇—星星峡镇	95	G215	
	星星峡镇—哈密市	190	G215	
	哈密市—一碗泉	140	G312	
	一碗泉—鄯善县	170	G312	高昌故国
	鄯善县—吐鲁番市	100	G312	最热的内陆
	吐鲁番市—达坂城镇	70	G314	大风
	达坂城镇—乌鲁木齐市	90	G314	大巴扎，烤肉，大盘鸡

8.2.4 青藏线（CBRS-6）

不论青藏线还是川藏线，基本上可以叫做骑行者的成年礼。我就是第一次从格尔木骑车去拉萨并最终走向世界的，而川藏线上的无数小伙伴们，个个也会挥汗如雨奔向他们心中的圣地，不走一趟西藏，还好意思说你骑过车？

相比川藏线，青藏线的难度要小。第一，长度仅有1000千米，是川藏线的三分之一；第二，海拔虽然不低，但坡度却并不大，基本上都是在高海拔台地上前行；第三，景色上，青菜萝卜各有所爱了，川藏线海拔起伏大，路更加陡峭，景色上从秀丽山川到挺拔雪峰均可见，非常像印在明信片上的画。而我喜欢西部的雄浑广阔，人在天际线行走，能体会到孤独感和渺小感。当然还有最后一个理由，交通不像G318那么繁忙，比较安静，绝对让你有独自待会儿的空间，我们上路不就是为追求这个吗？

从难度级别上来说，个人感觉青藏线路的难度并没有想象中那么大，即使是两个海拔5000米左右的昆仑和唐古拉山口，也都是二三十千米的缓坡，保持好心态，控制住节奏，基本上都能完成。多数人走不下来都是被高海拔吓的，其实青藏线路整体平缓，骑行难度并不大。

青藏线旅行可分为3个部分。

第一部分，从格尔木市到不冻泉的180千米，要克服第一个困难，爬海拔4000多米的昆仑山口。头一两天在近山地域行进，时常会穿越大型沟壑，海拔也缓慢增长一直到西大滩，这里可作为爬山前休息地。第二天一早出发，赶在下午三四点前登上山口，顶部有索南达杰碑和雕像，风景值得驻足观赏。随即下山，到不冻泉过夜。

第二部分，在可可西里无人区的高海拔台地。台地平均海拔4000米以上，起伏最大的部分在风火山口，也是台地居中部分，海拔5000多米，后半部分为进入唐古拉山的序曲，直到征服它，行者将一路下坡进入安多县休息。

第三部分，真正进入藏区，从安多县开始，经那曲市到拉萨市，这一部分长470千米。最难的是出了县城不久就会爬申格里贡山口，海拔近4500米，比较陡。之后从那曲出来，进入念青唐古拉山谷间，经过当雄、羊八井到达拉萨，地势都比较平。

总体来说青藏线景色荒凉壮观，但当雄一线却是起伏的丘陵草甸子混合了雪山湖泊，颇有阿尔卑斯山的情调。纳木错湖，可错过，可从当雄骑过去，需要翻米根拉山口，全程60千米柏油路，30千米上坡，难度不小。在湖边扎营会是一辈子最非凡的体验，虽然现在游客有点儿多。我在2000年去时，仅有一座牧民帐篷，还遇到连着3天的暴风雪，这里天气变化无常，要提前准备。

	地点	大概里程（千米）	备注
青海省	格尔木市—纳赤台	90	沿河前进
	纳赤台—西大滩	38	
	西大滩—不冻泉	53	爬昆仑山
	不冻泉—索南达杰自然保护站	41	值得停留，看藏羚羊
	索南达杰自然保护站—五道梁	45	沿线可见藏羚羊和野驴
	五道梁—二道沟	84	爬风火山5010米，沱沱河保护站
	二道沟—沱沱河	63	长江源
	沱沱河—雁石坪	89	
	雁石坪—唐古拉兵站	51	
	唐古拉兵站—山口	48	全程上坡，最后3千米大上坡
西藏自治区	山口—安多县	93	
	安多县—那曲市	138	
	那曲市—古路镇	93	缓坡
	古路镇—当雄县	76	
	当雄县—纳木错	60	纳木错之行
	当雄县—羊八井镇	75	
	羊八井镇—拉萨市	87	

1. 费用

骑青藏线一共就十几天，花费很小，如果仅算路上开销，应该几百元就够了。当然，这是在扎营的前提下，其实就目前的情况，青藏线一路上如果住旅馆也不会有什么问题，每个站点上均有饭馆和旅馆，甚至像不冻泉和索南达杰保护站，都开了专门为骑行者所设的多人间，费用也就二三十元而已。路上吃饭还是有点儿贵，毕竟高原上所有的食品均由内地冷藏运输过去，自己做的话会省很多。从安多县开始往拉萨方向走，基本上无须担心补给，路上村落很多。

2. 最佳骑行时间

青藏线气候恶劣，尤其上了可可西里大台地，海拔四五千米，即使在夏天，风雪、冰雹等恶劣天气也十分常见。每年 5 月份以后才开始转暖，不到 10 月气温又降到冰点，所以，最好的骑行时间是 6 ~ 8 月这 3 个月，西藏这个季节也最漂亮。

3. 装备

骑行拉萨可以带全副装备，帐篷、三季睡袋、做饭设备等均需要，也可以带不野营的轻装前行，尤其不需要带什么压缩饼干等食品，基本上用不到，全线可以补充到食物，虽然比内地小卖部的商品少点，但也不至于缺乏。服装上需要冲锋衣、抓绒外套，以抵御突发的坏天气。青藏线主要的危险来自于高海拔，所以在格尔木先要适应几天，做好保暖，千万不要感冒。另外，最大的问题来自皮肤干裂，需要补充维生素和使用油脂类护肤品，比如用唇膏来防护。

8.2.5 中尼线（CBRS-XZ318）

除了青藏、川藏、滇藏和新藏4条入藏线外，中尼线算是西藏地区被走得最多的一条，也是西藏地区唯一一条可通行境外的线路，被骑友们评价为最美骑行线。

沿路景色变化大。先有羊湖柔美如带，之后日喀则周边有后藏农业区风光，一望无际的油菜花和青稞地，外加雾气缭绕的山峰，简直像世外桃源一般。当然，行者很快会进入定日一带的高海拔冰原荒漠地带，天际边希夏邦马雪峰闪烁，犬牙交错，景致非常壮丽，虽然经过加错拉山口、通拉山口等几个海拔5000米以上的山口洗礼，但这依旧仅仅是前奏而已。很快，行者将再次拐入另外一条崎岖小路，艰辛跋涉到珠峰大本营朝圣。回馈很简单，安静地欣赏落日下金色的世界最高峰和飞速移动的旗云（如果运气好的话），为此走一趟行者最讨厌的折返路也是值得的。接下来，十几天被尘沙、冷风、高原反应、烂路和爬山的折磨即将结束，一旦到了雾气环绕的聂拉木县，等待行者的将是一路下坡，海拔从5000米骤降到3000米，荒漠变热带雨林，干燥的身心得到浸润。飞瀑越过公路，落入深不见底的峡谷，对面苍翠的岩壁上，也有数不清的瀑布，飞流直下三千尺，在雾气笼罩中若隐若现，犹如仙境。现在，只有艰辛的跋涉者才能体会其中的快乐，也只有骑行者才能体会这个星球的珍贵。

过了中尼口岸，烂路便开始了，这段仅有140千米的里程（另一种说法为180千米，这是我从关口打车到加德满都时当地司机说的，所以现在还不确定），虽然崎岖，但对第一次出国的行者来说也许都不是问题，一个连着一个充满异国情调的村庄和小镇、水果摊、奶茶店，甚至涂满文字的卡车，和国内如此不同，都让人耳目一新。两三天后，抵达圣地加德满都，你会发现，市中心拥挤着来自世界各地的游客，当然，中国行者也很多。

1. 费用

整个中尼线并不长，骑行两个星期足矣，所以开销并不会很大。后藏部分城镇物价比青藏线要便宜，这种情况一直可持续到樟木镇。而且一路如果扎营，七八百元足够。主要的开销来自珠峰保护区的门票，以及如果你想要租车去大本营的话，来回一个人要400元以上。

2. 最佳时间

6～8月这3个月去最好，高海拔，有风雪，气温稍低，但也不会多恶劣，其他季节很容易大雪封山。

3. 装备

沿线每走几十千米或翻一个山头就有村镇和县城，食品补充非常容易，也有旅馆，毕竟这条路上有中尼物流，非常繁忙，沿路服务很充足。有些行者不带帐篷骑行都不是问题，只是在藏区不扎营好像就不够爽，的确是这样，其他地方恐怕没有太多机会与大地和星空接触。所带服装和青藏线一样，全套冲锋衣外加抓绒外套足够，不需要羽绒服。

4. 边防证

最好提前在老家办好，在拉萨也可以花钱代办。至于有护照签证是否可以代替，我觉得未必可行。

5. 签证和出入关

签证可在拉萨自己到尼泊尔大使馆填表申请，非常容易获得，不懂的话可以请教其他旅行者。即使在樟木镇，请旅行社代办都可以，只是需要等一个星期，我倒不在意住在天堂一般的樟木镇。出关，下坡6千米过友谊桥后，即是尼泊尔海关，出境后会到边境小镇，很杂乱，不必停留过夜，直接到30千米以外的巴尔比斯过夜。

小提示：在樟木兑换尼泊尔卢布利率不错，建议一次换够整个尼泊尔行程的费用，如果不做徒步、滑翔等大项目，吃住一个月带两三千元人民币够了。

	起始地点	大概里程（千米）	公路编号	备注
日喀则市走307省道老路	拉萨市—岗巴村	80	G318	
	岗巴村—岗巴拉山口	23	S307	
	岗巴拉山口—羊湖边村落	6	S307	
	羊湖边村落—浪卡子县	44	S307	
	浪卡子县—卡惹拉山口	30	S307	
	卡惹拉山口—下山到乡村	29	S307	
	龙马乡—江孜县	43	S307	
	江孜县—白朗县	44	S307	
	白朗县—日喀则市	50	S307	
珠峰线	日喀则市—吉定镇	59	G318	① 大本营现在人满为患，帐篷村要坐车到观景台 ② 个人建议在绒布寺扎营，位置稍远，但可远眺珠峰
	吉定镇—拉孜县	92	G318	
	拉孜县—白坝乡	82	G318	
	白坝乡—珠峰大本营	110	专线	
聂拉木线	白坝乡—老定日县	60	G318	
	老定日县—门布乡	59	G318	① 建议在樟木镇休息两天，气候非常好，对身心恢复益处很大 ② 从聂拉木镇到樟木镇是大下坡，一定要慢，这30 千米从雪山到热带雨林，景色太美了
	门布乡—聂拉木镇	91	G318	
	聂拉木镇—樟木镇	32	G318	
尼泊尔线	樟木镇—巴尔比斯（Bahrabise）	35		
	巴尔比斯—多拉（Dolalghat）	33		① 出关烂路，下坡，但在国外，注意交通安全 ② 巴尔比斯有住宿，卫生条件不好，房间会有跳蚤 ③ 出巴尔比斯有上坡，随后起伏进入加都谷地
	多拉—加德满都	58		

中尼公路聂拉木到樟木的 30 千米大下坡

8.2.6 三江源线（CBRS-QH308）

从格尔木市出发，沿着青藏线，翻越昆仑山到不冻泉，然后拐入 S308 省道，经过 320 千米到曲麻莱县，再翻山越岭到去往玉树藏族自治州的 G214 国道，经过玛多县、共和县往西宁方向，全程 1345 千米。如果仔细研究地图会发现，青海被甘肃、四川、新疆和西藏夹在中间，几乎是被藏起来的。四周都是巨型山脉围绕，西面为昆仑和阿尔金山脉，东南有贺兰山和秦岭山脉，南有横断山脉，在这片群峰林立的“众神之地”，源流出中国 3 条最重要的水系：黄河、长江和澜沧江（也就是给养东南亚各国的湄公河上流），如此重要的一片区域，却少有行者探索。

骑行三江源线的主要特色是，穿过三江源保护区，会见到大量藏羚羊、野驴、黑颈鹤、野鸭等野生动物，数量之多，入藏的其他线路绝对无法比拟，很多人不知道，2015 年我骑过，动辄看到上百头野驴的壮观景象。再有，这条线经过的藏族村庄少有游客，民风淳朴，可以做客。但野狗较多，行者要万分小心。骑行挑战难度一点儿不比藏地低，尤其曲麻莱县周边山路之陡峭，爬起来辛苦，直到上了 G214 国道才能喘口气。回程中在玛多县会经过两个大湖，扎陵湖和鄂陵湖，烟波荡漾，景色不比西藏任何一座湖差。我甚至设计骑行线路，从两湖间穿过，到 G109 国道，至少目前没有听谁走过。

这条线分四个部分。

❶ 从格尔木到不冻泉 180 千米，需爬昆仑山口。

❷ 在不冻泉走 S308 省道，全程 320 千米到曲麻莱县。

❸ 从曲麻莱县到玛多县，全程 380 千米，由 S308 和国道 G214 组成。

❹ 从玛多县到西宁市，全程 480 千米，比较平缓。

8.2.7 双湖羌塘线

除了无人区穿越，论骑行中国“最牛”的线路想来要算双湖羌塘线，难度感觉和骑行非洲、南美洲差不多。

双湖羌塘线以丁丁骑行线路为蓝本。从新藏线G219国道22号道班起，沿S206向北到措勤县，然后越野进入乡道，经过磁石乡，来多乡到位于文布乡的象雄遗址。主要沿着两座大湖——扎日南木错和圣湖当惹雍错到尼玛县，然后再走位于错鄂和色林错之间的道路到雄梅镇。这条路目前地图上没有标示，但从拉萨到尼玛县的公交车走此路。上S203到申扎县，经南木林县，到G318路口，近2000千米，自然风光壮丽，比肩美国西部地理景观，可看的地方太多了。

（1）穿越藏北大湖区，打加错、扎日南木错和当惹雍错，以及位于申扎县的格仁错、越恰错等，湖上多有鸟岛，成千上万只斑头雁鼓噪，深蓝色湖波荡漾，倒映着雪峰，只有孤独的你欣赏。

（2）沿路经过藏族村落，地处羌塘无人区边缘，行者会见到大量围栏草地分割大地，是游牧和野生动物之争的现状，也会无数次幸福地“遭遇”野驴、藏羚羊和藏原羚。

（3）对于丁丁来说这个难度也许不算什么，24天就走完全程，但我累得一遇到山口就心怀恐惧，最终只到文布乡，没能完成全线。沿线基本上都在海拔5000米左右，最高山口桑木拉海拔5500多米，最高湖泊打加错湖面海拔5100多米。在出入当惹雍错时，山路陡峭得会让人害怕，但换来的是美得无与伦比的大湖。另外，象雄遗址虽然建筑已无，仅有一些残墙断瓦和甬道，但上山路景色气象万千，尤其是登高观湖。

一路并不是没有人烟，但物资极其匮乏，只能靠糌粑和风干肉度日，丁丁一路吃了10斤糌粑外加好几斤风干肉，所以走这条路一定要做好准备。有些村子有小卖部，可补充到方便面等。

我的走法和丁丁相反，从G318国道日喀则附近南林木出发，如果走不动，就在当地等过路车到县城。文布乡有很多游客旅馆，但吃饭稍困难，我在2015年去时村中正在建小超市。

全程分为3个部分，以丁丁的节奏为参照，但我觉得用40天左右更加合适，让你一次把藏北风景看个够。

第一部分，新藏线22号道班到文布乡段。经过措勤县、磁石乡、军仓乡、来多乡、老文部村，到此可参观向雄遗址和圣湖，然后中转去尼玛县城。

第二部分，尼玛县到申扎县段。经过俄久乡、荣玛乡、措折强玛乡、嘎措乡、双湖特别区、多玛乡、雄梅镇、申扎县。

第三部分，申扎县到G318路口，经过巴扎乡、甲错乡、南木林县、国道路口。在县城休息后，一定专走一趟越恰错，景色非常好，旁边还有一个湖，湖边有寺和鸟岛。

重要提醒：近几年无人区穿越时有伤亡事件发生，当地林业和公安已经禁止进入，希望行者不要以身试法，给自己造成严重的后果。

丝绸之路线

青藏线

三江源线

中尼线

双湖美塘线

云南大理环洱海线